全国高职高专教育精品规划教材

会计职业基础

主　编　杨　欣　王　炜

参　编　鲁学生　夏菊子　赵春宇　苏任刚

北京交通大学出版社

·北京·

内 容 简 介

《会计职业基础》作为高职院校财经类专业创新改革教材，力求适应高等职业教育发展要求，从教和学两方面考虑来设计教学内容和教学过程，将知识、能力与素质教育融为一体，实现"教学做一体、岗证学并重"的目标。全书分为基础知识篇和基本技能篇两部分。基础知识篇侧重介绍会计基础理论、基础知识和基本方法，包括18个主要知识点，为学习和掌握基本技能、培养基本素质奠定知识基础；基本技能篇侧重训练学生将来从事会计及相关工作必须具备的职业基本技能，包括9个技能。本书在每项知识和素质教学内容前配有"教学目标"、"重点难点"等专栏，在正文中配合学习内容设置"相关链接"、"小心地雷"、"我也能做"、"身边的事"等提示性专栏，在教学内容后增加"知识小结"、"专业术语"、"复习思考"等专栏。本书备有配套训练教材《会计职业基础训练》，可以边学边练或课外集中训练。本书既可以作为高职高专、成人院校、职业学校财务会计等经济管理类专业教学用书，也可以作为会计从业资格考试培训教材，还可以作为非会计类人员了解会计的入门参考书。

图书在版编目（CIP）数据

会计职业基础/杨欣，王炜主编. —北京：北京交通大学出版社，2011.6
（全国高职高专教育精品规划教材）
ISBN 978－7－5121－0591－1

Ⅰ. ① 会…　Ⅱ. ① 杨…　② 王…　Ⅲ. ① 会计学-高等职业教育-教材　Ⅳ. ① F230

中国版本图书馆 CIP 数据核字（2011）第 111620 号

责任编辑：张慧蓉
出版发行：北京交通大学出版社　　　　　　　电话：010－51686414
　　　　　北京市海淀区高梁桥斜街 44 号　　邮编：100044
印 刷 者：北京泽宇印刷有限公司
经　　销：全国新华书店
开　　本：185×260　　印张：15.5　　字数：379 千字
版　　次：2011 年 6 月第 1 版　　2011 年 10 月第 2 次印刷
书　　号：ISBN 978－7－5121－0591－1/F·836
印　　数：3 001～7 000 册　　定价：28.00 元

本书如有质量问题，请向北京交通大学出版社质监组反映。对您的意见和批评，我们表示欢迎和感谢。
投诉电话：010－51686043，51686008；传真：010－62225406；E-mail：press@bjtu.edu.cn。

全国高职高专教育精品
规划教材丛书编委会

出 版 说 明

高职高专教育是我国高等教育的重要组成部分，其根本任务是培养生产、建设、管理和服务第一线需要的德、智、体、美全面发展的应用型专门人才，所培养的学生在掌握必要的基础理论和专业知识的基础上，应重点掌握从事本专业领域实际工作的基础知识和职业技能，因此与其对应的教材也必须有自己的体系和特点。

为了适应我国高职高专教育的发展及满足对教育改革和教材建设的需要，在教育部的指导下，我们在全国范围内组织并成立了"全国高职高专教育精品规划教材研究与编审委员会"（以下简称"教材研究与编审委员会"）。"教材研究与编审委员会"的成员所在单位皆为教学改革成效大、办学实力强、办学特色鲜明的高等专科学校、成人高等学校、高等职业学校及高等院校主办的二级职业技术学院，其中一些学校是国家重点建设的示范性职业技术学院。

为了保证精品规划教材的出版质量，"教材研究与编审委员会"在全国范围内选聘"全国高职高专教育精品规划教材编审委员会"（以下简称"教材编审委员会"）成员和征集教材，并要求"教材编审委员会"成员和规划教材的编著者必须是从事高职高专教学第一线的优秀教师和专家。此外，"教材编审委员会"还组织各专业的专家、教授对所征集的教材进行评选，对所列选教材进行审定。

此次精品规划教材按照教育部制定的"高职高专教育基础课程教学基本要求"而编写。此次规划教材按照突出应用性、针对性和实践性的原则编写，并重组系列课程教材结构，力求反映高职高专课程和教学内容体系改革方向；反映当前教学的新内容，突出基础理论知识的应用和实践技能的培养；在兼顾理论和实践内容的同时，避免"全"而"深"的面面俱到，基础理论以应用为目的，以必需、够用为尺度；尽量体现新知识和新方法，以利于学生综合素质的形成和科学思维方式与创新能力的培养。

此外，为了使规划教材更具广泛性、科学性、先进性和代表性，我们真心希望全国从事高职高专教育的院校能够积极参与到"教材研究与编审委员会"中来，推荐有特色的、有创新的教材。同时，希望将教学实践的意见和建议及时反馈给我们，以便对出版的教材不断修订、完善，不断提高教材质量，完善教材体系，为社会奉献更多更新的与高职高专教育配套的高质量教材。

此次所有精品规划教材由全国重点大学出版社——北京交通大学出版社出版，适应于各类高等专科学校、成人高等学校、高等职业学校及高等院校主办的二级技术学院使用。

全国高职高专教育精品规划教材研究与编审委员会

2011 年 6 月

总　序

历史的年轮已经跨入了公元 2011 年，我国高等教育的规模已经是世界之最，2010 年毛入学率达到 26.5%，属于高等教育大众化教育的阶段。根据教育部 2006 年第 16 号《关于全面提高高等职业教育教学质量的若干意见》等文件精神，高职高专院校要积极构建与生产劳动和社会实践相结合的学习模式，把工学结合作为高等职业教育人才培养模式改革的重要切入点，带动专业调整与建设，引导课程设置、教学内容和教学方法改革。由此，高职高专教学改革进入了一个崭新阶段。

新设高职类型的院校是一种新型的专科教育模式，高职高专院校培养的人才应当是应用型、操作型人才，是高级蓝领。新型的教育模式需要我们改变原有的教育模式和教育方法，改变没有相应的专用教材和相应的新型师资力量的现状。

为了使高职高专院校的办学有特色、毕业生有专长，需要建立"以就业为导向"的新型人才培养模式。为了达到这样的目标，我们提出"以就业为导向，要从教材差异化开始"的改革思路，打破高职高专院校使用教材的统一性，根据各高职高专院校专业和生源的差异性，因材施教。从高职高专教学最基本的基础课程，到各个专业的专业课程，着重编写出实用、适用高职高专不同类型人才培养的教材，同时根据院校所在地经济条件的不同和学生兴趣的差异，编写出形式活泼、授课方式灵活、引领社会需求的教材。

培养的差异性是高等教育进入大众化教育阶段的客观规律，也是高等教育发展与社会发展相适应的必然结果。也只有使在校学生接受差异性的教育，才能充分调动学生浓厚的学习兴趣，才能保证不同层次的学生掌握不同的技能专长，避免毕业生被用人单位打上"批量产品"的标签。只有高等学校的培养有差异性，其毕业生才能有特色，才会在就业市场具有竞争力，从而使高职高专的就业率大幅提高。

北京交通大学出版社出版的这套高职高专教材，是在教育部"十一五规划教材"所倡导的"创新独特"四字方针下产生的。教材本身融入了很多较新的理念，出现了一批独具匠心的教材，其中，扬州环境资源职业技术学院的李德才教授所编写的《分层数学》，教材立意很新，独具一格，提出以生源的质量决定教授数学课程的层次和级别。还有无锡南洋职业技术学院的杨鑫教授编写的一套《经营学概论》系列教材，将管理学、经济学等不同学科知识融为一体，具有很强的实用性。

此套系列教材是由长期工作在教学第一线、具有丰富教学经验的老师编写的，具有很好的指导作用，达到了我们所提倡的"以就业为导向培养高职高专学生"和因材施教的目标要求。

教育部全国高等学校学生信息咨询与就业指导中心择业指导处处长
中国高等教育学会毕业生就业指导分会秘书长
曹　殊　研究员

前　言

　　近十几年来，随着我国高等职业教育的快速发展，为社会培养了一大批应用型、技能型职业人才，高等职业教育日益被社会广泛关注，也受到社会的普遍欢迎。但毋庸置疑，我国高职高专教育仍存在诸多问题，其中一个突出问题就是如何处理知识、能力与素质的关系，实现职业性与专业教学的有机融合。解决这一问题的关键在于建立具有职业化的"双师型"各专业师资队伍，形成具有职业特点的各专业人才培养方案，编写具有职业特色的各专业系列教材。

　　本书作为高职院校财经类专业创新改革教材，力求适应高等职业教育发展要求，从教和学两方面考虑来设计教学内容和教学过程，将知识、能力与素质教育融为一体，实现"教学做一体、岗证学并重"的目标。全书分为基础知识篇和基本技能篇两部分。基础知识篇侧重介绍会计基础理论、基础知识和基本方法，包括18个主要知识点，为学习和掌握基本技能、培养基本素质奠定知识基础。基本技能篇侧重训练学生将来从事会计及相关工作必须具备的职业基本技能，包括9个技能。通过对《会计职业基础》课程的学习，配合相关训练项目，使学生初步具备从事会计及相关工作的知识、能力与素质，并取得会计从业资格，为进一步学习会计专业课程和将来从事系统的会计岗位工作奠定扎实的基础。

　　本书具有以下三个特色。

　　1. 体系新颖，结构合理。按照知识和能力两部分设计教材体系，按照会计职业认知和业务过程安排教材内容，做到循序渐进、环环相扣。

　　2. 任务驱动，项目教学。在学生初步具备一定职业基础知识的前提下设计教学项目、进行技能训练和素质培养。

　　3. 版式活泼，创新实用。本书相关部分配合学习和训练内容设置了"教学目标"、"重点难点"、"相关链接"、"小心地雷"、"我也能做"、"身边的事"、"知识小结"、"专业术语"、"复习思考"等专栏，从而使抽象教学变得生动活泼，融知识性和趣味性于一体。

　　本书由国家骨干建设院校——安徽商贸职业技术学院会计系组织编写，由杨欣、王炜任主编，杨欣负责全书总纂，参编人员及各自负责编写的内容如下：杨欣负责编写知识点一至七，技能一至二；王炜负责编写技能七至九；鲁学生负责编写知识点十二至十五，技能三至四；夏菊子负责编写知识点十六至十八；赵春宇负责编写知识点八至十，技能六；苏任刚负责编写知识点十一，技能五。

　　本书在编写过程中得到各有关院校领导和老师的大力支持，许多老师提出了宝贵的意见和建议，同时参阅、引用了许多同行专家的专著、教材和研究成果，在此一并致谢。当然，由于编者水平所限，书中错谬难免，恳请读者批评指正。

编　者

2011 年 4 月

目　　录

第一篇

基础知识篇

知识点一　会计特征

一、会计的概念

（一）会计的概念

会计是以货币为主要计量单位，以凭证为依据，运用专门的技术方法，对一定主体的经济活动进行连续、系统、全面、综合的确认、记录、计量、报告和监督，向有关方面提供会计信息，并进行必要的经济预测、分析、参与决策的一种经济管理活动。

【相关链接】关于"会计"一词的理解，常见的有两种解释：一是学科或专业概念，本书所说就是这种概念；二是职业或岗位概念，如张会计、李会计。我国古代将"会计"一词解释为"零星算之以为计，总合算之以为会"。

（二）会计的产生与发展

在人类社会发展史上，会计作为一种经济管理活动，是在社会生产实践活动中产生的，并随着生产的发展和经济管理的要求而不断发展。

1. 会计的产生

物质资料的生产是社会存在和发展的基础。生产活动是人类最基本的实践活动，是人类社会赖以存在和发展的基础。由于资源的稀缺性，人们进行生产活动，总是力求以尽可能少的劳动耗费，取得尽可能多的劳动成果，需要对所得与所费进行比较。在人类历史的最初阶段，人们从事的生产活动极为简单，对生产过程中的耗费和成果，只凭头脑来记忆。随着生产的发展，生产规模不断扩大和日益社会化，单凭头脑记忆远不能满足生产管理的需要。为了掌握生产活动的过程和结果，以便加强生产活动管理，需要对劳动耗费和劳动成果进行记录和计算，并将耗费与成果加以比较和分析，于是会计随之而产生。可见，会计是社会生产实践活动的产物。

【相关链接】关于我国古代会计的起源有多种历史考证，"结绳记事"就是其中之一。相传早在上古时期的伏羲时代人们就发明了"结网捕鱼"，并在长期劳动中发现"结绳记事"的道理。

会计产生以后，最初只是生产职能的附带部分。随着生产力水平的提高和生产关系的变革，出现了私有财产，生产资料占有者为了保护私有财产和不断扩大其私有财产，特别是文字和货币产生以后，生产过程便逐步过渡到用货币形式进行计量和记录，使会计逐渐从生产职能中分离出来，形成独立的职能，并不断发展和完善。

2. 会计的发展

会计的发展可分为古代会计、近代会计和现代会计三个阶段。

古代会计阶段自原始社会末期至15世纪末复式记账法出现之前，以官厅会计为主，采用单式记账。最初，人们采用结绳、刻石等非常原始和简单的形式记录生产活动，即"结绳记事"、"刻石记数"。通常把这种原始计算记录的方法称为会计的萌芽。在我国，"会计"一词最早出现在西周时代，西周王朝设立了会计机构和专管钱粮赋税的官员，并建立了"日成"、"岁会"等报告文书，史称"官厅会计"。这一阶段会计核算方法的发展，最典型的是宋朝创建的"四柱清册"。所谓"四柱"，即"旧管"、"新收"、"开除"、"实在"，其相互关系是：旧管＋新收－开除＝实在，相当于现在的期初结存＋本期收入－本期支出＝期末结存。"四柱清册"的出现使会计技术达到了新水平，是我国最早的比较科学、系统、完善的中式会计方法。明末清初，随着手工商业的发展和资本主义经济萌芽的出现，我国商人进一步设计了"龙门账"，把会计科目划分为"进"、"缴"、"存"、"该"，开始复式记账。

近代会计阶段一般认为自15世纪末至20世纪40年代末，近代会计的两个里程碑是复式簿记的产生和世界上第一个会计师协会的成立。从12世纪到15世纪，地中海沿岸部分城市的商业和手工业发展很快，呈现出资本主义生产的萌芽状态。当时，意大利威尼斯、热那亚和佛罗伦萨出现了借贷复式记账方法。1494年，意大利数学家、会计学家卢卡·帕乔利的《算术、几何、比及比例概要》一书公开出版，该书系统地论述了借贷复式记账原理及其运用，并介绍了以日记账、分录账和总账三种账簿为基础的会计制度，为现代会计的发展奠定了基础。清朝后期，借贷复式记账法传入我国，沿用至今。到19世纪英国工业革命后出现了新的企业组织形式——股份公司，从而引起会计内容的变化和会计服务对象的扩大。1854 年，英国成立了世界上第一个会计师协会——爱丁堡会计师公会。近代会计以货币作为主要计量单位，以企业会计为主，形成了一套完整的会计核算方法，会计成为一门独立的管理科学。

现代会计阶段自 20 世纪 50 年代开始至今。这一阶段会计发展极为迅速，一是现代电子技术与会计的结合，电子计算机逐渐代替传统手工操作，使会计核算手段日益现代化。二是随着生产力水平的提高和管理科学的发展，会计分化为财务会计和管理会计两个分支，其职能范围越来越广，使只注重核算的传统簿记，发展为今天既核算又管理的具有现代含义的会计。现代会计的特点是会计分为财务会计和管理会计两个分支，会计理论体系逐渐形成，会计规范日益国际化，由注册会计师对会计报表的真实性、公允性发表审计意见。

从会计产生和发展的历史过程可以看出：会计是在生产活动中因经济管理需要而产生，随着生产力水平提高和生产关系变革而发展。正如马克思所说："过程越是按社会的规模进行，越是失去纯粹个人的性质，作为对过程的控制和观念总结的簿记就越是必要；因此，簿记对资本主义生产，比对手工业和农业的生产更为必要，对公有生产，比对资本主义生产更为必要。"

【小心地雷】在日常生活中，许多人把会计简单理解为记账、算账、报账，其实现代会计已经远远超出这种简单功能。可以说不参与管理，不进行预测、决策就不是现代会计。

二、会计的特征

会计作为一种管理活动，与其他经济管理活动相比，具有以下三个特点。

（一）会计以货币作为主要计量单位

会计计量需要应用一定的计量单位。常用的计量单位有劳动量（如小时、日、月）、实物量（如千克、件、只）和货币量（如人民币元）三种。这些计量单位分别反映经济活动的不同数量。由于劳动量和实物量反映的数量不能进行综合比较和汇总，而会计则要对经济活动过程和结果进行全面、综合的核算，只有具有一般等价物职能的货币才可以把各种经济业务综合转换为统一的价值指标，以便综合比较、分析、核算和监督。因此，会计以货币作为主要计量单位进行核算，并辅以劳动量和实物量。

【我也能做】每个人在日常生活中都离不开货币收付，有多少收入、发生哪些开销，有时单凭头脑记忆是很有限的。学习会计后，请每位同学给自己建一个"流水账"，设置"日期"、"事项"、"收入"、"支出"和"结余"等专栏，详细记录自己的货币收付情况。养成习惯后，你会发现这不仅对你学习会计专业、学会理财有益，而且对你学会做人也有很大帮助。

（二）会计以合法的原始凭证作为核算依据

《会计基础工作规范》第四十七条规定，各单位在办理会计手续、进行会计核算时，"必须取得或者填制原始凭证，并及时送交会计机构"。原始凭证是证明经济业务已经发生或完成的原始记录，不仅记录着经济业务的过程和结果，而且明确了经济活动的责任。会计以合法的原始凭证作为核算依据，既保证了会计记录有凭有据，又能取得真实可靠的会计信息。

【身边的事】会计凭证其实在我们每一个人的身边，只是常常被我们忽略。请你想想在你的日常生活中都接触过哪些会计凭证？能否拿几张来仔细看看？

（三）运用一系列科学的专门方法

会计在其发展过程中，为了顺应生产发展和经济管理的要求，经过长期实践，会计方法不断改革创新，逐渐形成了一系列既相互联系又相互配合的科学、系统、严密、完善的专门方法。会计就是要运用这些专门方法，对经济活动进行连续、系统、全面的核算和监督，为经济管理提供必要的会计信息。

【知识小结】会计是以货币为主要计量单位，以凭证为依据，运用专门的技术方法，对一定主体的经济活动进行连续、系统、全面、综合的确认、记录、计量、报告和监督，向有关方面提供会计信息，并进行必要的经济预测、分析、参与决策的一种经济管理活动。会计是社会生产实践活动的产物，并逐渐从生产职能中分离出来。会计的发展可分为古代会计、近代会计和现代会计三个阶段。会计具有以货币作为主要计量单位、以合法的原始凭证作为核算依据、运用一系列科学的专门方法三个特点。

【专业术语】

会计   古代会计   近代会计   现代会计

【复习思考】

1. 什么是会计？会计是如何产生和发展的？

2. 与其他经济管理活动相比，会计有哪些特点？

知识点二 会计职能

会计的职能是指会计在经济管理中所具有的功能，即会计在经济管理中的内在功能。会计职能随着其在经济管理活动中应用范围的扩大而不断增多，但其基本职能是核算和监督。马克思所说的对生产"过程的控制和观念总结"，就是指会计对经济活动的核算和监督。《会计法》第五条也明确规定："会计机构、会计人员依照本法规定进行会计核算，实行会计监督。"这从法律上明确了会计的基本职能是会计核算和会计监督。

【小心地雷】在日常生活中人们常常把职能与作用混为一谈，其实这两者并不是一回事。职能是事物的内在功能，而作用是功能在特定条件下体现的具体效果。因此会计的职能并不等于会计的作用。

一、会计核算职能

会计核算职能是指会计以货币为主要计量单位，对特定主体一定时期的经济活动进行真实、连续、系统、完整的确认、记录、计量和报告。《会计法》第二章"会计核算"明确规定："各单位必须根据实际发生的经济业务事项进行会计核算，填制会计凭证，登记会计账簿，编制财务会计报告。"同时规定："下列经济业务事项，应当办理会计手续，进行会计核算：款项和有价证券的收付；财物的收发、增减或使用；债权债务的发生和结算；资本、基金的增减；收入、支出、费用、成本的计算；财务成果的计算和处理；需要办理会计手续、进行会计核算的其他事项。"

会计核算职能的基本特点有以下三个。

（1）会计核算以货币为主要计量尺度，从价值量上反映各单位的经济活动状况。

（2）会计核算具有真实性、完整性、连续性和系统性。

（3）会计核算是对各单位经济活动的全过程进行反映，除对已经发生的经济活动进行核算外，还可以预测未来的经济活动。

【相关链接】对于会计人员应如何做好会计工作，发挥会计的职能，前国务院总理朱镕基曾在国家会计学院有16个字的非常贴切的题词——诚信为本，操守为重，坚持准则，不做假账。

二、会计监督职能

会计监督职能是指依据监督标准，利用会计核算所提供的会计信息对各单位的经济活动全过程的真实性、合法性和合理性进行的指导、控制和审查。《会计法》第四章"会计监督"明确规定："各单位应当建立健全本单位内部会计监督制度。"同时规定："单位内部会计监督制度应当符合下列要求：记账人员与经济业务事项和会计事项的审批人员、经办人员、财物保管人员的职责权限应当明确，并相互分离、相互制约；重大对外投资、资产处置、资金调度和其他重要经济业务事项的决策和执行的相互监督、相互制约程序应当明确；财产清查的范围、期限和组织程序应当明确；对会计资料定期进行内部审计的办法和程序应当明确。"

真实性是检查各项会计核算是否依据实际发生的经济业务事项进行。

合法性是检查各项经济业务是否符合国家有关法律法规，遵守财经纪律，执行国家的各项方针政策，杜绝违法乱纪行为。

合理性是检查各项财务收支是否符合客观经济规律及经济管理要求，保证各项财务收支符合计划要求，实现预算目标。

会计监督的依据包括：财经法律、法规和规章；会计法律、法规和国家统一会计制度；地方性会计法规；单位内部会计管理制度、预算、财务计划、经济计划和业务计划等。

会计监督具有以下三个特点。

（1）会计监督主要是通过价值指标来进行。

（2）会计监督是对单位经济活动全过程的监督，包括事后、事中和事前的监督。

（3）会计监督的依据是合法性及合理性。

【我也能做】目前我国企业会计信息失真现象比较严重，会计监督职能发挥效果欠佳。你认为为什么会出现这种现象？如果将来从事会计工作，你该怎么办？

三、会计核算与会计监督的关系

会计核算和会计监督两个基本职能存在密切的内在联系，相辅相成。会计核算是基础，会计不能离开核算而孤立地进行监督，离开了核算，监督就没有依据；同时，核算的过程也是监督的过程，只有通过监督才能进行有效核算，保证核算资料的真实可靠，离开了监督，核算就没有保证。因而，会计既要核算，又要监督。

应当强调指出：会计不仅具有会计核算和会计监督两个基本职能，随着会计发挥职能作用范围的发展、扩大，会计由事后的记账、算账，逐步转向事前的预测、事中控制、分析经济效果和参与决策等管理活动。因此，会计的职能还包括参与预测、决策、分析、考核、控制、调节等。另外，会计职能划分是一个动态概念，在市场经济体制改革不断深化、经济管理要求不断提高、会计方法更加科学完善的条件下，将会不断出现新的会计职能，使会计在经济管理中发挥更重要的作用。

【身边的事】你所在班级的班费是如何核算和监督的？有没有明确的分工和安排？

【知识小结】会计的职能是指会计在经济管理中所具有的功能。会计的基本职能是会计核算和会计监督。会计核算和会计监督两个基本职能存在密切的内在联系，相辅相成，核算是基础，监督是保障。此外，会计的职能还包括参与预测、决策、分析、考核、控制、调节等。

【专业术语】

会计的职能　　会计核算职能　　会计监督职能

【复习思考】

1. 会计的基本职能有哪些？此外还具有哪些职能？

2. 会计核算职能具有哪些特点？如何发挥核算职能？

3. 会计监督职能具有哪些特点？如何发挥监督职能？

4. 简述会计核算和会计监督两个基本职能的关系。

知识点三   会计基本假设

会计基本假设又称会计前提。会计核算是向有关方面提供科学可靠的会计信息，而会计信息是经过确认、计量、记录、计算和报告等相互关联的环节取得的，这些环节的正常运行必须建立在一定的会计前提之上，没有会计前提，会计工作就成为无源之水、无本之木，会计信息也就会失去其意义及作用。会计基本假设正是会计确认、计量、记录、计算和报告的前提，是对会计核算所处的时间、空间等所作的合理假定。会计前提主要包括四项：会计主体、持续经营、会计分期和货币计量。

一、会计主体

会计主体是指具有独立资金、独立进行经济活动、独立进行会计核算的单位。它是会计核算的首要前提条件之一，是会计确认、计量、记录、计算和报告的空间范围。基于这一前提，首先，要求企业在会计核算时划清各会计主体之间的界限。例如，宏达工厂销售产品给光华工厂而收回货款。根据会计主体这一前提，宏达工厂会计的服务对象就是宏达工厂这个会计主体，会计核算的内容必须是交付产品和收回货款，绝不能记录成对方的支付货款和收到产品。其次，要求每个会计主体的财务活动必须与业主个人的财务活动区分开来。例如，私营业主个人的家庭开支就不能在企业账上反映，尽管法律上承认该企业是业主个人所有。显然只有坚持会计主体独立性观念，从会计主体整体出发，才能正确计算它在经营活动中取得的收益或发生的损失，正确计算它的资产和负债，从而为经营决策提供可靠的信息。如果会计主体不明确，资产和负债就难以界定，收入和支出便无法衡量，各种会计核算方法的应用就无从谈起，所以必须划清各个会计主体财务活动的界限。

此外，要把会计主体与法律主体相区别，每个法人都是一个会计主体，但会计主体不一定都具有法人的资格。例如，独资和合伙企业不是法律主体，但它们是独立的会计主体。集团公司是由若干个独立法人企业组成的，但在编制公司合并会计报表时，尽管这些企业在形式上各自独立，各为会计主体，实质上此时已把它们看成一个会计主体来考察了。再如，由某企业管理的证券投资基金、企业年金等属于会计主体，但不是法人主体。

【身边的事】会计主体广泛存在于现实经济结构中，与每个人的生活都息息相关。联系身边实际，请你列举5个以上的会计主体。

二、持续经营

持续经营是指会计核算应以企业既定的经营方针、目标和持续正常的生产经营活动为前提。换言之，在正常情况下，会计主体的生产经营活动将无限期延续下去，在可以预见的未来不会面临破产清算。企业在经营过程中由于激烈竞争和管理不善等原因，难免有破产倒闭的可能，但持续生产经营是大多数会计主体存在的事实，所以这个前提是被广泛承认的，而对于少数无力偿债、无法经营、宣布破产清算的企业单位不再适用。在会计主体确定的条件下，如果企业能永久经营下去，企业采用的会计方法、会计程序才能稳定，才能准确地反映企业财务状况和经营成果。例如，提取固定资产折旧，会计上按固定资产的平均使用年限计算折旧，分期转入成本费用，这就是以持续经营为前提。对于分期摊销的跨期费用问题，由于企业是持续经营的，按权责发生制的原则，就可将跨期费用在受益期间进行合理分配，而不至于影响各期的财务成果。

【小心地雷】 持续经营只是一种会计假设，并非指任何企业都会持续经营下去。在激烈的市场竞争中，优胜劣汰是市场法则。一些企业由于多种原因走向破产或解散是必然的，一旦进入破产或解散程序其会计核算就不再适用持续经营假设了。

三、会计分期

会计分期又叫做会计期间，是指将会计主体连续不断的生产经营活动人为地分割为一定的期间，据以记账和编制财务会计报告，及时地提供有关财务状况和经营成果的会计信息。世界各国大多按照日历年度作为会计年度，但是也有按业务年度作为会计年度的。例如，将7月1日至次年6月30日作为会计年度。《会计法》规定会计年度自公历1月1日起至12月31日止。《企业会计准则——基本准则》规定会计期间分为年度和中期。中期是指短于一个完整的会计年度的报告期间，如月、季度、半年度。

由于会计分期将企业的持续经营活动人为主观地划分为若干个较短的会计期间，因此它也给会计核算带来了新问题。例如，在一个会计期间内，资产和负债的某些项目变动与现金的收支出现不一致时，《企业会计制度》中规定要选择权责发生制，而不是收付实现制。为了正确反映各个会计期间的经营成果，对于跨会计期间的经济业务要采用相应的会计处理方法，如分期计提折旧、摊销费用等方法。

【相关链接】 世界各国大都以法律形式规定会计年度。我国《会计法》规定："会计年度自公历1月1日起至12月31日止。"美国法律规定的会计年度自每年7月1日起至次年6月30日止。

四、货币计量

货币计量是指会计主体以货币作为主要计量单位，对企业生产经营活动和财务状况进行综合反映，并假定货币本身代表的价值量是基本稳定不变的。企业的财产物资可以采用不同的量度，如实物量度、劳动量度、货币量度等，但只有采用货币计量单位，才能连续、系统、全面地记录和汇总企业的经济业务活动过程及财务成果。例如，用实物单位的"千克"、"米"、"件"等无法直接相加汇总，但可以把实物数量通过价格转化为货币单位形式，也就是说货币计量实际上是借助于价格来完成的。这样就可以直接汇总，综合反映会计信息指标。从这个意义上讲，货币量度是会计的基本计量单位，其他量度则是会计的辅助计量单位。

在有多种货币存在，或经济业务用外币结算的条件下，就要确定某种货币作为记账本位币。我国《企业会计制度》规定，企业的会计核算以人民币为记账本位币。业务收支以人民币以外的货币为主的企业，可以选定其中一种货币作为记账本位币，但编制的财务会计报告应当折算为人民币。在境外设立的中国企业向境内报送的财务会计报告，也应当折算为人民币。

以货币为计量单位，是以币值比较稳定或币值不变为前提，即使币值有所变动，在会计记录中一般可以忽略不计。在世界很多国家中都曾发生过通货膨胀的现象，当币值发生剧烈变动，物价上涨时，有些会计学者提出为了适应企业管理当局和其他有关方面对会计信息的需要，企业应采用通货膨胀会计和物价变动会计的理论。尽管如此，但也没有否定货币计量的前提。

会计核算的四个基本假设具有相互依存、相互补充的关系。会计主体确定了会计核算的空间范围，持续经营与会计分期确定了会计核算的时间长度，而货币计量则为会计核算提供了必要的手段。没有会计主体就没有持续经营，没有持续经营就没有会计分期，没有货币计量，就不会有现代会计。

【我也能做】我们在生活中处处离不开计量单位。请将个人全部生活用品先用最准确的计量单位进行统计，然后用统一的计量单位进行汇总。

【知识小结】会计基本假设是会计确认、计量、记录、计算和报告的前提，是对会计核算所处的时间、空间等所作的合理假定。会计前提主要包括四项：会计主体、持续经营、会计分期和货币计量。

【专业术语】
会计基本假设　　会计主体假设　　持续经营假设　　会计分期假设
货币计量假设　　会计年度

【复习思考】
1. 为什么有会计假设？
2. 什么是会计主体？为什么要有会计主体假设？
3. 为什么要有持续经营假设？是否任何情况都适用？为什么？
4. 会计分期方法有哪些？为什么要进行会计分期？
5. 为什么要有货币计量假设？我国对货币计量有哪些规定？

知识点四　会计对象和会计要素

【教学目标】
1. 掌握会计的一般对象和会计的具体对象；
2. 熟悉资产、负债、所有者权益、收入、费用和利润六要素的组成与内涵。

【重点难点】
教学重点：
1. 会计的一般对象和会计的具体对象；
2. 资产、负债、所有者权益、收入、费用和利润六要素的组成与内涵。
教学难点：
资产、负债、所有者权益、收入、费用和利润六要素的组成与内涵。

一、会计对象

会计对象是指会计核算和监督的内容，即会计工作的内容。明确会计对象，就是要明确会计工作的内容，以便明确会计工作的职责范围，做好会计工作，充分发挥会计职能作用。会计对象从不同角度分析，可以表述为会计的一般对象和会计的具体对象。

会计的一般对象是针对各单位会计工作内容的共同点而言。首先，任何单位开展经济业务活动，都必须具备一定的财产物资作为基础，这些财产物资的价值以货币形式表现。在经济业务活动中，实物运动引起价值运动，发生价值数量的增加和减少变化，这些能够用价值形式来表现的经济活动正是会计核算和监督的内容。而不能用价值形式表现的经济活动，如签订购销合同，会计则无法核算和监督。其次，各单位工作性质和任务虽然不同，但它们从事的大部分经济活动都与社会再生产过程中的产品生产、交换、分配和消费各环节有关，是社会再生产过程的组成部分。因此，会计的一般对象是企业、行政机关、事业单位等在社会再生产过程中可以用货币表现的经济活动。

会计的具体对象依据各单位会计工作内容的不同而有所不同。

企业的主要经济业务是组织生产经营活动。工业企业主要生产经营过程大体分为供应过程、生产过程和销售过程三个阶段，其经济业务活动分别是筹集资金购买材料、投入材料生产产品、产品生产完工入库、销售产品取得销售收入、收回货币、缴纳税金、分配利润等。商品流通企业以购销商品为主要经营业务活动，在购销两个阶段，筹集资金购进商品，销售商品取得销售收入，收回货币，同样缴纳税金，分配利润。从以上工商企业生产经营过程来看，企业会计对象是在生产经营过程中发生的、能够用货币表现的各项经济业务。

行政事业单位主要是通过国家行政拨款投入和自身业务收入，取得预算内收入和预算外收入，按国家政策规定，发生预算内支出和预算外支出，其收支构成行政事业单位的主要经济活动内容。所以，行政事业单位的会计对象是经济活动中发生的预算内（外）财务收支活动。

二、会计要素

会计要素是对会计对象按经济特性所作的基本分类，是会计对象的具体内容。

《企业会计准则》将会计要素分为 6 项，即资产、负债、所有者权益、收入、费用和利润。

（一）资产

资产是指企业过去的交易或者事项形成的、由企业拥有或者控制的、预期会给企业带来经济利益的资源。如果企业某项财产预期不能给企业带来经济利益，则该项财产不能确认为企业的资产。

资产具有以下基本特征：

（1）资产是由过去的交易或事项所形成的。资产必须是现实的资产，而不能是由未来交易或事项形成的资源；

（2）资产是由企业拥有或者控制的。一项资源要作为企业的资产予以确认，应该拥有此项资源的所有权；

（3）资产预期会给企业带来经济利益，这是资产最主要的特征。所谓带来经济利益，是指具有直接或间接地增加流入企业的现金或现金等价物的潜力。

资产的确认必须同时满足以下条件：

（1）与该资源有关的经济利益很可能流入企业；

（2）该资源的成本或者价值能够可靠地计量。

根据我国现行《企业会计准则》和《企业会计制度》规定，资产按照其流动性质和存在形态的不同，分为流动资产和非流动资产。

1. 流动资产

流动资产是指可以在 1 年或者超过 1 年的 1 个营业周期内变现或者被耗用的资产。它主要包括库存现金、银行存款、其他货币资金、交易性金融资产、应收及预付款项、存货等。

2. 非流动资产

非流动资产是指在超过 1 年或 1 个营业周期内变现或者被耗用的资产。它主要包括持有至到期投资、可供出售金融资产、长期股权投资、投资性房地产、长期应收款、固定资产、在建工程、无形资产、长期待摊费用等。

（二）负债

负债是指企业过去的交易或者事项形成的、预期会导致经济利益流出企业的现时义务。

负债具有以下基本特征：

（1）负债是基于过去的交易或事项而产生的。导致负债的交易或事项必须已经发生，正在筹划的未来交易或事项不会产生负债；

（2）负债是企业承担的现时义务。义务一方面产生于具有约束力的合同或法定要求，另一方面可能产生于正常的业务活动、习惯，以及为了保持良好的业务关系或公平处事的愿望；

（3）现时义务的履行通常关系到企业放弃含有经济利益的资产，以满足对方的要求；

（4）负债通常是在未来某一时日通过交付资产或提供劳务来清偿。

负债的确认必须同时满足以下条件：

（1）与该义务有关的经济利益很可能流出企业；

（2）未来流出的经济利益的金额能够可靠地计量。

负债按其流动性质，划分为流动负债和长期负债。

1．流动负债

流动负债是指将在 1 年（含 1 年）或者超过 1 年的 1 个营业周期内偿还的债务。它包括短期借款、应付账款、应付票据、预收账款、应付职工薪酬、应交税费、应付利息、应付利润、其他应付款等。

2．长期负债

长期负债是指偿还期在 1 年或者超过 1 年的 1 个营业周期以上的债务。它包括长期借款、应付债券、长期应付款等。

【相关链接】关于资产、负债各项目具体内容详见"知识点九　会计科目和账户"，学习本知识点时不要过于深究。

（三）所有者权益

所有者权益是指企业资产扣除负债后由所有者享有的剩余权益。所有者权益包括实收资本、资本公积、盈余公积和未分配利润。

1．实收资本

实收资本是指投资者按照企业章程或合同、协议的约定，实际投入企业的资本。

2．资本公积

资本公积是指投资者或者他人投入到企业、所有权归属于投资者并且金额上超过法定资本部分的资本或者资产。

3．盈余公积

盈余公积是指企业按照国家规定从税后利润中提取的各种公积金等。

4．未分配利润

未分配利润是指企业实现的净利润经过弥补亏损、提取盈余公积和向投资者分配利润后留存在企业的、历年结存的利润。

实收资本和资本公积是由所有者直接投入的，而盈余公积和未分配利润则是由企业在生产经营过程中实现的利润留存在企业所形成的，所以又称为留存收益。

负债和所有者权益统称为权益，即对一个企业的资产可以提出的权利要求。负债是债权人对企业资产的要求权，称为债权人权益。所有者对企业资产的要求权称为所有者权益。

资产、负债和所有者权益反映了企业资金运动的静态表现，也叫静态会计要素或资产负债表要素。

（四）收入

收入是指企业在日常活动中形成的、会导致所有者权益增加的、与所有者投入资本无关的经济利益的总流入，包括销售商品收入、劳务收入、利息收入等。收入必须是企业为完成其经营目标而从事的所有活动，以及与之相关的其他活动中取得的现金或最终能转化为现金的非现金资产。

收入具有以下特点：

（1）收入是从企业的日常活动中产生，而不是从偶发的交易或事项中产生；

（2）收入可能表现为企业资产的增加，也可能表现为企业负债的减少；

（3）收入能导致企业所有者权益的增加；

（4）收入只包括本企业经济利益的流入，不包括为第三者或客户代收的款项。收入只有在未来经济利益很有可能增加且经济利益增加金额能够可靠计量时才能确认。

收入按性质可分为销售商品收入、提供劳务收入和让渡资产使用权收入等。按企业经营业务的主次可分为主营业务收入和其他业务收入等。

【小心地雷】收入是指企业经济利益的流入，但企业经济利益的流入并不都是收入。有些经济利益流入直接计入当期利润，有些经济利益流入直接增加所有者权益，在业务处理中应根据《企业会计准则》和《企业会计制度》的规定进行恰当归类。

（五）费用

费用是指企业在日常流动中发生的、会导致所有者权益减少的、与向所有者分配利益无关的经济利益的总流出。实质上费用是资产的耗费，最终会导致企业资源和所有者权益减少。

费用可以按照不同标准进行分类，如按经济内容分类、按经济用途分类等，包括计入成本的费用和不计入成本的期间费用。

【小心地雷】企业发生的各种支出并不都是费用，在会计业务处理中，有些计入资产价值、有些计入成本、有些计入期间费用、有些直接从当期利润中抵减。在以后的学习中应根据具体业务内容加以区分。

【身边的事】联系自己在学校的生活，分析自己目前的各项支出，看看哪些是合理的，哪些是不合理的，并根据收入状况编制本学期支出安排计划表。

（六）利润

利润是指企业在一定会计期间的经营成果。它是企业在一定会计期间内实现的收入减去费用后的净额，包括营业利润、营业外收支净额及所得税费用等。

收入、费用、利润反映了企业资金运动的动态表现，也叫动态会计要素或利润表要素。

【我也能做】如果你的亲朋好友中有办企业的，请利用假期或休息时间去实地参观一下，了解该企业的资产、负债和所有者权益状况，分析其收支情况和利润水平。

【知识小结】会计对象是指会计核算和监督的内容，即会计工作的内容。会计的一般对象是企业、行政机关、事业单位等在社会再生产过程中可以用货币表现的经济活动。企业会计对象是在生产经营过程中发生的、能够用货币表现的各项经济业务。会计要素是对会计对象按经济特性所作的基本分类，是会计对象的具体内容。资产、负债、所有者权益反映了企业资金运动的静态表现，也叫静态会计要素或资产负债表要素。收入、费用、利润反映了企业资金运动的动态表现，也叫动态会计要素或利润表要素。

【专业术语】

会计对象　　会计的一般对象　　会计要素　　资产　　负债　　所有者权益　　收入
费用　　利润

【复习思考】

1. 会计一般对象是什么？企业会计对象与行政事业单位有什么不同？

2. 会计六要素是什么？哪些是静态会计要素（或资产负债表要素)？哪些是动态会计要素（或利润表要素)？

3. 资产有哪些特征？如何分类？

4. 负债有哪些特征？如何分类？

5. 所有者权益包括哪些方面？

6. 收入有哪些特点？如何分类？

知识点五   会计等式

一、会计要素平衡关系

企业要从事正常的生产经营活动，必须拥有一定数量的财产物资，如房屋、设备、材料、现金等，会计上称为资产。资产包括各种财产、债权和其他权利。资产既有价值，能以货币计量，又有产权，即资产归谁所有，产权是可以用货币计量的。为企业提供资产的投资人具有该企业的产权，提供资产的价值就是投资人产权的金额。例如，某厂只有一个投资人，投资金额为400 000元，他拥有的产权金额也就是400 000元。如果是两个投资人为企业投资，各出资200 000元，共计400 000元，则每人拥有的产权金额为200 000元。产权就是对企业具有的要求权，即权益。资产和权益是一个事物的两个方面，没有权益就不能有资产，没有资产就无所谓权益，两者互相依存，互为条件。其表现构成如下基本会计等式：

$$资产 = 权益$$

权益不仅包括投资者权益，还包括债权人权益（负债）。它是企业所承担的，需用资产或劳务偿付的债务，债权人可以在将来要求企业进行偿还。所有者权益是投资者对企业所具有的要求权，也就是对企业净资产的所有权。这样，上述基本会计等式也可以表示如下：

$$资产 = 负债 + 所有者权益$$

上述等式反映了资产、负债和所有者权益三个会计要素之间的内在数量关系，是基本的会计等式。例如，某企业的资产价值1 000 000元，负债为200 000元，那么所有者权益就是800 000元。基本会计等式反映了企业在某一时日（期初或期末）的财务状况，所以又称为静态会计等式，它是编制资产负债表的理论基础。企业在生产经营活动中发生的任何经济业务，都会引起有关会计要素的变化，但是这些变化都不会破坏基本会计等式的平衡关系。

【小心地雷】资产和权益所反映的并不是两个问题，而是一个问题的两个方面：资金的来源和运用（或来龙和去脉）。资产相当于资金的运用（或去脉），权益相当于资金的来源

（或来龙），资产和权益所反映的是相同的资金，其总量当然相等。

【**身边的事**】我们每位同学开学时都或多或少带了些钱吧？这些钱是怎么来的？又用到哪里去了？你能编制一张简单的平衡表吗？

【**例 5－1**】新华公司 20××年 9 月 1 日资产、负债和所有者权益情况如表 5－1 所示。9 月份假定只发生以下经济业务。

（1）收到某单位投资 600 000 元，其中实物投资（房屋）折合人民币 500 000 元，现金投资为 100 000 元，已存入银行。

该笔业务发生后，企业资产方的固定资产增加 500 000 元，银行存款增加 100 000 元，同时企业所有者权益中的实收资本增加 600 000 元。

（2）用银行存款 300 000 元归还银行的短期借款。

该笔业务发生后，企业资产方的银行存款减少 300 000 元，同时负债方的短期借款也减少 300 000 元。

（3）用银行存款 200 000 元购入一批材料。

该笔业务发生后，企业资产方的银行存款减少 200 000 元，同时资产方的原材料增加 200 000 元。

（4）向银行借入短期借款 300 000 元，直接归还采购材料的应付账款。

该笔业务发生后，企业负债方的短期借款增加 300 000 元，同时负债方的应付账款减少 300 000 元。

表 5－1　新华公司资产、负债和所有者权益状况表

20××年 9 月 1 日　　　　　　　　　　单位：元

资　产	金　额	负债和所有者权益	金　额
库存现金	600		
银行存款	800 000	实收资本	830 000
原材料	85 000	应付账款	700 600
固定资产	900 000	短期借款	309 000
应收账款	54 000		
合　计	1 839 600	合　计	1 839 600

上述四笔经济业务所引起的资产和负债、所有者权益的增减变化情况如表 5－2 所示。

表 5－2　新华公司资产和负债、所有者权益状况变动表

20××年 9 月 30 日　　　　　　　　　　单位：元

资产类	增减前金额	增加额	减少额	增减后金额	权益类	增减前金额	增加额	减少额	增减后金额
库存现金	600			600	实收资本	830 000	600 000		1 430 000
银行存款	800 000	100 000	500 000	400 000	应付账款	700 600		300 000	400 600
原材料	85 000	200 000		285 000	短期借款	309 000	300 000	300 000	309 000
固定资产	900 000	500 000		1 400 000					
应收账款	54 000			54 000					
合　计	1 839 600	800 000	500 000	2 139 600	合　计	1 839 600	900 000	600 000	2 139 600

在这四笔经济业务中，第一笔经济业务引起资产和负债、所有者权益的变化，因为两者同时等额增加，所以基本会计等式仍然相等；第二笔经济业务引起资产和负债、所有者权益的变化，因为两者同时等额减少，所以基本会计等式仍然相等；第三笔经济业务引起资产方一个项目增加，另一个项目减少，增减金额相等，因此基本会计等式仍然相等；第四笔经济业务引起负债、所有者权益方一个项目增加，另一个项目减少，增减金额相等，因此基本会计等式仍然相等。企业的所有经济业务对资产和负债、所有者权益的影响归纳起来有以下四种情况：

（1）资产和负债、所有者权益同时增加；

（2）资产和负债、所有者权益同时减少；

（3）资产之间有增有减，负债、所有者权益不变；

（4）负债、所有者权益之间有增有减，资产不变。

企业生产经营的目的是为了获得利润。从一定时期即动态来观察，企业在每一个会计期间的经营活动中，既取得收入同时又要发生相应的费用，按照有关会计原则的要求，可以正确地计算出当期实现的利润。其计算公式为：

$$利润 = 收入 - 费用$$

该等式是企业在某一会计期间生产经营活动发展过程的结果，它是编制利润表的理论基础。从产权关系上分析，企业实现的利润应该归属于企业投资者，使所有者权益增加，同时资产也等额增加，如果企业发生亏损，也应该由企业投资者承担，使所有者权益减少，同时资产也等额减少，所以上面的等式又转化为：

$$资产 = 负债 + 所有者权益 + 收入 - 费用$$
$$资产 = 负债 + 所有者权益 + 利润$$

利润经过分配，其中一部分又转化为所有者权益，即：

$$资产 = 负债 + 所有者权益$$

二、企业经济业务类型及对会计等式的影响

企业的经济业务多种多样，并且是不断变化的，随着经济业务的发生，企业的资产、负债和所有者权益会不断发生增减变动，但无论怎样变化，都不会破坏基本会计等式的平衡关系，即"资产 = 负债 + 所有者权益"的基本会计等式是恒等的。

根据这一公式，企业千变万化的会计事项，在前述四种基本类型的基础上，可细分为以下 9 种类型：

（1）一项资产增加，另一项资产减少；

（2）一项资产增加，一项负债增加；

（3）一项资产增加，一项所有者权益增加；

（4）一项负债减少，一项资产减少；

（5）一项负债减少，另一项负债增加；

（6）一项负债减少，一项所有者权益增加；

（7）一项所有者权益减少，一项资产减少；

（8）一项所有者权益减少，一项负债增加；

（9）一项所有者权益减少，另一项所有者权益增加。

【例5－2】下面以新华公司10月份发生的部分经济业务为例，说明企业经济业务的发生对基本会计等式的影响。

（1）从银行提取现金2 000元备用。

该项经济业务使一项资产"库存现金"增加2 000元，同时也使另一项资产"银行存款"减少5 000元。资产项目内一增一减，增减金额相等，基本会计等式仍然平衡。

（2）购入一批材料价值30 000元，货款尚未支付。

该项经济业务使一项资产"原材料"增加30 000元，同时也使负债"应付账款"增加30 000元。资产和负债同时等额增加，基本会计等式仍然平衡。

（3）收到某投资者投入货币资金50 000元存入银行。

该项经济业务使一项资产"银行存款"增加50 000元，同时也使所有者权益"实收资本"增加50 000元。资产和所有者权益同时等额增加，基本会计等式仍然平衡。

（4）用银行存款归还前欠应付账款6 000元。

该项经济业务使一项负债"应付账款"减少6 000元，同时也使资产"银行存款"减少6 000元。负债和资产同时等额减少，基本会计等式仍然平衡。

（5）向银行借入短期借款40 000元，直接归还应付账款。

该项经济业务使一项负债"应付账款"减少40 000元，同时也使另一项负债"短期借款"增加40 000元。负债项目内一增一减，增减金额相等，基本会计等式仍然平衡。

（6）将应付某企业账款200 000元转作对本企业的投资。其中转作"实收资本"120 000元，转作"资本公积"80 000元。

该项经济业务使一项负债"应付账款"减少200 000元，同时也使所有者权益"实收资本"增加120 000元，"资本公积"增加80 000元。负债和所有者权益同属权益类项目，权益类内部等额增减，权益总额不变，基本会计等式仍然平衡。

（7）用银行存款5 000元支付广告费。

该项经济业务使所有者权益"本年利润"减少5 000元，同时也使资产"银行存款"减少5 000元。因为该业务使"销售费用"增加5 000元，"销售费用"增加的实质就是本年利润的减少。所以，所有者权益和资产同时等额减少，基本会计等式仍然平衡。

（8）维修公司办公楼发生修理费20 000元，款项尚未支付。

该项经济业务使所有者权益"本年利润"减少20 000元，同时也使负债"应付账款"增加20 000元。因为"管理费用"增加的实质就是"本年利润"的减少，又因为所有者权益和负债同属权益类项目，权益类内部同时等额增减，权益总额不变，基本会计等式仍然平衡。

【相关链接】上述第7笔和第8笔业务在实际业务发生时的处理要复杂一些，但最后的本质如前文所述。实际工作中的处理方法参见知识点十一以及以后要学习的《企业日常业务核算》。

（9）用资本公积80 000元转增资本。

该项经济业务使所有者权益"资本公积"减少80 000元，同时也使所有者权益"实收资本"增加80 000元。所有者权益项目内一增一减，增减金额相等，基本会计等式仍然平衡。

以上9笔经济业务的发生引起资产、负债和所有者权益的增减变动对基本会计等式的影响如表 5 - 3 所示。

表 5 - 3 经济业务发生引起资产、负债和所有者权益增减变动分析

经济业务	资产	=	负债	+	所有者权益
(1)	(+) (-)				
(2)	(+)		(+)		
(3)	(+)				(+)
(4)	(-)		(-)		
(5)			(+) (-)		
(6)			(-)		(+)
(7)	(-)				(-)
(8)			(+)		
(9)					(+) (-)

【我也能做】若新华公司发生上述 9 笔业务前有关资产、负债和所有者权益状况如表 5 - 2 增减后金额栏所示，请你编制一张上述 9 笔业务发生后新华公司资产和负债、所有者权益状况变动表。

从以上 9 笔经济业务的 9 种类型可以看出，经济业务发生会引起基本会计等式左右两边发生等额增加或减少，或者引起基本会计等式的左边或右边内部要素的等额增减，前者会使基本会计等式的总额发生增加或减少，后者会使基本会计等式一边的组成内容发生变动而两边总额不变。可见，无论哪类经济业务发生都不会破坏基本会计等式的平衡关系。

【知识小结】资产和权益是一个事物的两个方面，没有权益就不能有资产，没有资产就无所谓权益，两者互相依存，互为条件，形成平衡关系，这就是会计基本等式。从一定时期即动态来观察，企业在每一个会计期间的经营活动中，既取得收入同时又要发生相应的费用，并计算出当期实现的利润，这就形成损益等式，并在新的基础上形成资产和权益平衡关系。企业的经济业务可以归纳为 9 种类型，但无论哪类经济业务发生都不会破坏基本会计等式的平衡关系。

【专业术语】

会计要素平衡关系 基本会计等式 损益等式 企业经济业务类型

【复习思考】

1. 为什么会有基本会计等式？

2. 简述会计六要素之间的平衡关系。

3. 企业经济业务有哪些类型？为什么无论哪类经济业务发生都不会破坏基本会计等式的平衡关系？

知识点六　会计信息质量要求

【教学目标】
1. 熟悉会计信息质量的 8 个基本要求；
2. 了解会计信息质量的要求在会计工作中的运用和体现。

【重点难点】

教学重点：

会计信息质量的 8 个基本要求。

教学难点：

会计信息质量的要求在会计工作中的运用和体现。

　　会计信息质量的高低，直接关系到会计信息的真实与否，高质量的会计信息有利于国家、企业据以作出正确的决策，否则，将会作出错误的判断，导致经济损失。因此，企业要按照以下要求组织会计核算，提供真实可靠的会计信息。

一、真实性

　　真实性要求企业以实际发生的交易或者事项为依据进行会计确认、计量和报告，如实反映符合确认和计量要求的各项会计要素及其他相关信息，保证会计信息真实可靠，内容完整。真实性是对会计核算工作和会计信息最基本的质量要求，遵循它就能为国家宏观经济管理、企业内部管理和投资者决策提供内容真实、数字准确、资料可靠的会计信息。贯彻真实性要求，就是要求会计工作以客观事实为依据，经得起验证。例如，新华公司购进甲材料 10 000 千克，每千克 5.00 元，共计 50 000 元。这就要以购料凭证作为真凭实据加以证明，购料凭证就是会计记录的客观依据。

　　【小心地雷】 真实性是会计信息的生命。我们通常说"以事实为依据，以法律为准绳"、"耳听为虚，眼见为实"，其实许多经济业务处理起来并不那么简单，往往披着"合理合法，真实可信"的外衣，你所眼见的并不一定为实。这就需要我们经过长期磨炼，用"火眼金睛"还事物的本来面目。

二、相关性

　　相关性要求企业提供的会计信息应当与财务会计报告使用者的经济决策需要相关，有助于财务会计报告使用者对企业过去、现在或者未来的情况作出评价或者预测。在会计工作实践中，要充分发挥会计信息的作用，就要使提供的会计信息与有关方面使用会计信息的要求保持相关，这就要求会计在收集、处理、传递会计信息的过程中，全面考虑社会各方面的使用者对会计信息的相关需要，既要满足国家宏观管理调控的需要，也要满足投资者、债权人和企业内部管理等方面的需要。

三、明晰性

明晰性要求企业提供的会计信息清晰明了，便于财务会计报告使用者理解和使用。会计信息清晰明了，有利于有关各方理解财务会计报告和利用会计信息，有利于审计机构对会计账务处理进行审查。这就要求会计凭证、会计账簿和财务会计报告等各项记录书写清楚，易于辨认，不得随意涂抹、刮擦和挖补，有关经济业务的说明应简明扼要、通俗易懂。在这个原则基础上提供的会计信息才能在经济管理中发挥重要作用。

【我也能做】 明晰性其实对于我们生活、学习、工作的各个方面都一样重要。如果大家从现在起都能轻重分明、有条不紊，不仅于人方便也于己方便，更会使我们将来的工作和生活受益无穷。

四、可比性

可比性要求同一企业不同时期发生的相同或者相似的交易或者事项，采用一致的会计政策，不得随意变更。确需变更的，应当在附注中说明。不同企业发生的相同或者相似的交易或者事项，应当采用规定的会计政策，确保会计信息口径一致、相互可比。强调可比性，就是为了投资者等有关方面能对同一企业不同时期、不同企业同一时期的会计信息进行比较、分析及利用，也有利于国家进行宏观经济管理。为了保证会计信息的可比性，必须坚持一致性。

五、经济实质重于法律形式

经济实质重于法律形式要求企业按照交易或者事项的经济实质进行会计确认、计量和报告，不应仅以交易或者事项的法律形式为依据。在实际工作中，交易或者事项的外在法律形式或者人为形式并不总能完全、真实地反映其实质内容。所以，会计信息要想反映其所拟反映的交易或者事项，就必须根据交易或者事项的经济实质，而不能仅仅根据它们的法律形式进行核算和反映，以防止误导会计信息使用者的决定。

【相关链接】 有些经济业务从法律形式看并不完全具备确认和计量条件，但从经济实质来看应该予以确认和计量。例如，融资租入的固定资产在租赁期间承租企业从法律形式看并不具有所有权，但基于经济实质承租企业将其视同本企业固定资产予以确认和计量。

六、重要性

重要性要求企业提供的会计信息反映与企业财务状况、经营成果和现金流量等有关的所有重要交易或者事项。具体来说，对于资产、负债、损益等有较大影响，并进而影响财务会计报告，影响使用者据此作出合理判断的重要会计事项，必须按照规定的会计方法和程序进行处理，并在财务会计报告中予以充分、准确的披露；对于次要的会计事项，在不影响会计信息真实性和不至于误导财务会计报告使用者作出正确判断的前提下，可适当合并反映，简化处理。

企业提供会计信息的详略和会计处理方法的简繁要依据被反映会计事项的重要程度而定。重要程度一般是从质与量两个方面进行判断，只要该会计事项的发生将对决策产生重大影响，或者当其达到一定程度时将对决策产生影响，就可确认为重要的会计事项。例如，

2 000元的费用开支对于一个大企业是不重要的，属于零星开支，但对于一个小企业来说，则是一笔重要的费用开支。然而，如果这笔2 000元的开支是违法违规的开支，即使是一个大企业也要作为重要会计事项处理。

七、谨慎性

谨慎性要求企业对交易或者事项进行会计确认、计量和报告时保持应有的谨慎，不应高估资产或者收益，低估负债或者费用。在社会主义市场经济条件下，存在着许多不确定性和风险，会计上就需要对收入、费用和损失等进行确认，保持谨慎的态度，尽量把风险降低到最低限度。谨慎性要求是市场经济的产物，在现阶段对于增强企业活力、扩大财务决策权等具有重要意义。

根据这一要求，财务会计制度中提出了建立坏账准备金制度等。坏账准备金是指预计企业的应收账款收不回来而预先提取的一种准备金。目前，企业之间在商品交易中，存在着赊销和预付现象，这就可能发生应收账款收不回来，即形成坏账，由此发生的损失即为坏账损失。为了保证企业持续经营，会计核算上建立了坏账准备金。谨慎性要求的实质是不少计费用、不多估资产、不多计利润，使企业在激烈的竞争中站稳脚跟，增强抵御风险的能力。

【相关链接】谨慎性是会计职业的基本要求之一，体现在会计核算和管理工作的方方面面。在以后的企业经济业务处理中，尤其在会计确认、资产减值准备、会计方法选择等方面将经常涉及谨慎性，在学习相关内容时应注意。

八、及时性

及时性要求企业对已经发生的交易或者事项及时进行会计确认、计量和报告，不得提前或者推后，只有这样才能保证会计信息的时效性。因此，会计账务处理要及时进行，不得拖延，财务会计报告的编制要及时，并要在规定日期内报送有关部门，否则，再有用的会计信息也会失去它的利用价值。及时必须以真实和正确为前提。例如，在实际工作中，有的企业为了在月初及时报出财务会计报告，采取提前结账的办法，这是违反会计规定的错误做法。在市场经济快速发展的今天，市场变化快，企业竞争激烈，企业管理者、投资人和债权人等对会计信息的及时性要求更高，及时反映和提供会计信息也就更为重要。

【身边的事】我们身边有很多事是毁在"拖"字上了，做会计工作更是怕"拖"。许多单位正是被会计人员的"拖"字拖下了水：有停工待料的、有市场断销的、有库存积压的、有管理混乱的……有些企业硬是被拖垮！想想自己有没有因为"拖"字误事呢？该怎么改？

【知识小结】高质量的会计信息有利于国家、企业据以作出正确的决策。企业要按照真实性、相关性、明晰性、可比性、经济实质重于法律形式、重要性、谨慎性和及时性要求组织会计核算，提供会计信息。

【专业术语】

真实性　　　相关性　　　明晰性　　　可比性　　　经济实质重于法律形式　　　重要性

谨慎性　　　及时性

【复习思考】

1. 什么叫真实性？如何做到真实性？
2. 如何理解经济实质重于法律形式？
3. 会计人员应如何保持职业谨慎性？

知识点七　会计确认与计量要求

【教学目标】
1. 掌握会计确认的三个基本要求及其内涵；
2. 熟悉会计计量的五个不同标准及其内涵。

【重点难点】

教学重点：
1. 会计确认的三个基本要求；
2. 会计计量的五个不同标准。

教学难点：
会计计量的五个不同标准及其内涵。

一、会计确认的基本要求

（一）权责发生制

　　会计确认、计量和报告的基础是权责发生制和收付实现制。权责发生制是指以权利和责任的发生来决定收入和费用的归属。企业的会计确认、计量和报告应以权责发生制为基础，凡是当期已经实现的收入和已经发生或应当负担的费用，无论款项是否收付，都应当作为当期的收入和费用。例如，本月计提银行借款利息，虽然没有实际支付，但是与本期的生产经营活动有关，就应当承担银行借款利息的责任，即把本月所承担的利息费用计入本月的成本费用中。又如，本月销售产品，货款尚未收到，发生和实现了销售行为，所以应当作为本月的收入处理。同理，凡是不属于当期的收入和费用，即使款项已在当期收付，也不应当作为当期的收入和费用。由于权责发生制确定本期收入和费用是以应收应付作为标准，而不考虑款项是否收付，所以又称应收应付制。采用权责发生制，可以正确反映各个会计期间所实现的收入和为实现收入所应负担的费用，从而可以把各期的收入与其相关的费用、成本相配比，正确计算各期的财务成果。

　　权责发生制的核心就是根据权责关系的实际发生和影响期间来确认企业的费用和收益，所以它能够正确地反映各期的成本和费用情况，反映各期收入和费用的配比关系，正确地计算当期损益，以利于提供完整、准确的会计信息。

　　收付实现制与权责发生制不同，对于收入和费用是按照现金是否收到或付出来确定其归属。具体地说，凡是本期实际收到的款项，不论其是否应该属于本期的收入，均作为本期收入处理。例如，预收货款，收到现金就作为本期收入处理。同样，凡是本期实际支付的款项，不论其是否应该由本期负担，均作为本期费用处理。例如，预付明年的财产保险费，作为本年度的费用处理等。

　　【小心地雷】企业和行政事业单位会计确认、计量和报告的基础不同。同样收到一笔款项，在行政事业单位应该确认为本期收入，但在企业不能确认为本期收入。"收到款项就是收入，付出款项就是支出"，这是初学者容易犯的错误，在以后的学习中务必注意。

（二）收入与成本、费用的配比

收入与成本、费用的配比，要求企业在进行会计核算时，收入与其成本、费用相互配比，同一会计期间内的各项收入和与其相关的成本、费用在该会计期间内确认。企业的收入和费用是密切相关的，费用是企业在生产经营过程中发生的各项耗费，包括直接费用、间接费用和期间费用。企业将当期收入减去当期费用即得到当期的净损益。企业的收入与费用之间存在着一定的因果关系，它们之间可以相互配比。例如，企业销售一批产品，取得产品销售收入，在记录产品销售收入的同时，也要记录产品销售成本。由于经济业务是很复杂的，在会计核算中，有些资产的耗费同某一会计期间的收入没有直接联系，即有些费用不易与收入相配比，但是这些费用的发生又是为了取得收入所必需的。再如，某项固定资产按使用年限法来计提折旧费，假定使用年限为 10 年，不论企业每年取得多少数额的收入，折旧费都是该项固定资产价值的 1/10。虽然这些费用不能直接与收入相配比，但在会计上常将这样的费用根据其发生的时间与收入进行配比。要求收入与成本、费用相配比的目的在于正确反映企业的财务成果，正确计算企业的利润或亏损。

【相关链接】 收入和与其相关的成本、费用的配比是正确计算损益的基础。在以后的相关经济业务处理中，在确认收入的同时一定要考虑相关的成本、费用的确认，在确认成本、费用的同时一定要考虑相关收入是否已经确认。相关内容将在知识点十一中进一步学习。

（三）划分收益性支出与资本性支出

划分收益性支出与资本性支出要求企业在进行会计核算时严格区分收益性支出与资本性支出，以便正确地计算当期损益。收益性支出是指该项支出的发生是为了取得本年度（或一个营业周期）的收益，即仅仅与本年度收益的取得有关，如支付的本期工资和制造费用。资本性支出是指不仅为了取得本年度（或一个营业周期）收益而发生的支出，同时该项支出的效益涉及以后几个会计年度（或几个营业周期）。例如，购建固定资产的支出，其支出的效益往往涉及多个会计年度，这部分支出形成固定资产的价值，它的价值在收益期内逐期转为费用，陆续从收入中得到补偿。

划分收益性支出和资本性支出，实际上就是把企业为当期和以后多个会计期间的业务经营而发生的支出与为当期业务经营而发生的支出划分清楚。如果混淆了收益性支出与资本性支出，就会导致各个会计期间财务成果计算不正确，从而影响企业计算、上缴所得税，影响企业利润的分配。

【相关链接】 划分收益性支出与资本性支出是正确计算损益的另一个重要基础。在实际业务处理时的基本原则是：收益性支出费用化、资本性支出资产化。相关内容将在知识十一点中进一步学习。

二、会计计量的不同标准

企业在将符合确认条件的会计分录登记入账并列报于会计报表及其附注时，应当按照规定的会计计量属性进行计量，确定其金额。企业在对会计要素进行计量时，一般采用历史成本、重置成本、可变现净值、现值和公允价值进行计量。

（一）历史成本

在历史成本计量下，资产按照购置时支付的现金或者现金等价物的金额，或者按照购置资产时所付出的公允价值计量；负债按照因承担现时义务而实际收到的款项或者资产的金额，或者承担现时义务的合同金额，或者按照日常活动中为偿还负债预期需要支付的现金或现金等价物的金额计量。

【我也能做】从开学到现在你买过哪些个人生活用品？都有发票吗？你能一一记得花了多少钱吗？其实这就是你购置这些物品的历史成本。

（二）重置成本

在重置成本计量下，资产按照现在购买相同或者相似资产所需支付的现金或现金等价物的金额计量；负债按照现在偿付该项债务所需支付的现金或现金等价物的金额计量。

（三）可变现净值

在可变现净值计量下，资产按照其正常对外销售所能收到现金或现金等价物的金额扣减该资产至完工时估计将要发生的成本、估计的销售费用以及相关税费后的金额计量。

（四）现值

在现值计量下，资产按照预计从其持续使用和最终处置中所产生的未来净现金流入量的折现金额计量；负债按照预计期限内需要偿还的未来净现金流出量的折现金额计量。

（五）公允价值

在公允价值计量下，资产和负债按照在公平交易中熟悉情况的交易双方自愿进行资产交换或者债务清偿的金额计量。

【身边的事】不同计量基础反映出的价值往往有很大差异。请每位同学以自己个人身边价值较大的一件或几件物品为例，如笔记本电脑、手机、MP3 等，用不同的计量基础反映其价值各是多少，想想为什么会有差异？

【知识小结】企业应按照权责发生制，收入与成本、费用的配比，划分收益性支出与资本性支出三个要求进行会计确认。权责发生制是指以权利和责任的发生来决定收入和费用的归属。收入与成本、费用的配比，要求企业在进行会计核算时，收入与其成本、费用相互配比，同一会计期间内的各项收入和与其相关的成本、费用在该会计期间内确认。划分收益性支出与资本性支出要求企业在进行会计核算时，严格区分收益性支出与资本性支出，以便正确地计算当期损益。企业在对会计要素进行计量时，一般采用历史成本、重置成本、可变现净值、现值和公允价值进行计量。

【专业术语】

权责发生制　　收付实现制　　收益性支出　　资本性支出　　历史成本

重置成本　　可变现净值　　现值　　公允价值

【复习思考】

1. 权责发生制与收付实现制的区别是什么？
2. 企业为什么要做到收入与成本、费用的配比？
3. 如何划分收益性支出与资本性支出？
4. 不同会计计量属性有何差异？

知识点八　会计核算方法

【教学目标】

1. 掌握会计核算方法体系的构成以及各会计核算方法之间的关系；

2. 熟悉各种会计核算方法的内涵；

3. 了解会计管理方法。

【重点难点】

教学重点：

1. 各种会计核算方法的内涵；

2. 会计核算方法之间的关系。

教学难点：

1. 设置账户以及复式记账内涵的理解；

2. 会计核算方法之间的关系。

会计方法是实行会计核算、进行会计管理和完成会计任务所采用的手段。由于会计工作包括会计核算工作和会计管理工作，所以会计方法也包括会计核算方法和会计管理方法。

会计核算方法是对单位已经发生的经济活动进行连续、系统、完整的核算和监督所应用的方法。它主要包括：设置账户、复式记账、填制和审核会计凭证、登记账簿、成本计算、财产清查和编制财务会计报告。

会计管理方法又可以分为会计预测方法、会计决策方法、会计控制方法、会计分析方法、会计检查方法等。

【相关链接】 虽然会计核算方法是会计管理方法的基础，但从现代会计运用和发展角度看，会计管理方法更为重要，相关内容在以后学习的《企业财务管理》、《成本核算与管理》、《审计基础》等课程中将深入学习。

一、会计核算环节

会计核算是指会计工作中收集、加工、存储和提供会计信息的过程，即我们平时说的记账、算账和报账的过程。会计核算包括确认、计量、记录和报告四个环节。

二、会计核算方法

（一）设置账户

设置账户是对会计对象的具体内容进行分类核算和监督的一种专门方法。任何单位会计对象的内容既广又多，为了取得连续、系统、全面的会计资料，通过设置会计科目对会计对象进行科学分类，并根据会计科目设置账户，分门别类地登记经济业务，以满足会计核算和监督的需要。

（二）复式记账

复式记账是对每一项经济业务都以相等的金额同时在两个或两个以上相互联系的账户中进行登记。从资金运动客观规律看，任何一项经济业务活动都涉及资金来路和去向的变化，引起至少两个方面资金的增减变动。例如，以银行存款 6 000 元归还前欠某单位货款，一方面引起银行存款减少 6 000 元，另一方面负债减少 6 000 元。复式记账通过作双重记录，可以清楚地反映每项经济业务活动引起资金变化的来龙去脉，根据账户对应关系检查会计处理是否正确，相互联系地反映经济业务全貌。

（三）填制和审核会计凭证

会计凭证是具有一定格式、用以记录经济业务发生和完成情况的书面证明。填制和审核会计凭证是会计核算的一种专门方法，办理每一项经济业务，必须填制或取得会计凭证。会计机构、会计人员必须按照国家统一的会计制度规定审核会计凭证，只有经过审核正确无误的会计凭证才能作为记账的依据，从而保证会计记录正确无误，提高会计核算质量。

（四）登记账簿

会计账簿由具有一定格式的账页组成，是以会计凭证为依据，全面、连续地记录一个单位的经济业务，对大量分散的数据或资料进行分类整理，逐步加工成有用的会计信息的工具。登记账簿是根据会计凭证，在账簿上连续、系统、完整地记录经济业务的一种专门方法。经济业务发生后，首先是编制和审核会计凭证，然后按照经济业务发生的时间先后顺序，分门别类地记入有关账簿，并定期进行结账、对账，加工成系统、完整的数据资料，提供有用的会计信息。

（五）成本计算

成本计算是按一定的成本对象，对生产经营过程中所发生的成本费用进行归集和分配，计算各对象的总成本和单位成本的一种专门方法。企业生产经营过程中会发生各种耗费，为了核算和监督所发生的各种费用，必须正确地进行成本计算。各单位因经济业务活动内容不同，其成本计算内容也有所不同。例如，工业企业需计算材料采购成本、产品生产成本、产品销售成本；商品流通企业需计算商品销售成本。通过成本计算，可以准确了解成本构成，分析和考核成本计划完成情况，寻找成本、费用开支增减原因，促使企业加强成本核算和管理，节约费用，降低成本。同时，各单位应根据自身的生产特点和管理要求，正确选择成本计算方法。

（六）财产清查

财产清查是对各项财产物资进行实物盘点、账面核对以及对各项往来款项进行查询、核对，以保证账账相符、账实相符的一种专门方法。在实际工作中，往往因为某些主客观原因，造成账面记录与实际结存不相符，为了保证账簿记录的正确性，保证财产安全，应定期或不定期地进行财产清查，并根据财产清查结果，查明原因，明确责任，调整账簿记录，保持账实一致。

（七）编制财务会计报告

财务会计报告是指企业对外提供的反映企业某一特定日期的财务状况和某一会计期间的经营成果、现金流量等会计信息的文件。企业的财务会计报告由会计报表、会计报表附注和财务情况说明书组成（不要求编制和提供财务情况说明书的企业除外）。编制财务会计报告是及时提供真实、准确、完整的会计信息的重要环节，它将账簿记录定期以表格形式总括地予以反映，供国家有关部门、投资人、经营管理者等了解本单位财务状况和经营成果，据以作出正确决策。

在会计核算过程中，填制和审核会计凭证是开始环节，登记会计账簿是中间环节，编制财务会计报告是终结环节。会计核算各环节之间的关系如图 8－1 所示。

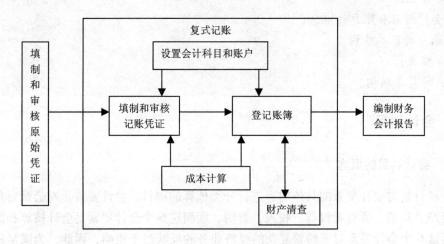

图 8－1　会计核算各环节之间的关系图

【小心地雷】会计是一个环环相扣的工作过程。在实际工作中应根据业务流程和各个环节的内在逻辑关系来办理经济业务，切不可随意增减或改变环节。初学者务必要养成按"规矩"办事的习惯，这是前人长期经验的总结。

【知识小结】会计方法包括会计核算方法和会计管理方法。会计核算是会计的基本环节，因此会计核算方法在会计方法体系中也处于基础地位。会计核算的 7 个环节包括：设置账户、复式记账、填制和审核会计凭证、登记账簿、成本计算、财产清查和编制财务会计报告。

【专业术语】

设置账户　　复式记账　　会计凭证　　账簿　　财产清查　　成本计算

【复习思考】

1. 什么叫复式记账？
2. 会计核算方法之间有何关系？

知识点九　会计科目和账户

【教学目标】
1. 掌握会计科目和账户的概念、分类以及两者之间的关系；
2. 熟悉会计科目名称以及账户的基本结构；
3. 了解会计科目的设置原则。

【重点难点】
教学重点：
1. 会计科目和账户的概念；
2. 账户的基本结构。

教学难点：
账户的基本结构。

一、会计科目

（一）会计科目的概念

会计科目是对会计要素的具体内容进行分类核算的项目。会计要素是对会计对象的基本分类，资产、负债、所有者权益、收入、费用、利润这6个会计要素是会计核算和监督的内容。然而这6个会计要素对于纷繁复杂的经济业务的反映过于粗略，因此，为满足经济管理及有关各方对会计信息的质量要求，必须对会计要素进行细化，即采用一定的形式，对每一个会计要素所反映的具体内容进行进一步分门别类的划分，设置会计科目。

会计科目是以客观存在的会计要素的具体内容为基础，同时，根据经济管理的需要而设置的。每个会计科目都反映一个特定的经济内容。例如，机器设备、房屋、建筑物、运输工具等是企业的主要劳动手段，应归属为一类，即固定资产类。机械制造企业中的钢材、铝材、铜材和铁等是工业企业的劳动对象，构成产品实体，应归属为一类，即原材料类。企业发生的工资、福利费、修理费、折旧费、办公费、水电费等费用，要视其用途来归类。如果是为了企业生产产品和提供劳务而发生的间接费用，归为制造费用类；如果是企业为了行政管理所发生的间接费用，归为管理费用类。银行借给企业的款项和外部投资者对企业的投资，前者属于债权人权益，后者属于所有者权益，所以分别归为银行借款和实收资本。以上所说的固定资产、原材料、制造费用、管理费用、银行借款和实收资本都是会计科目。

会计科目是进行各项会计记录和提供各项会计信息的基础，在会计核算中具有重要意义。其主要表现在：①会计科目是复式记账的基础。复式记账要求每一笔经济业务要在两个或两个以上相互联系的账户中进行登记，以反映资金运动的来龙去脉；②会计科目是编制记账凭证的基础。会计凭证是确定所发生的经济业务应记入何种科目以及分门别类登记账簿的凭据；③会计科目为成本计算与财产清查提供了前提条件。通过会计科目的设置，有助于进行成本计算，使各种成本计算成为可能，而通过账面记录与实际结存的核对，又为财产清查提供了必备的条件。

（二）会计科目的分类

1. 按经济内容分类

会计科目按其反映经济内容的不同进行分类，可分为资产类、负债类、共同类、所有者权益类、成本类和损益类六大类。

（1）资产类科目：是指用于核算资产增减变化，提供资产类项目会计信息的会计科目。按照资产的流动性分为反映流动资产的科目和反映非流动资产的科目。

（2）负债类科目：是指用于核算负债增减变化，提供负债类项目会计信息的会计科目。按照负债的偿还期限分为反映流动负债的科目和反映长期负债的科目。

（3）共同类科目：是指同时具有资产和负债双重性质的会计科目。一般工商企业并不设置这样的会计科目，只有银行等金融企业为便于核算和管理设置共同类科目。

（4）所有者权益类科目：是指用于核算所有者权益增减变化，提供所有者权益类相关项目会计信息的会计科目。按所有者权益的形成和性质可分为反映资本的科目和反映留存收益的科目。

（5）成本类科目：是指用于核算成本的发生和归集情况，提供成本信息的相关科目。按成本的内容和性质不同可分为反映制造成本的科目和反映劳务成本的科目。

（6）损益类科目：是指用于核算收入、费用的发生和归集情况，提供一段期间损益相关信息的科目。按照损益的内容不同可以分为反映收入的科目和反映费用的科目。

2. 按提供信息的详细程度分类

会计科目按照提供信息的详略程度不同分类，可以分为总分类科目和明细分类科目两类。

（1）总分类科目。总分类科目亦称总账科目，是对会计要素具体内容进行的总括分类，是反映会计核算资料总括指标的科目。例如，"库存现金"、"银行存款"、"库存商品"、"固定资产"、"短期借款"、"实收资本"等科目，都是总分类科目。

（2）明细分类科目

明细分类科目，亦称明细科目，是对总分类科目的经济内容所作的进一步分类，是用来辅助总分类科目反映会计核算资料详细、具体指标的科目。例如，在"应付债券"总分类科目下设置"债券面值"、"债券溢价"、"债券折价"、"应计利息"等明细科目，分类反映应付债券的具体情况。

由于企业的组织形式和业务性质不同，经济管理的要求也不同，为了满足不同层次管理的需要，会计科目应该分层设置，既要设置总分类科目，又要设置明细分类科目。总分类科目（即总账科目或一级科目）是总括反映会计要素具体内容的科目，它提供总括核算资料，是进行总分类核算的依据，如库存现金、银行存款、固定资产、实收资本、管理费用等科目。明细分类科目包括子目和明细科目。子目（即二级科目）是把总分类科目所反映的经济内容进行较为详细分类的科目，它介于总分类科目与明细科目之间，比总分类科目提供的指标详细，又比明细科目提供的指标概括。明细科目（即三级科目或细目）是为了提供更详细的会计资料，而对二级科目所反映的经济内容进一步详细分类的科目。它们之间的关系如表9-1所示。

表 9 – 1　原材料科目按其提供核算指标的详细程度分类

总分类科目（一级科目）	明细分类科目	
	二级科目（子目）	明细科目（细目）
原材料	原料及主要材料	碳钢
		圆钢
		煤炭

【相关链接】企业明细科目设置到底是粗好还是细好？到底以设置几级明细科目为宜？这一问题不能一概而论，关键取决于企业管理要求、人员配置以及管理成本与效益的关系。对于那些管理上要求提供详细而具体信息的企业，明细科目当然要细设，如存货明细科目甚至设置到具体规格、型号、等级等；对于那些管理上不要求提供详细而具体信息的企业，明细科目当然可以粗设，如存货明细科目可以只设置大类或品种。

总分类科目对所属的明细分类科目起着统驭和控制的作用；明细分类科目对其归属的总分类科目起着补充和具体说明的作用。

【我也能做】请每位同学将自己的个人用品按照不同标准加以归类并列出详单，看看它们是什么关系，注意不能重复、遗漏和交叉。

（三）会计科目的设置

1. 会计科目的设置原则

会计科目设置的合理与否直接决定着会计信息的科学性、系统性和准确性，它对于提高会计核算效率及组织会计工作有着重大意义。因此，设置会计科目时，应遵循以下原则。

（1）合法性原则：要求所设置的会计科目应当符合国家统一的会计制度的规定。为了保证会计信息的可比性，国家财政部门对企业所使用的会计科目都做了较为具体的规定。企业应当按照国家财政部门的相关规定设置本企业适用的会计科目。对于国家统一会计制度规定的会计科目，根据自身的生产经营特点，在不影响会计核算要求和会计报表指标汇总，以及对外提供统一的财务会计报表的前提下，企业可以自行增设、减少或合并某些会计科目。

（2）相关性原则：要求设置会计科目时，充分考虑会计信息的使用者对本企业会计信息的需要。主要是为了提高会计核算所提供的会计信息相关性，满足相关各方的信息需求。

（3）实用性原则：要求在合法性的基础上，根据企业自身特点，设置符合企业需要的会计科目。企业在组织形式、行业类型、经营内容以及业务种类等方面有时存在的差异较大，因此，在会计科目的设置上也应当有所区别。对于会计科目的名称，在不违背会计科目使用原则的基础上，也可以结合本企业的实际情况，设置本企业特有的会计科目。

【身边的事】请每位同学抽空到校园各个地方转转，你看看能把学校的财产物资归为哪几大类？如果是企业，你能说说它们应该属于哪些会计科目吗？

2. 常用会计科目

根据《企业会计准则——应用指南》，一般工商企业所使用的主要会计科目如表 9 – 2 所示。

表9－2 企业常用会计科目参照表

顺序号	名称	顺序号	名称
略	一、资产类	略	预收账款
	库存现金		应付职工薪酬
	银行存款		应交税费
	其他货币资金		应付股利
	交易性金融资产		应付利息
	应收票据		其他应付款
	应收账款		代理业务负债
	预付账款		预计负债
	应收股利		递延收益
	应收利息		长期借款
	其他应收款		应付债券
	坏账准备		长期应付款
	代理业务资产		未确认融资费用
	材料采购		专项应付款
	在途物资		递延所得税负债
	原材料		
	材料成本差异		三、共同类
	库存商品		衍生工具
	发出商品		套期工具
	商品进销差价		被套期项目
	委托加工物资		
	周转材料		四、所有者权益类
	存货跌价准备		实收资本
	融资租赁资产		资本公积
	持有至到期投资		盈余公积
	持有至到期投资减值准备		本年利润
	可供出售金融资产		利润分配
	长期股权投资		库存股
	长期股权投资减值准备		五、成本类
	投资性房地产		生产成本
	长期应收款		制造费用
	未实现融资收益		劳务成本
	固定资产		研发支出
	累计折旧		
	固定资产减值准备		六、损益类
	在建工程		主营业务收入

续表

顺序号	名称	顺序号	名称
	工程物资		其他业务收入
	固定资产清理		公允价值变动损益
	无形资产		投资收益
	累计摊销		营业外收入
	无形资产减值准备		主营业务成本
	商誉		其他业务成本
	长期待摊费用		营业税金及附加
	递延所得税资产		销售费用
	待处理财产损溢		管理费用
			财务费用
	二、负债类		资产减值损失
	短期借款		营业外支出
	交易性金融负债		所得税费用
	应付票据		以前年度损益调整
	应付账款		

【相关链接】在我国《企业会计准则——应用指南》中依据会计准则中关于确认和计量的规定，规定了企业的会计科目，其中常用的会计科目及解释如下。

1. 资产类

"库存现金"科目：核算企业的库存现金。

"银行存款"科目：核算企业存入银行或其他金融机构的各种款项。

"其他货币资金"科目：核算企业的外埠存款、银行汇票存款、银行本票存款、信用卡存款、信用证保证金存款、存出投资款等各种其他货币资金。

"交易性金融资产"科目：核算企业持有的以公允价值计量且其变动计入当期损益的金融资产。

"应收票据"科目：核算企业因销售商品、产品、提供劳务等而收到的商业汇票，包括银行承兑汇票和商业承兑汇票。

"应收账款"科目：核算企业因销售商品、产品、提供劳务等经营活动应收取的款项。

"其他应收款"科目：核算企业除存出保证金、应收票据、应收账款、预付账款、应收股利、应收利息等经营活动以外的其他各种应收、暂付的款项。

"预付账款"科目：核算企业按照购货合同规定预付给供应单位的款项。

"坏账准备"科目：核算企业应收款项等发生减值时计提的减值准备。

"材料采购"科目：核算企业采用计划成本进行材料日常核算而购入材料的采购成本。

"在途物资"科目：核算企业采用实际成本（或进价）进行材料（或商品）日常核算，

货款已付尚未验收入库的购入材料或商品的采购成本。

"原材料"科目：核算企业库存的各种材料，包括原料及主要材料、辅助材料、外购半成品（外购件）、修理用备件（备品备件）、包装材料、燃料等的计划成本或实际成本。

"库存商品"科目：核算企业库存的各种商品的实际成本（或进价）或计划成本（或售价），包括库存产成品、外购商品、存放在门市部准备出售的商品、发出展览的商品以及寄存在外的商品等。

"长期股权投资"科目：核算企业持有的采用成本法和权益法核算的长期股权投资。

"固定资产"科目：核算企业持有固定资产的原价。

"累计折旧"科目：核算企业对固定资产计提的累计折旧。

"固定资产清理"科目：核算企业因出售、报废、毁损、对外投资、非货币性资产交换、债务重组等原因转出的固定资产价值以及在清理过程中发生的费用。

"工程物资"科目：核算企业为在建工程准备的各种物资的价值，包括工程用材料、尚未安装的设备以及为生产准备的工器具等。

"在建工程"科目：核算企业基建、技改等在建工程发生的耗费。

"无形资产"科目：核算企业持有的无形资产，包括专利权、非专利技术、商标权、著作权、土地使用权等。

"长期待摊费用"科目：核算企业已经发生但应由本期和以后各期负担的分摊期限在1年以上的各项费用。

2. 负债类

"短期借款"科目：核算企业向银行或其他金融机构等借入的期限在1年以下（含1年）的各种借款。

"应付票据"科目：核算企业购买材料、商品和接受劳务供应等而开出承兑的商业汇票，包括银行承兑汇票和商业承兑汇票。

"应付账款"科目：核算企业因购买材料、商品和接受劳务供应等经营活动应支付的款项。

"预收账款"科目：核算企业按照合同规定向购货单位预收的款项。

"应付职工薪酬"科目：核算企业根据有关规定应付给职工的各种薪酬。

"应交税费"科目：核算企业按照税法规定计算应交纳的各种税费，包括增值税、消费税、营业税、所得税、资源税、土地增值税、城市维护建设税、房产税、土地使用税、车船使用税、教育费附加、矿产资源补偿费等。其中，应交增值税还应分别设置"进项税额"、"销项税额"、"出口退税"、"进项税额转出"、"已交税金"等专栏进行明细核算。

"应付股利"科目：核算企业分配的现金股利或利润。

"应付利息"科目：核算企业按照合同约定应支付的利息，包括吸收存款、分期付息到期还本的长期借款、企业债券等应支付的利息。

"预计负债"科目：核算企业确认的对外提供担保、未决诉讼、产品质量保证、重组义务、亏损性合同等预计负债。

"长期借款"科目：核算企业向银行或其他金融机构借入的期限在1年以上（不含1年）的各项借款。

"长期应付款"科目：核算企业除长期借款和应付债券以外的其他各种长期应付款项，

包括应付融资租入固定资产的租赁费、以分期付款方式购入固定资产等发生的应付款项等。

3. 所有者权益类

"实收资本"科目：核算企业接受投资者投入企业的实收资本。股份有限公司应将本科目改为"股本"。

"资本公积"科目：核算企业收到投资者出资超出其在注册资本或股本中所占的份额以及直接计入所有者权益的利得或损失等。

"盈余公积"科目：核算企业从净利润中提取的盈余公积。

"本年利润"科目：核算企业当年实现的净利润（或发生的净亏损）。

"利润分配"科目：核算企业利润的分配（或亏损的弥补）和历年分配（或弥补）后的积存余额。

4. 成本类

"生产成本"科目：核算企业进行工业性生产发生的各项生产费用，包括生产各种产品（包括产成品、自制半成品等）、自制材料、自制工具、自制设备等。

"制造费用"科目：核算企业生产车间、部门为生产产品和提供劳务的各项间接费用。

5. 损益类

"主营业务收入"科目：核算企业根据收入准则确认的销售商品、提供劳务等主营业务的收入。

"其他业务收入"科目：核算企业根据收入准则确认的除主营业务以外的其他经营活动实现的收入，包括出租固定资产、出租无形资产、出租包装物和商品、销售材料等实现的收入。

"营业外收入"科目：核算企业发生的与其经营活动无直接关系的各项净收入。

"主营业务成本"科目：核算企业根据收入准则确认销售商品、提供劳务等主营业务收入时应结转的成本。

"其他业务成本"科目：核算企业除主营业务活动以外的其他经营活动所发生的支出。

"营业税金及附加"科目：核算企业经营活动发生的营业税、消费税、城市维护建设税、教育费附加等相关税费。房产税、车船使用税、土地使用税、印花税在"管理费用"等科目核算，不在本科目核算。

"销售费用"科目：核算企业销售商品和材料、提供劳务的过程中发生的各种费用。

"管理费用"科目：核算企业为组织和管理企业生产经营所发生的管理费用。

"财务费用"科目：核算企业为筹集生产经营所需资金等而发生的筹资费用。

"营业外支出"科目：核算企业发生的与其经营活动无直接关系的各项净支出。

"所得税费用"科目：核算企业根据所得税准则确认的应从当期利润总额中扣除的所得税费用。

"资产减值损失"科目：核算企业根据资产减值等准则计提各项资产减值准备所形成的损失。

"公允价值变动损益"科目：核算企业交易性金融资产、交易性金融负债，以及采用公允价值模式计量的投资性房地产、衍生工具、套期保值业务等公允价值变动形成的应计入当期损益的利得或损失。

二、账户

（一）账户的概念

会计科目是对会计对象具体内容进行的分类，但它们只是一种分类项目，不具有特定的结构和格式，不能记录反映经济业务发生后引起的各项资产、负债和所有者权益项目的增减变动情况及其结果。因此，为了对企业的经济活动和财务收支情况进行全面、系统、连续和分类的记录，为企业经营管理和有关方面提供各种会计信息，有效反映和监督经济活动过程及结果，必须根据会计科目开设相应的账户。账户是指按照会计科目设置并具有一定格式，用来分类、系统、连续地记录经济业务，反映会计要素增减变化情况和结果的记账实体。设置账户是会计核算的一种专门方法。

会计科目和账户是会计学中两个既有联系又有区别的概念。它们都是按照会计对象要素的经济内容设置，账户根据会计科目开设，会计科目的名称就是账户的名称，同名称的会计科目与账户反映相同的经济内容。例如，会计科目中有"固定资产"科目，而根据这个会计科目开设的账户，也称为"固定资产"账户。两者的区别是会计科目只是一个名称，它表明某类经济业务的内容，其本身并不能记录经济内容的增减变化情况，而账户既有名称，又有结构，能够把经济业务的发生情况及其结果分类、连续、系统地记录和反映。

（二）账户的基本结构

每个账户不仅要有科学而简明的名称，而且必须具有一定的结构格式，只有这样才能对经济业务发生后所引起的会计对象要素各项目的增减变动情况进行记录和反映。会计是以货币为主要计量单位来反映经济活动的，各项经济业务的发生都要引起会计对象要素的变化，从数量方面来看无非是增加和减少两种情况，因此，用来分类记录经济业务的账户，在结构上也相应分为两个基本部分，即左方和右方，分别记录会计对象要素的增加或减少数额。同时，还要反映会计对象要素各项目增减变化后的结果，这就是结余额。所以，反映会计对象要素的增加额、减少额和结余额这三部分形成账户的基本结构。

不同的记账方法，具有不同的账户结构；同一记账方法下的不同性质的账户，其账户结构也不相同。无论采用哪种记账方法，账户属于何种性质，账户的基本结构都由左、右两部分组成，一部分记录增加额，另一部分记录减少额。其简化的格式如图9－1和图9－2所示，这种格式一般用于教学中，称为"T"形账户。

左方	账户名称	右方
期初余额 增加额		减少额
本期增加发生额 期末余额		本期减少发生额

图9－1 账户基本结构（一）

左方	账户名称	右方
减少额		期初余额 增加额
本期减少发生额		本期增加发生额 期末余额

图9－2 账户基本结构（二）

账户的左方和右方分别登记增加额和减少额，余额按时间不同则分为期初余额和期末余额，本期增加额合计和本期减少额合计又称为本期增加发生额和本期减少发生额。期初余额、本期增加发生额、本期减少发生额和期末余额的关系，可用下列公式来表示：

$$期末余额 = 期初余额 + 本期增加发生额 - 本期减少发生额$$

账户的哪一方记录增加额，哪一方记录减少额，是由记账方法和账户的性质决定的，但是不论采用哪种记账方法以及账户性质如何，其增加额和减少额都应按相反的方向进行记录。如果左方记录增加额，则右方就记录减少额；反之，如果左方记录减少额，则右方就应记录增加额。账户的期初余额、期末余额一般应与增加额的方向一致。

完整的账户结构一般应包括"账户的名称"、"日期"、"凭证号数"、"摘要"、"增加额"、"减少额"和"余额"等内容。在实际工作中，账户通常采用三栏式，其基本结构如表9-3所示。

表9-3　三栏式账户基本结构

账户名称（会计科目）

年		凭证号数	摘要	左方	右方	余额
月	日					

（三）账户的分类

为了正确地设置和运用账户，需要对账户进行分类。账户是根据会计科目设置的，会计科目的分类决定了账户的分类。

账户按其性质分为资产类账户、负债类账户、共同类账户、所有者权益类账户、成本类账户和损益类账户；按其提供会计信息资料的详细程度分为总分类账户和明细分类账户；按其用途和结构分为盘存账户、结算账户、资本账户、调整账户、集合分配账户、成本计算账户、集合配比账户、财务成果计算账户等。

1. 盘存账户

盘存账户是用来核算企业货币资金、财产物资增减变动和实存数额的账户，如"库存现金"、"银行存款"、"原材料"、"库存商品"、"固定资产"等账户。

2. 结算账户

结算账户是用来核算企业与其他单位或个人之间债权（应收）、债务（应付）结算关系的账户。按照结算性质的不同，结算账户又可分为债权结算账户、债务结算账户和债权债务结算账户三类。

3. 资本账户

资本账户是用来核算企业实收资本（或股本）、资本公积、盈余公积、未分配利润的增减变动及实有数额的账户，如"实收资本"（或"股本"）、"资本公积"、"盈余公积"、"利润分配——未分配利润"等账户。

4. 调整账户

调整账户是用来调整某些账户的账面余额而设置的账户。由于管理上的需要，在会计核算工作中，对于某些会计要素具体项目，有时需要用两种不同的数额进行反映，这时就需要设置两个账户,一个账户反映该项目的原始数额,另一个账户则反映对原始数额的调整数额,将原始数额与调整数额相加或相减后,便可得到该项目的实际数额。反映原始数额的账户称为被调整账户;反映调整数额的账户称为调整账户。调整账户按调整方式的不同,又可分为备抵调整账户、附加调整账户和备抵附加调整账户三类。

(1)备抵调整账户又叫抵减账户,它是用来抵减被调整账户的余额,以求得被调整账户的实际余额的账户。例如,"固定资产"账户(被调整账户)的借方余额反映了固定资产的原始价值,"累计折旧"账户(备抵调整账户)的贷方余额则反映了固定资产的累计已提折旧额。将"固定资产"账户的借方余额减去"累计折旧"账户的贷方余额,其差额就是固定资产的账面净值。

(2)附加调整账户是用来增加被调整账户的余额,以求得被调整账户的实际余额的账户。由于附加调整账户采用增加的调整方式,因此被调整账户的余额与附加调整账户的余额必然方向相同:如果被调整账户的余额在借方(或贷方),则附加调整账户的余额一定在借方(或贷方)。

(3)备抵附加调整账户是既用来抵减、又用来增加被调整账户的余额,以求得被调整账户的实际余额的账户。这类账户兼有备抵调整账户与附加调整账户的功能。当其余额方向与被调整账户的余额方向不一致时,它就起到备抵调整账户的作用;当其余额方向与被调整账户的余额方向一致时,它就起到附加调整账户的作用。"材料成本差异"账户就属于备抵附加调整账户,该账户用来调整"原材料"账户的余额。当"材料成本差异"账户的余额在借方时,表示原材料的实际成本大于计划成本的超支数,"原材料"账户的借方余额加上"材料成本差异"账户的借方余额为原材料的实际成本;当"材料成本差异"账户的余额在贷方时,表示原材料的实际成本小于计划成本的节约数,"原材料"账户的借方余额减去"材料成本差异"账户的贷方余额为原材料的实际成本。

5. 集合分配账户

集合分配账户是用来汇集和分配企业生产经营过程中某一阶段所发生的某种费用,借以反映和考核有关费用计划执行情况以及费用分配情况的账户,如"制造费用"账户。这类账户在结构上的特点是:借方登记费用的发生数,贷方登记费用的分配数,在一般情况下没有期末余额。

6. 成本计算账户

成本计算账户是用来核算企业生产经营过程中某一阶段的全部费用并直接确定各成本计算对象实际成本的账户,如"生产成本"、"材料采购"等账户。

7. 集合配比账户

集合配比账户是用来汇集企业生产经营过程中所取得的收入和发生的费用、支出、损失,借以在期末进行配合比较,计算确定生产经营期内的财务成果的账户,如"主营业务收入"、"主营业务成本"、"其他业务收入"、"其他业务成本"、"营业外收入"、"营业外支出"、"投资收益"、"管理费用"、"财务费用"、"销售费用"、"所得税费用"等账户。

8. 财务成果计算账户

财务成果计算账户是用来核算企业在一定时期内财务成果的形成,计算最终成果的账户,"本年利润"是财务成果计算账户的典型。

【知识小结】会计科目是对会计要素按照经济业务内容和经营管理需要分类核算的项

目。设置会计科目要遵循合法性、相关性和实用性原则。会计科目按经济内容分为：资产类、负债类、共同类、所有者权益类、成本类和损益类六大类科目；按提供信息的详细程度分为：总分类科目和明细分类科目。账户是按照会计科目设置并具有一定格式，用来分类记录经济业务、反映会计要素增减变化情况及结果的记账实体，它与会计科目既有联系又有区别，最基本的账户格式为三栏式。

【专业术语】

会计科目　　账户　　总分类科目　　明细分类科目　　总分类账户　　明细分类账户
账户结构　　盘存账户　　结算账户　　资本账户　　调整账户　　集合分配账户
成本计算账户　　集合配比账户　　财务成果计算账户

【复习思考】

1. 什么是会计科目？什么是账户？两者有什么联系与区别？
2. 会计科目设置应遵循哪些原则？
3. 会计科目分为哪几类？其内容是什么？
4. 账户有哪些分类？会计科目分类有哪些异同？

知识点十　借贷记账法

【教学目标】
1. 掌握复式记账法的原理、种类和特点，掌握借贷记账法的含义及特点；
2. 熟悉借贷记账法下的账户结构，熟悉会计分录的编制以及试算平衡的原理及运用；
3. 了解单式记账法的概念及特点。

【重点难点】

教学重点：
1. 复式记账法的概念；
2. 借贷记账法的概念、特点及其应用；
3. 会计分录的书写以及试算平衡的应用。

教学难点：
1. 借贷记账法的内容；
2. 试算平衡的应用。

　　企业发生了经济业务以后，必然会引起会计要素发生增减变化，账户能够全面、系统地反映有关项目的增减变动情况及结果，但是如何将发生的经济业务记录到有关的账户中去，就需要采用一定的记账方法。所谓记账方法，是指在账簿中登记经济业务的方法。按其记录经济业务的方式不同，可以将记账方法划分为单式记账法和复式记账法两种方法。

一、单式记账法

　　单式记账法是比较古老的会计记账方法。单式记账法是指对发生经济业务之后所产生会计要素的增减变动只在一个账户中进行登记的方法。它通常是对经济业务作单方面的登记，而不反映经济业务的来龙去脉，只登记现金、银行存款的收付和应承担的债务及对外的债权结算。因此，只设置库存现金、银行存款、应收账款和应付账款四本账加以记录。例如，以现金 2 000 元购入材料，只记现金的减少，不记材料的增加；销售商品 1 500 元，款项未收回，只记应收账款的增加，不记销售收入的增加；采购材料 1 000 元，款未付，只记应付账款的增加，不记材料的增加。以上对于现金或银行存款的收付、应收及应付款等业务，只在一个会计科目中登记，都是单方面记账。单式记账法手续简单，但是账户设置不完整，记录经济业务不全面，账户之间不存在平衡关系，因而不便于检查账簿记录是否正确，所以，它是一种不严密、不科学的记账方法，无法适应现代企业的会计核算要求。

二、复式记账法

　　所谓复式记账法，是指以资产与权益平衡关系作为记账基础，对于每项经济业务都要以相等的金额在两个或两个以上相互联系的账户中进行登记的一种记账方法。由于复式记账法对于发生的经济业务在两个或两个以上相互联系的账户中进行登记，所以，它克服了单式记账法的缺点，是一种科学的记账方法。例如，用银行存款 10 000 元购买一台设备，对于这笔业务既要在"银行存款"账户中记录减少 10 000 元，又要在"固定资产"账户中记录增加 10 000 元，通过这样的登记就能够清晰地反映该笔经济业务的来龙去脉。具体记录结果如图 10-1 所示。

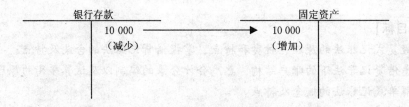

图 10-1 复式记账法的应用

通过上述对复式记账法的介绍，我们可以发现，复式记账法具有以下两方面特点。

（1）对于企业发生的每一笔经济业务，复式记账法都要在两个或两个以上的账户中相互联系地进行登记。通过这样进行账户记录后，既可以全面、清晰地反映经济业务的来龙去脉，也能通过会计要素的增减变动情况来全面、系统地反映经济活动的过程和结果。

（2）在复式记账法下，由于在每项经济业务发生后，都要在两个或两个以上的账户中进行登记，便于对账户记录的结果进行试算平衡，以便进一步检查记账的正确性。

【身边的事】小明在生活中有记账的习惯，他今天花了 500 元钱买了一部手机，试想一下，如果用我们上面讲过的单式记账法和复式记账法的内容，小明分别应当怎么记账？

通过复式记账，可以完整、系统地反映经济活动的过程和结果，有利于监督、控制和分析企业经济活动情况；可以对经济业务进行相互联系的双重记录，了解企业经营活动的全貌；可以利用账簿记录情况，根据会计等式的平衡关系检验会计记录是否正确。国际上复式记账法有许多种，但通用的是借贷记账法，它是最具有代表性的复式记账方法。我国在长期会计实践中逐步形成并使用过多种复式记账方法，如借贷记账法、收付记账法和增减记账法。我国 2006 年颁布的《企业会计准则》明确规定，企业应当采用借贷记账法记账。

三、借贷记账法

（一）借贷记账法的概念

借贷记账法是以"借"、"贷"作为记账符号，记录资产和权益增减变动及结果的一种复式记账方法。

借贷记账法起源于 13 世纪资本主义开始萌芽的意大利，到 15 世纪末已初步成为比较完备的复式记账法。当时借、贷两字指的是借主、贷主，用来表示人与人的借贷关系。借贷资本家收进存款记在贷主名下（即债务），付出放款记在借主名下（即债权），最初借贷对象只限于借主、贷主。随着商品经济的发展和记账方法的改进，记账对象也复杂了，不仅要在会计账簿中记录货币的借贷，还要记录财产物资的增减变化，这样"借"、"贷"两字就失去了原意，仅仅成为一种记账符号了。19 世纪日本向英国学习西式簿记，20 世纪初清政府派人赴日学习，自此，英美式借贷记账法就由日本传入我国。现在，借贷记账法已成为我国法定的记账方法。

（二）借贷记账法的记账符号

记账符号表示记账方向，任何一项经济业务都会引起资金两个不同方面的变化，必须用两种不同的符号相互对应地表示资金数量增减的不同变化。借贷记账法的记账符号是"借"和"贷"，"借方"、"贷方"反映资金数量变化的增减性质是不固定的，随着会计科目的性质不同而不同。就符号意义上而言，"借"和"贷"本身不表示任何确切的意义，只有在与特定的会计账户结合时，才用于表示相关账户的增减变化。

（三）借贷记账法下的账户结构

在借贷记账法下，把账户分为左、右两方，左方为借方，右方为贷方。账户的具体结构如何，要根据账户反映的经济内容（即账户的性质）来决定。一般工商企业账户按反映经济内容的性质分为资产类、负债类、所有者权益类、成本类和损益类。损益类按其性质又分为损益收入类和损益支出类。

为了便于理解，下面用"T"字形账户格式对各类账户结构进行说明。

1. 资产类账户结构

资产类账户借方登记资产的增加，贷方登记资产的减少，余额一般在借方，表示资产的结余金额。资产类账户的结构如图10-2所示。

借方	资产类账户（会计科目）	贷方
期初余额　　××× 本期增加额　××× ……		本期减少额　××× ……
本期借方发生额合计　××× 期末余额　×××		本期贷方发生额合计　×××

图 10 - 2　资产类账户结构

资产类账户的发生额与余额之间的关系用公式表示如下：

资产类账户期末借方余额 = 期初余额(借方) + 本期借方发生额 - 本期贷方发生额

2. 成本类账户结构

成本类账户借方登记成本的增加，贷方登记成本的减少或转销，余额一般在借方，表示成本的结余金额。其发生额与余额的关系公式与资产类账户相同。

【我也能做】尝试画出成本类账户的"T"形结构图，并写出发生额与余额之间的等式关系。

3. 负债类账户结构

负债类账户借方登记负债的减少，贷方登记负债的增加，余额一般在贷方，表示负债的结余金额。负债类账户的结构如图10-3所示。

借方	负债类账户（会计科目）	贷方
本期减少额　　　××× ……		期初余额　　　　　××× 本期增加额　　　　××× ……
本期借方发生额合计　×× ×		本期贷方发生额合计　×× × 期末余额　　　　　×× ×

图 10 - 3　负债类账户结构

负债类账户的发生额与余额的关系用公式表示如下：

负债类账户期末贷方余额 = 期初余额（贷方） + 本期贷方发生额 − 本期借方发生额

4. 所有者权益类账户结构

所有者权益类账户借方登记所有者权益的减少，贷方登记所有者权益的增加，余额一般在贷方，表示所有者权益的结余金额。其发生额与余额的关系公式和图示与负债类账户相同。

【我也能做】 尝试画出所有者权益类账户的"T"形结构图，并写出发生额与余额之间的等式关系。

5. 损益收入类账户结构

企业在生产经营中实现的各种收入在抵减成本、费用以前，可以看成是资产的来源。因此，收入类账户的结构与权益类账户（负债类和所有者权益类）的结构基本相同。损益收入类账户借方登记收入的减少，贷方登记收入的增加。由于企业发生的损益要在期末结转到"本年利润"账户中去，所以，结转后该类账户无期末余额。

收入类账户的结构如图 10 - 4 所示。

借方	收入类账户（会计科目）	贷方
本期减少或转销发生额　×× ×		本期增加额　　　×× ×
本期借方发生额合计　×× ×		本期贷方发生额合计　×× × （无期末余额）

图 10 - 4　收入类账户结构

6. 损益费用类账户结构

费用类账户借方登记费用的增加，贷方登记费用的减少。由于企业发生的损益要在期末结转到"本年利润"账户中去，所以，结转后该类账户无期末余额。

费用类账户的结构如图 10 - 5 所示。

借方	费用类账户（会计科目）	贷方
本期增加额　　×　×　×		本期减少或转销发生额　×　×　×
本期借方发生额合计　×　×　×		本期贷方发生额合计　　×　×　×
（无期末余额）		

图 10 - 5　费用类账户结构

综上所述，以上各类账户借、贷方反映的具体内容归纳如图 10 - 6 所示。

借方	账户名称	贷方
资产增加		资产减少
成本增加		成本减少或转销
费用增加		费用减少
负债减少		负债增加
所有者权益减少		所有者权益增加
收入减少或转销		收入增加
资产或成本的期末余额		负债或所有者权益的期末余额

图 10 - 6　全部账户结构

（四）借贷记账法的记账规则

借贷记账法的记账规则是："有借必有贷，借贷必相等"。即对于每一笔经济业务都要在两个或两个以上相互联系的账户中以借方和贷方相等的金额进行登记。

从企业发生的全部经济业务对资产、权益引起的变化来看，不外乎四种类型，而这四种类型都不会破坏"资产＝负债＋所有者权益"的平衡关系。这四种类型的经济业务如下：

（1）经济业务发生，引起资产项目和权益项目同时增加，双方增加的金额相等；

（2）经济业务发生，引起资产项目和权益项目同时减少，双方减少的金额相等；

（3）经济业务发生，引起资产内部有关项目发生增减变化，增减金额相等；

（4）经济业务发生，引起权益内部有关项目发生增减变化，增减金额相等。

以上四种类型的经济业务引起的资金变化如图 10 - 7 所示。

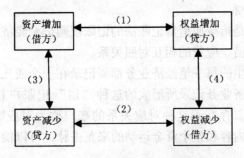

图 10 - 7　四种类型经济业务引起的资金变化

从图 10-7 可以看出，每种类型经济业务的发生，记账时都是有借方也有贷方，且双方的金额都是相等的。因此，我们可以归纳出借贷记账法的记账规则是：有借必有贷，借贷必相等。

运用借贷记账法记账，可以分为以下几个步骤：第一，分析发生的经济业务所影响的账户名称，并判断账户的性质；第二，判断经济业务的发生引起相应账户的变化是增加还是减少；第三，根据账户结构性质判断记入账户的方向。

下面举例说明借贷记账法记账规则的运用。

【例 10-1】 从银行提取现金 1 500 元备用。

该项经济业务所涉及的账户有"银行存款"、"库存现金"，两者均为资产类账户，增加的金额应记入"库存现金"账户的借方，减少的金额应记入"银行存款"账户的贷方，如图 10-8 所示。

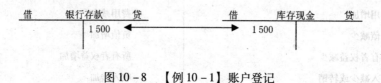

图 10-8 【例 10-1】账户登记

【例 10-2】 从银行取得短期借款 50 000 元，已存入存款账户。

该项经济业务所涉及的账户有资产类账户"银行存款"和负债类账户"短期借款"，双方增加的金额应同时分别记入"银行存款"账户的借方和"短期借款"账户的贷方，如图 10-9 所示。

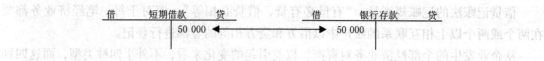

图 10-9 【例 10-2】账户登记

【我也能做】 用银行存款 20 000 元购入一台机器设备。对照上述例题，分析该经济业务的发生影响到哪些相关的账户，并确定其变化如何记入相关的账户。

（五）会计账户的对应关系和会计分录

1. 会计账户的对应关系

会计账户的对应关系是指按照借贷记账法的记账规则记录经济业务时，在两个或两个以上有关账户之间形成的应借、应贷的相互对照关系。

在借贷记账法下，发生的每一笔经济业务都要记录在一个或几个账户的借方与另一个或几个账户的贷方。每项经济业务记录所形成的这种"借"记账户和"贷"记账户之间的联系，称为账户的对应关系，存在着这种对应关系的账户称为对应账户。通过账户的对应关系，可以了解经济业务的内容和整个资金运动的来龙去脉，可以检查经济业务的处理是否合理合法。

【例 10-3】 从银行提取现金 1 000 元备用。

该项经济业务的发生，引起了资产中的"库存现金"增加，记借方，同时引起资产中的"银行存款"减少，记贷方，借贷金额相等。将该笔经济业务在两个账户中进行登记并用箭头表示如图10-10所示，可以看出资金运动的来龙去脉：1 000元现金从"银行存款"来，到"库存现金"去。

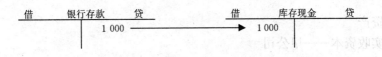

图10-10　【例10-3】账户登记

2. 会计分录

1）会计分录的概念

会计分录是指对某项经济业务事项标明其应借应贷账户及其金额的记录，简称分录。经济业务发生以后，为了保证账户之间对应关系的正确性，在记入相关账户之前，应预先确定每项经济业务应记账户的名称、方向和金额，编制会计分录，然后据以登账。在实际工作中，会计分录是通过编制记账凭证体现出来的。会计分录的要素包括记账符号、会计科目和应记金额三个方面。

2）会计分录的分类

按照所涉及账户的多少，会计分录分为简单会计分录和复合会计分录。简单会计分录是指只涉及一个账户借方和另一个账户贷方的会计分录，即一借一贷的会计分录；复合会计分录是指由两个以上对应账户组成的会计分录，即一借多贷、一贷多借或多借多贷的会计分录。复合会计分录一般可以分解为几个简单会计分录。

【小心地雷】由于多借多贷的会计分录对应关系不够明确，应尽可能避免编制多借多贷的会计分录，更不能把不同经济业务合并编制会计分录。

下面以明远公司5月份发生的经济业务为例说明借贷记账法记账规则的应用。明远公司5月初有关账户期初余额如表10-1所示。

表10-1　明远公司5月初有关账户期初余额

会计科目	期初余额	
	借方	贷方
银行存款	30 000	
应收账款	100 000	
原材料	28 000	
固定资产	250 000	
生产成本	0	
短期借款		70 000
应付账款		38 000
实收资本		300 000
合计	408 000	408 000

【例 10 -4】 接受投资者甲公司投入的设备一台，作价 80 000 元。

分析：企业收到设备是使固定资产增加，涉及的"固定资产"账户是资产类账户，增加金额应记入该账户的借方；资产的增加来源于投资者的投入，使实收资本增加，所涉及的"实收资本"账户是所有者权益类账户，增加金额应记入该账户的贷方。因此，编制会计分录如下：

    借：固定资产   80 000
        贷：实收资本——甲公司   80 000

【例 10 -5】 收到上月销售商品的货款 100 000 元，存入银行。

分析：该项经济业务涉及的"银行存款"账户是资产类账户，增加额记入该账户的借方；收回货款，说明原来的债权资产减少，所涉及的"应收账款"账户是资产类账户，减少的金额记入该账户的贷方。因此，编制会计分录如下：

    借：银行存款   100 000
        贷：应收账款   100 000

【例 10 -6】 企业购入原材料 8 000 元，货款尚未支付。

分析：企业购入原材料会导致原材料这项资产增加，应记入"原材料"账户的借方；货款未付所涉及的"应付账款"账户属于负债类账户，增加的金额记入该账户的贷方。因此，编制会计分录如下：

    借：原材料   8 000
        贷：应付账款   8 000

【例 10 -7】 仓库发出原材料 3 000 元，用于产品生产。

分析：仓库发出原材料，说明原材料减少，所涉及的"原材料"账户是资产类账户，减少金额记入该账户贷方；用于产品生产说明产品成本增加，所涉及的"生产成本"账户是成本类账户，增加金额记入该账户借方。因此，编制会计分录如下：

    借：生产成本   3 000
        贷：原材料   3 000

【例 10 -8】 某企业用银行存款 50 000 元归还前欠银行短期借款。

分析：用银行存款归还借款，企业的银行存款减少，所涉及的"银行存款"账户是资产类账户，减少金额记入该账户贷方；归还后，企业欠银行的借款减少，所涉及的"短期借款"账户是负债类账户，减少金额记入该账户借方。因此，编制会计分录如下：

    借：短期借款   50 000
        贷：银行存款   50 000

【例 10 -9】 以银行存款支付原购材料款 8 000 元。

分析：以银行存款偿还所欠材料款，企业的银行存款减少，所涉及的"银行存款"账户是资产类账户，减少金额记入该账户贷方；归还后，企业所欠的债务减少，所涉及的"应付账款"账户是负债类账户，减少金额记入该账户借方。因此，编制会计分录如下：

    借：应付账款   8 000
        贷：银行存款   8 000

应该注意会计分录的规范格式："左借右贷，借贷错开；上借下贷，借贷平衡。"

（六）借贷记账法的试算平衡

1. 试算平衡的含义

试算平衡是根据资产与权益的恒等关系以及借贷记账法的记账规则，检查所有账户记录是否正确的过程。

2. 试算平衡的分类

试算平衡的方法有两种：一是发生额试算平衡；二是余额试算平衡。

在把经济业务记入有关账户后，有关账户之间会出现一些相等（平衡）关系，会计期末，通常根据这些相等关系来检查有关账户记录是否正确。

（1）发生额试算平衡法。发生额试算平衡是根据本期所有账户借方发生额合计与贷方发生额合计的恒等关系，检验本期发生额记录是否正确的方法。公式为：

$$本期全部账户借方发生额合计 = 本期全部账户贷方发生额合计$$

发生额试算平衡的理论依据是借贷记账法的记账规则。根据借贷记账法记账规则，每笔业务发生后，有借必有贷，借贷必相等。因为每笔业务的借贷都是相等的，在期末所有账户汇总后，全部账户借方发生额合计和贷方发生额合计也必然相等，如果不等，则表示账户记录有错误。

发生额试算平衡是通过编制"发生额试算平衡表"来进行的，其格式如表 10 – 2 所示。

表 10 – 2 本期发生额试算平衡表

年 月 日   单位：元

会计科目	借方发生额	贷方发生额
略	略	略
合计		

（2）余额试算平衡法。余额试算平衡是根据本期所有账户借方余额合计与贷方余额合计的恒等关系，检验本期账户登记是否正确的方法。根据余额时间不同又分为期初余额平衡与期末余额平衡两类。期初余额平衡是期初所有账户借方余额合计与贷方余额合计相等，期末余额平衡是期末所有账户借方余额合计与贷方余额合计相等，这是由"资产 = 负债 + 所有者权益"的恒等关系决定的。公式为：

$$全部账户的借方期初余额合计 = 全部账户的贷方期初余额合计$$
$$全部账户的借方期末余额合计 = 全部账户的贷方期末余额合计$$

通过前面账户结构的说明，余额在借方的账户是资产类账户，借方余额合计是指资产的期末余额合计；余额在贷方的账户是权益类账户，贷方余额合计是指权益（负债及所有者权益）的期末余额合计。由于"资产 = 负债 + 所有者权益"，所以所有账户借方余额的合计数等于贷方余额的合计数。

余额试算平衡是通过编制余额试算平衡表来进行的，其格式如表 10 – 3 所示。

表 10 –3　余额试算平衡表

年　月　日

单位：元

会计科目	借方余额	贷方余额
略	略	略
合计		

在日常会计核算中，通常是在月末进行一次试算平衡，既可以分别编制发生额试算平衡表和余额试算平衡表，也可以将两者合并编制成一张发生额及余额试算平衡表。根据前述会计分录中的例题资料及会计分录编制本期发生额及余额试算平衡表，如表 10 – 4 所示。

表 10 –4　本期发生额及余额试算平衡表

年　月　日

单位：元

会计科目	期初余额		本期发生额		期末余额	
	借方	贷方	借方	贷方	借方	贷方
银行存款	30 000		100 000	58 000	72 000	
应收账款	100 000			100 000	0	
原材料	28 000		8 000	3 000	33 000	
固定资产	250 000		80 000		330 000	
生产成本	0		3 000		3 000	
短期借款		70 000	50 000			20 000
应付账款		38 000		8 000		38 000
实收资本		300 000		80 000		380 000
合计	408 000	408 000	249 000	249 000	438 000	438 000

需注意的是：试算平衡后，如果双方金额合计数不相等，则说明记账有错误，如果双方金额合计数相等，只能说明记账可能是正确的，但不能绝对肯定记账没有错误，因为有些错误是通过试算平衡所不能发现的。例如，一笔业务全部被重记或漏记；一笔业务的借贷方向相反；账户名称用错；借方或贷方的金额偶然多记或少记，并互相抵消，借贷仍然平衡；等等。对于这几类错误，因为试算平衡不能发现，只能通过对会计记录进行日常或不定期复核，以保证账簿记录的正确性。

四、总分类账户与明细分类账户的平行登记

（一）总分类账户和明细分类账户的关系

总分类账户对明细分类账户具有统驭控制作用；明细分类账户对总分类账户具有补充说明作用。总分类账户与其所属明细分类账户合计在金额上应当相等。

（二）总分类账户和明细分类账户的平行登记

总分类账户和明细分类账户的平行登记是指对于发生的每一项经济业务，依据原始凭证和记账凭证分别在总分类账户和其所属的明细分类账户中进行登记的方法。总分类账户和明

细分类账户之间的平行登记方法可以归纳为以下几点。

（1）同依据登记。对发生的经济业务都要以相关的会计凭证为依据，既要登记有关总分类账户，又要登记其所属的一个或几个明细分类账户。

（2）同时期登记。每一项经济业务既要记入有关的总分类账户，又要记入有关的明细分类账户，并且应该在同一会计期间记入。在实际工作中，两者登记并非同一时间，可以有先有后，但必须是同一会计期间。例如，总分类账户记入时间是5月份，明细分类账户不能提前记入4月份或延期记入6月份。

（3）同方向登记。在总分类账户和其所属明细分类账户进行登记时，其记账方向必须相同。即总分类账户记在借方，其所属的明细分类账户也要记在借方；总分类账户记在贷方，其所属的明细分类账户也要记在贷方。

（4）等金额登记。每一项经济业务，记入总分类账户的金额必须与记入其所属的各个明细分类账户的金额之和相等。

下面以"原材料"和"应付账款"账户为例，说明总分类账户和明细分类账户的平行登记方法。

【例10-10】 达兴公司9月初"原材料"总账借方月初余额为92 000元，其中甲材料1 000千克，每千克60元，共计60 000元；乙材料800千克，每千克40元，共计32 000元。"应付账款"总账贷方月初余额为38 000元，其中大名工厂30 000元，光华工厂8 000元。本月发生如下业务：

（1）5日，从大名工厂购入一批材料，货款尚未支付。其中，甲材料500千克，每千克60元，共计30 000元，乙材料100千克，每千克40元，共计4 000元；

（2）10日，生产领用原材料。其中，领用甲材料800千克，每千克60元，共计48 000元，乙材料400千克，每千克40元，共计16 000元；

（3）16日，从光华工厂购入乙材料300千克，每千克40元，共计12 000元，货款尚未支付；

（4）25日，归还前欠材料款34 000元，其中大名工厂28 000元，光华工厂6 000元。

根据上述资料，登记该公司"原材料"和"应付账款"的总分类账和明细分类账，如表10-5～表10-10所示。

表10-5 原材料总分类账户

年		凭证号数	摘　要	借方	贷方	借或贷	余额
月	日						
9	1		期初余额			借	92 000
	5	略	购入	34 000		借	126 000
	10	略	生产领用		64 000	借	62 000
	16	略	购入	12 000		借	74 000
	30	略	本期发生额及期末余额	46 000	64 000	借	74 000

表 10 - 6 原材料明细分类账户

材料名称：甲材料

年		凭证号数	摘要	收入			发出			结存		
月	日			数量	单价	金额	数量	单价	金额	数量	单价	金额
9	1		期初余额							1 000	60	60 000
	5	略	购入	500	60	30 000				1 500	60	90 000
	10	略	生产领用				800	60	48 000	700	60	42 000
	30	略	本月发生额及期末余额	500	60	30 000	600	60	48 000	700	60	42 000

表 10 - 7 原材料明细分类账户

材料名称：乙材料

年		凭证号数	摘要	收入			发出			结存		
月	日			数量	单价	金额	数量	单价	金额	数量	单价	金额
9	1		期初余额							800	40	32 000
	5	略	购入	100	40	4 000				900	40	36 000
	10	略	生产领用				400	40	16 000	500	40	20 000
	16	略	购入	300	40	12 000				800	40	32 000
	30	略	本月发生额及期末余额	400	40	16 000	400	40	16 000	800	40	32 000

表 10 - 8 应付账款总分类账户

年		凭证号数	摘要	借方	贷方	借或贷	余额
月	日						
9	1		期初余额			贷	38 000
	5	略	购入材料		34 000	贷	72 000
	16	略	购入材料		12 000	贷	84 000
	25	略	偿还材料款	34 000		贷	50 000
	30	略	本期发生额及期末余额	34 000	46 000	贷	50 000

表 10 - 9 应付账款明细分类账户

账户名称：大名工厂

年		凭证号数	摘要	借方	贷方	借或贷	余额
月	日						
9	1		期初余额			贷	30 000
	5	略	购入材料		34 000	贷	64 000
	25	略	偿还材料款	28 000		贷	36 000
	30	略	本期发生额及期末余额	28 000	34 000	贷	36 000

表 10 - 10　应付账款明细分类账户

账户名称：光华工厂

年		凭证	摘　要	借方	贷方	借或贷	余额
月	日	号数					
9	1		期初余额			贷	8 000
	16	略	购入材料		12 000	贷	20 000
	25	略	偿还材料款	6 000		贷	14 000
	30	略	本期发生额及期末余额	6 000	12 000	贷	14 000

从以上举例可以看出，总分类账户和明细分类账户平行登记的结果，应该达到四相符，分别如下：

（1）总分类账户的期初余额应与其所属各个明细分类账户的期初余额之和相符；

（2）总分类账户的本期借方发生额合计数应与其所属的各个明细分类账户的本期借方发生额合计数之和相符；

（3）总分类账户的本期贷方发生额合计数应与其所属的各个明细分类账户的本期贷方发生额合计数之和相符；

（4）总分类账户的期末余额应与其所属的各个明细分类账户的期末余额之和相符。

【知识小结】记账方法包括单式记账法和复式记账法。目前国内外通用的是借贷复式记账法。借贷记账法以"借"、"贷"作为记账符号；不同类账户的结构不同；借贷记账法的记账规则是：有借必有贷，借贷必相等；账户的对应关系是指经济业务发生后形成的账户之间应借应贷关系；会计分录包括记账符号、会计科目和应记金额三个方面；试算平衡是根据资产与权益的恒等关系以及借贷记账法的记账规则，检查所有账户记录是否正确的过程，包括发生额试算平衡以及余额试算平衡；总账与明细账在登记时应注意平行登记的要求。

【专业术语】

记账方法　　单式记账法　　复式记账法　　借贷记账法　　记账符号

记账规则　　试算平衡

【复习思考】

1. 什么是复式记账？复式记账有什么优点？

2. 借贷记账法下的账户结构是怎样的？

3. 什么是账户对应关系？什么是对应账户？

4. 试算平衡的理论依据是什么？它包括哪些内容？

知识点十一　企业主要经济业务

【教学目标】
1. 熟悉现金、银行存款和交易性金融资产的账务处理；
2. 掌握资金筹集业务的核算及账务处理；
3. 熟悉生产准备业务的核算及账务处理；
4. 熟悉生产业务的核算及账务处理；
5. 掌握销售业务的核算及账务处理；
6. 了解财务成果的核算及账务处理。

【重点难点】
教学重点：
1. 资金筹集业务的核算及账务处理；
2. 生产准备业务的核算及账务处理；
3. 生产业务的核算及账务处理；
4. 销售业务的核算及账务处理；

教学难点：
1. 生产业务的核算及账务处理；
2. 财务成果的核算及账务处理。

一、款项和有价证券收付业务的核算

（一）库存现金和银行存款

库存现金是指存放于企业财会部门的、由出纳人员经管的现金；银行存款是指企业存放在开户银行的存款。

1. 主要账户的设置

1）"库存现金"账户

账户的性质：资产类账户。

账户的用途：用来核算库存现金的增减变动及其结存情况。

账户的结构：借方登记库存现金的增加额；贷方登记库存现金的减少额。期末余额在借方，表示企业库存现金的数额。

明细账的设置：设置"库存现金日记账"。

2）"银行存款"账户

账户的性质：资产类账户。

账户的用途：用来核算企业存入银行或其他金融机构的各种存款。

账户的结构：借方登记银行存款的增加额；贷方登记银行存款的减少额。期末余额在借方，表示企业存在银行或其他金融机构的款项。

明细账的设置：该账户应按开户银行和其他金融机构及存款的种类，分别设置"银行存款日记账"。

2. **库存现金和银行存款账务处理**

【例11-1】2010年2月3日，永昌公司开出现金支票，从工商银行提取现金90 000元备用，根据现金支票存根作如下会计分录：

借：库存现金   90 000

  贷：银行存款——工商银行   90 000

【例11-2】2010年2月5日，永昌公司通过工商银行转账支付业务招待费20 000元，根据有关费用单据作如下会计分录：

借：管理费用——业务招待费   20 000

  贷：银行存款——工商银行   20 000

【例11-3】2010年12月10日，永昌公司采购员李力因业务需要到北京出差，经领导同意向财会部门预借差旅费3 000元，以现金支付。其会计分录如下：

借：其他应收款——备用金（李力）   3 000

  贷：库存现金   3 000

【例11-4】2010年12月18日，永昌公司采购员李力出差回来，报销差旅费2 800元，经审核无误同意报销，同时退回现金200元。其会计分录如下：

借：管理费用——差旅费   2 800

  库存现金   200

  贷：其他应收款——备用金（李力）   3 000

【相关链接】如何理解坐支现金？会计上讲究收、支两条线。收到的现金直接支付属于坐支现金，按规定所有收到的现金当日需要存入银行。支出现金用到的现金是从银行提出来的，不是直接收到的。例如，你3日收到1 000元，当日支出500元，2日库存现金100元。按要求要去银行存入1 000元，提取400元，最后支出500元，如果要留备用金，可以多提一点。

（二）交易性金融资产

交易性金融资产是指企业为了近期内出售而持有的金融资产。例如，企业以赚取差价为目的，随时准备待价出售而从二级市场购入的股票、债券、基金等，就属于交易性金融资产。

1. **主要账户的设置**

1)"交易性金融资产"账户

账户性质：资产类账户。

账户用途："交易性金融资产"科目核算企业交易性金融资产的公允价值。

账户结构：借方登记交易性金融资产的取得成本、资产负债表日其公允价值高于账面价值的差额等，贷方登记资产负债表日其公允价值低于账面价值的差额，以及企业出售交易性金融资产时结转的成本和公允价值变动损益。企业应当按照交易性金融资产的类别和品种，分别设置"成本"、"公允价值变动"等明细科目进行核算。

2）"投资收益"账户

核算企业对外投资实现的投资收益或发生的投资损失，期末转入"本年利润"后无余额，可按投资项目进行明细核算。

3）"应收利息"账户

核算企业交易性金融资产、持有至到期投资、可供出售金融资产等应收取的利息。

4）"应收股利"账户

核算企业应收取的现金股利和应收取其他单位分配的利润。

5）"公允价值变动损益"账户

本账户属于损益类账户，核算企业交易性金融资产等公允价值变动而形成的应计入当期损益的利得或损失。

交易性金融资产有关业务的会计处理如表 11 - 1 所示。

表 11 - 1　交易性金融资产有关业务的会计处理

企业取得交易性金融资产	借：交易性金融资产 —— 成本（公允价值） 　　应收利息或应收股利（买价中所含的已宣告但尚未分配的现金股利或已到付息期但尚未领取的利息） 　　投资收益（交易费用） 　贷：银行存款等（实际支付的金额）
持有期间取得的股利或利息	借：应收股利或应收利息 　贷：投资收益
资产负债表日	借：交易性金融资产 —— 公允价值变动（公允价值与账面余额的差额） 　贷：公允价值变动损益（或作相反分录）
处置该金融资产	借：银行存款（实际收到的金额） 　贷：交易性金融资产 —— 成本 　　　　　　　　　　 —— 公允价值变动（账面余额） 　　投资收益（差额，或借记） 同时，将原记入"公允价值变动损益"账户的累计金额转出。 借：公允价值变动损益 　贷：投资收益（或作相反分录）

2. 交易性金融资产的初始计量

【例 11 - 5】2010 年 1 月 12 日，永昌公司委托海通证券公司从上海证券交易所购入 A 公司股票 2 000 万股，按照管理者的意图将其划分为交易性金融资产。该笔股票投资在购买日的公允价值为 8 000 万元，另支付相关交易费用 10.2 万元，购买股票款 8 010.2 万元，从存出投资款中支付。

永昌公司根据证券买卖结算清单，确认交易性金融资产入账价值，应作如下会计分录。

（1）1 月 12 日，购入 A 公司股票时：

借：交易性金融资产——A 公司股票（成本）　　　　　　　　　　　　80 000 000

　　贷：其他货币资金——存出投资款　　　　　　　　　　　　　　　　80 000 000

（2）支付相关交易费用时：

借：投资收益　　　　　　　　　　　　　　　　　　　　　　　　　　　102 000

　　贷：其他货币资金——存出投资款　　　　　　　　　　　　　　　　　102 000

【例11-6】2010年1月3日，永昌公司购入大华公司发行的公司债券，该笔债券于2009年1月1日发行，面值为100万元，票面年利率为6%，债券利息按年支付。永昌公司将其划分为交易性金融资产，从银行存款中支付价款107万元（其中包括已宣告但尚未发放的债券利息6万元），另支付交易费用0.3万元。2010年1月10日，永昌公司收到该笔债券利息6万元。2010年该债券未出售。2011年1月9日，永昌公司收到大华公司债券利息6万元。

根据上述资料，永昌公司应作如下会计分录。

（1）2010年1月3日，根据证券买卖结算清单：

借：交易性金融资产——大华公司债券（成本）　　　　　　　　　　　1 010 000

　　应收利息——大华公司　　　　　　　　　　　　　　　　　　　　　60 000

　　投资收益　　　　　　　　　　　　　　　　　　　　　　　　　　　　3 000

　　贷：银行存款　　　　　　　　　　　　　　　　　　　　　　　　　1 073 000

（2）2010年1月10日，永昌公司收到大华公司债券利息6万元：

借：银行存款　　　　　　　　　　　　　　　　　　　　　　　　　　　60 000

　　贷：应收利息——大华公司　　　　　　　　　　　　　　　　　　　　60 000

（3）2010年12月31日，永昌公司计提应收大华公司债券利息收入6万元：

借：应收利息——大华公司　　　　　　　　　　　　　　　　　　　　　60 000

　　贷：投资收益　　　　　　　　　　　　　　　　　　　　　　　　　　60 000

（4）2011年1月9日，永昌公司收到大华公司债券利息收入6万元：

借：银行存款　　　　　　　　　　　　　　　　　　　　　　　　　　　60 000

　　贷：应收利息——大华公司　　　　　　　　　　　　　　　　　　　　60 000

3. 交易性金融资产的后续计量

《企业会计准则》规定，在资产负债表日，企业资产采用公允价值计量模式时，交易性金融资产的期末账面价值便是其在该时点上的公允价值，与前次账面价值之间的差异（即公允价值变动金额）需要计入当期损益。编制会计分录时，应借记或贷记"交易性金融资产——公允价值变动"账户，贷记或借记"公允价值变动损益"账户。

【例11-7】2010年12月31日，假定上例永昌公司购入大华公司的债券市价为103万元，则永昌公司所购大华公司债券的公允价值变动额为2万元（即103-101）。

其会计分录如下：

借：交易性金融资产——大华公司债券（公允价值变动）　　　　　　　　20 000

　　贷：公允价值变动损益　　　　　　　　　　　　　　　　　　　　　　20 000

4. 交易性金融资产的处置

【例11-8】2011年3月10日，假定永昌公司出售了上例所持有的大华公司的债券，售价为104万元，会计分录为：

借：银行存款　　　　　　　　　　　　　　　　　　　　　　　　　　1 040 000

　　贷：交易性金融资产——大华公司债券（成本）　　　　　　　　　　1 010 000

——大华公司债券（公允价值变动） 20 000

投资收益 10 000

永昌公司将大华公司的债券出售，实际投资收益应为 3 万元（即 104 – 101），其中前期 2 万元的公允价值变动利得，在其出售时得以实现。所以，应将已确认的公允价值变动损益（未实现利得），确认为已实现的投资收益。其转出分录如下：

借：公允价值变动损益 20 000

　　贷：投资收益 20 000

二、资金筹集业务的核算

（一）企业资金筹集业务概述

成立企业，首先要筹集所需要的资金。企业筹集资金的方式可分为权益筹资和债务筹资。前者形成企业的所有者权益，后者形成企业的负债。企业接受投资人的投资，既可以是中华人民共和国境内的投资，也可以是境外的投资；投资人既可以是国家，也可以是法人、自然人；接受投资的形式，既可以是现款，也可以是实物资产和无形资产。企业可以向银行或其他金融机构取得各种借款，或经批准向社会发行企业债券借入资金等。

1. 吸收投资业务

吸收投资者的投资指的是通过权益筹资方式筹集资金。投资者投入的资金可以是库存现金、银行存款，也可以是固定资产、无形资产等。投资者将资金投入企业，并成为企业的股东（或称为投资者），进而可以参与企业的经营决策，并获得企业盈利分配。企业吸收投资者的投资后，企业的资金增加了，同时投资者在企业中所享有的权益也增加了。投资者投入的资本中超过法定资本份额的部分和直接计入资本公积的各种利得或损失形成企业的资本公积。

2. 借款业务

企业自有资金不足以满足企业经营运转需要时，可以通过从银行或其他金融机构借款的方式筹集资金，并按借款协议约定的利率承担支付利息及到期归还借款本金的义务。因此，企业借入资金时，一方面使银行存款增加，另一方面负债也相应增加。

（二）资金筹集业务主要账户设置

1. "实收资本"账户

账户的性质：所有者权益类账户。

账户的用途：用来核算投资者按规定投入企业的资本，以及按照有关规定由资本公积金、盈余公积金转为资本的资金。股份有限公司的投资者投入的资本称为"股本"。

账户的结构：企业实际收到投资人投入的库存现金、银行存款、固定资产、无形资产等资产时，登记在该账户的贷方，投资人按规定收回投资时登记在该账户的借方。期末余额在贷方，表示投入企业的资本总额。

明细账的设置：该账户可按投资者设置明细分类账，进行明细分类核算。

2. "资本公积"账户

账户的性质：所有者权益类账户。

账户的用途：用来核算企业收到投资者出资额超出其在注册资本或股本中所占份额的部分。直接计入所有者权益的利得和损失也通过本账户进行核算。

账户的结构：企业接受投资者投资时其出资额超出其在注册资本中所占份额的部分记入该账户的贷方，企业依法减少资本公积时记入该账户的借方。期末余额在贷方，反映企业资本公积的累积数。

明细账的设置：该账户应当分别按"资本溢价（股本溢价）"、"其他资本公积"进行明细核算。

3. "短期借款"账户

账户的性质：负债类账户。

账户的用途：用来核算企业向银行或其他金融机构等借入的期限在1年以内的各种借款的增减变动及其结存情况。

账户的结构：该账户贷方登记企业借入的短期借款的数额，借方登记归还的短期借款数额。期末余额在贷方表示企业尚未偿还的短期借款数额。

明细账的设置：该账户应按借款单位和借款种类等设置明细账户，进行明细分类核算，按照开户银行设置明细账。

4. "长期借款"账户

账户的性质：负债类账户。

账户的用途：用来核算企业向银行或其他金融机构借入的期限在1年以上（不含1年）的各项借款。

账户的结构：归还长期借款的本金和利息的数额记入本账户的借方，借入长期借款的本金和计提到期再支付的利息数额计入本账户的贷方。期末余额在贷方，表示企业尚未归还的长期借款本金和利息的数额。

明细账的设置：本账户可按贷款人或债权人进行明细核算。

5. "财务费用"账户

账户的性质：损益类（费用）账户。

账户的用途：用来核算企业为筹集生产经营所需资金等而发生的筹资费用，包括利息支出（减利息收入）及相关的手续费、企业发生的现金折扣或收到的现金折扣等。

账户的结构：企业确认发生借款利息费用、银行手续费等筹资费用时，记入本账户的借方，发生利息收入时贷记本账户。期末，企业应将本账户余额转入"本年利润"账户，结转后本账户应无余额。

明细账的设置：本账户可按费用项目进行明细核算。

6. "应付利息"账户

账户的性质：负债类账户。

账户的用途：用来核算企业按照合同约定应支付的利息，如分期付息到期还本的长期借款等应支付的利息。

账户的结构：该账户借方登记支付的利息，贷方登记预提借款利息。期末余额在贷方，表示期末尚未支付的利息。

明细账的设置：本账户可按存款人或债权人进行明细核算。

（三）资金筹集业务的账务处理

1. 接受投资的账务处理

企业接受投资的基本会计分录如下：

借：银行存款、固定资产、无形资产等

　　贷：实收资本

　　　　资本公积——资本溢价

收到货币资金按实收金额入账，收到实物资产和无形资产按协议价、评估价入账。企业接受投资者投资时其出资额超出其注册资本所占份额的部分记入资本公积账户的贷方。

【例11-9】2010年1月1日，永昌公司接受A公司、B公司和C公司三方的出资组建大华公司，公司的注册资本为1 000万元，三方的出资比例分别为50%、30%、20%。三方的投资款于2010年1月3日全部收到并存入建设银行，根据开户行传递来的进账单进行如下会计处理：

借：银行存款——建设银行　　　　　　　　　　　　　　　　10 000 000

　　贷：实收资本——A公司　　　　　　　　　　　　　　　　5 000 000

　　　　　　　　——B公司　　　　　　　　　　　　　　　　3 000 000

　　　　　　　　——C公司　　　　　　　　　　　　　　　　2 000 000

【例11-10】2010年2月1日，永昌公司接受中信公司投资设备一台，该设备的原账面价值为600 000元，已提折旧30万元，双方经协商确认该设备的现有价值为420 000元，有关设备的移交手续已办妥，该设备交付生产车间使用，根据该设备的交接单作如下会计处理：

借：固定资产——某设备　　　　　　　　　　　　　　　　　420 000

　　贷：实收资本——中信公司　　　　　　　　　　　　　　　420 000

【例11-11】2010年1月1日，永昌公司因业务规模扩大，经与中信公司协商，中信公司同意将一项专利权投资到永昌公司，该专利权的原账面金额为700 000元，累计摊销额100 000元，账面净值为600 000元；经双方协商确认该无形资产的现有评估价值为400 000元。根据永昌公司现有的所有者权益状况，双方商定中信公司投资的400 000元的专利权，可以享有300 000元的实收资本，其余部分作为资本公积。有关专利权的移交手续已办妥，该专利权已收到并交付使用，根据该专利权的交接单作以下会计处理：

借：无形资产——某专利权　　　　　　　　　　　　　　　　400 000

　　贷：实收资本——中信公司　　　　　　　　　　　　　　　300 000

　　　　资本公积——资本溢价　　　　　　　　　　　　　　　100 000

2. 实收资本减少的账务处理

企业的注册资本一般较固定，特殊的条件下会发生注册资本增减的变化。企业减少实收资本必须按法定程序报经批准，一般账务处理的会计分录如下：

借：实收资本

　　贷：库存现金、银行存款等

【例11-12】经过批准，永业公司从永昌公司退出。永昌公司按照过去的实际出资将1 000 000元银行存款退还给永业公司。

编制会计分录如下：

借：实收资本——永业公司　　　　　　　　　　　　　　　　　　　　　1 000 000

　　　贷：银行存款　　　　　　　　　　　　　　　　　　　　　　　　　　1 000 000

3. 借入短期借款的账务处理

短期借款一般是企业为维持正常的生产经营所需资金而借入的或者为抵偿某项债务而借入的期限在 1 年内的款项。短期借款利息一般按单利计算，其计算公式如下：

$$短期借款利息 = 借款本金 \times 借款期限 \times 借款利率$$

借入短期借款的账务处理的会计分录如下：

借：银行存款

　　　贷：短期借款

企业短期借款利息的支付方法有三种，有关会计分录如下。

（1）按月计算并支付。实际支付利息时，其会计分录如下：

借：财务费用或在建工程

　　　贷：银行存款

（2）按月预提、按季支付。月末计提短期借款利息时，其会计分录如下：

借：财务费用或在建工程

　　　贷：应付利息

按季实际偿还短期借款本金和利息时，其会计分录如下：

借：短期借款（借款本金）

　　应付利息（已经计提的利息）

　　财务费用或在建工程（尚未计提的利息）

　　　贷：银行存款

（3）利息在借款到期时连本带利一并支付。

其账务处理和（2）的相同。如果利息金额小可以不计提，在实际支付或收到银行的计息通知时，直接计入当期财务费用或在建工程账户。

归还短期借款本金时，其会计分录如下：

借：短期借款

　　　贷：银行存款

【例 11 -13】永昌公司 2010 年 1 月 1 日向工商银行借入 6 个月期借款 200 000 元，年利率为 6%，所借款项存入银行，到期一次还本和支付利息。

借入短期借款时，其会计分录如下：

借：银行存款　　　　　　　　　　　　　　　　　　　　　　　　　　　　200 000

　　　贷：短期借款——工商银行　　　　　　　　　　　　　　　　　　　　200 000

2010 年 1 月 31 日，计算应付借款利息时，因为本月使用银行的借款而受益，本月理应承担相应的利息费用，而包括本月在内的全部受益 6 个月的利息按规定是在借款到期日与借款本金一并支付，如果将应属于 6 个月的利息费用全部计入支付当月的费用，显然不符合权责发生制原则。为了合理确认各期费用，就需要在利息尚未支付前的各受益月份采用预提的方法，预提应由本月负担的短期借款利息 1 000 元（即 200 000 ×6% ÷12）。本月应负担的短期借款利息属于财务费用增加，应记入"财务费用"账户的借方；另一方面，企业应付利息增加，应记入"应付利息"账户的贷方。

该项经济业务应编制如下会计分录：

借：财务费用　　　　　　　　　　　　　　　　　　　　　　　　　1 000
　　贷：应付利息　　　　　　　　　　　　　　　　　　　　　　　　　　1 000

2 月至 5 月份，每月末计提利息费用时的会计处理和 1 月份相同。借款到期日为 6 月末，当月应负担的利息不必预提，在归还本金时直接计入财务费用即可。到期一次还本付息时，需支付 206 000 元，其中 6 000 元为 6 个月的利息，前 5 个月的利息计 5 000 元已分别预提并已记入"应付利息"账户的贷方，现在已支付了利息，"应付利息"这项负债应减少 5 000 元，记入"应付利息"账户的借方，还有 1 000 元利息属于最后一个月应负担的，是支付当月财务费用的增加，应记入"财务费用"账户的借方。至于 200 000 元本金的偿还，使短期借款减少，应记入"短期借款"账户的借方；另一方面，银行存款减少了 206 000 元，应记入"银行存款"账户的贷方。

该项经济业务还本付息时应编制如下会计分录：

借：短期借款　　　　　　　　　　　　　　　　　　　　　　　　200 000
　　应付利息　　　　　　　　　　　　　　　　　　　　　　　　　　5 000
　　财务费用　　　　　　　　　　　　　　　　　　　　　　　　　　1 000
　　贷：银行存款　　　　　　　　　　　　　　　　　　　　　　　206 000

【小心地雷】如果企业的短期借款利息按月支付，或者利息是在借款到期归还本金时一并支付，但数额不大，也可以在实际支付或收到银行的计息通知时，直接计入当期财务费用或在建工程账户。

【我也能做】永昌公司 6 个月前向某银行借入的一笔短期借款到期，按约定用银行存款一次付清本、息。该笔短期借款本金 100 000 元，年利率 8%。因利息数额不大，借款到期前没有按月预提利息，利息在实际支付时，直接计入当期损益。此项经济业务的会计分录应如何编制？

4. 借入长期借款的账务处理

长期借款一般是企业用于固定资产的购建、固定资产改扩建及大修理等后续支出。

取得长期借款时的会计分录如下：

借：银行存款
　　贷：长期借款

分期支付长期借款利息的，支付利息时的会计分录如下：

借：在建工程（工程完工以前）
　　制造费用
　　财务费用（工程完工以后或生产经营活动等其他方面的长期借款利息）
　　贷：银行存款

到期一次还本付息的，计提利息时的会计分录如下：

借：在建工程（工程完工以前）
　　制造费用

财务费用（工程完工以后或生产经营活动等其他方面的长期借款利息）

　　贷：长期借款

偿还长期借款本息时的会计分录如下：

借：长期借款

　　贷：银行存款

【例11-14】2009年1月1日，永昌公司从建行取得一笔为期2年的借款5 000万元，款项收存银行，年利率为7%。该借款用于某项基建工程，借款利息按年支付，借款本金到期后一次偿还。

借款取得时的会计分录如下：

借：银行存款——建设银行　　　　　　　　　　　　　　　50 000 000

　　贷：长期借款　　　　　　　　　　　　　　　　　　　　　50 000 000

2009年12月31日，永昌公司收到建行的计息单。经核查该笔借款从借到之日起一次性全部投入在建工程。

借：在建工程　　　　　　　　　　　　　　　　　　　　　3 500 000

　　贷：银行存款　　　　　　　　　　　　　　　　　　　　　3 500 000

2010年12月31日，永昌公司收到建行的计息单。经核查该笔借款所投资的在建工程，已于2009年12月31日竣工验收，并交付使用。

借：财务费用——利息　　　　　　　　　　　　　　　　　3 500 000

　　贷：银行存款　　　　　　　　　　　　　　　　　　　　　3 500 000

2010年12月31日，永昌公司开出转账支票，归还建行长期借款5 000万元。

借：长期借款　　　　　　　　　　　　　　　　　　　　50 000 000

　　贷：银行存款　　　　　　　　　　　　　　　　　　　　50 000 000

【我也能做】若上例中其他条件不变，借款到期一次还本付息，该如何处理？

【身边的事】张东家庭贫困，今年考取大学，学费和生活费要支付一万多元。他父母拿出多年的积蓄同时又向亲戚借了3 000元，终于支付了上学的费用。资金的来源只有两种——自筹和负债。上大学本身也是投资，投资的是张东的未来，投资是盈还是亏取决于张东是否付出不懈的努力以及其未来的成就。

三、生产准备业务的核算

企业要进行产品生产，就必须购置机器设备、建造厂房和建筑物等固定资产，购买和储备一定品种与数量的材料等存货。因此，固定资产购建业务和材料采购业务就构成了生产准备业务核算的主要内容。

（一）固定资产的核算

固定资产应按其取得时的实际成本作为入账价值，取得时的成本包括买价、进口关税、运输和保险等相关费用，以及为使固定资产达到预定可使用状态前所必要的支出。

1. 主要账户的设置

1)"固定资产"账户

账户的性质：资产类账户。

账户的用途：用来核算企业固定资产原始价值（原价）的增减变动和结存情况。固定资产成本也称为原始价值，简称为原价或原值。外购固定资产成本包括购买价款、相关税费、使固定资产达到预定可使用状态前所发生的可归属于该项资产的运输费、装卸费、安装费和专业人员服务费等。

账户的结构：借方登记固定资产原始价值的增加额，贷方登记固定资产原始价值的减少额。期末余额在借方，表示期末企业现有固定资产的原始价值。

明细账的设置：该账户按固定资产类别和项目设置明细账，进行明细分类核算。

2）"累计折旧"账户

账户的性质：资产类账户，属于"固定资产"账户的备抵调整账户。

账户的用途：用于核算企业固定资产的累计折旧。

账户的结构：贷方登记固定资产计提的折旧额，借方登记已提固定资产折旧的减少或转销数额。期末余额在贷方，表示现有固定资产已提的累计折旧。

明细账的设置：该账户一般只进行总分类核算，不进行明细分类核算；如果设置明细账的话，该账户可按固定资产的类别或项目进行明细核算。

3）"固定资产清理"账户

账户的性质：资产类账户。

账户的用途：用于核算处置的固定资产。

账户的结构：该账户借方登记转入处置固定资产账面价值、处置过程中发生的费用和相关税费，贷方登记收回处置固定资产的价款、残料、变价收入和应由保险公司赔偿的损失等。清理完毕应将余额予以结转，本账户一般期末无余额。若本账户期末有借方余额，则反映尚未清理完毕的固定资产清理的净损失；若本账户期末有贷方余额，则反映尚未清理完毕的固定资产清理的净收益。

明细账的设置：该账户可以按照清理固定资产种类设置明细账进行核算。

2. 固定资产购置的账务处理

企业购置固定资产应按照固定资产购置成本入账，包括购买价款、相关税费、使固定资产达到预定可使用状态前所发生的可归属于该项资产的运输费、装卸费、安装费和专业人员服务费等。

【例 11 – 15】 2010 年 2 月 18 日，永昌公司从利民公司购入一辆小轿车，买价 600 000元，增值税 102 000 元，杂费 5 500 元，全部款项已用银行存款支付。

借：固定资产——小轿车　　　　　　　　　　　　　　　　　707 500

　　贷：银行存款　　　　　　　　　　　　　　　　　　　　　　707 500

【小心地雷】 企业购置固定资产的增值税并非都能作为进项税抵扣，应按照税法和财务制度相关规定处理。按照国家税务总局的规定：自 2009 年 1 月 1 日起，在全国实行增值税转型改革，允许生产经营用固定资产进行进项税额的抵扣。准予抵扣的固定资产范围仅限于现行增值税征税范围内的固定资产，包括机器、机械、运输工具以及其他与生产、经营有关的设备、工具、器具，而小轿车的进项税额是不能抵扣的，相关内容在《企业日常业务核算》课程中将详细介绍。

【例 11 – 16】 永昌公司购入不需要安装的固定资产一台，取得增值税专用发票一张，价款 200 000 元，增值税 34 000 元，价税合计 234 000 元，另发生运杂费 3 000 元，全部款项通过银行支付。

借：固定资产	203 000
应交税费——应交增值税（进项税额）	34 000
贷：银行存款	237 000

【我也能做】永昌公司购入生产用的机床一台，取得增值税专用发票一张，价款100 000元，增值税17 000 元，价税合计117 000 元，另发生运杂费2 000 元，全部款项通过银行支付，请编制会计分录。

3. 固定资产折旧的账务处理

固定资产折旧是指在固定资产使用寿命内，按照确定的方法对应计折旧额进行系统分摊。我国现行会计准则规定，除以下情况外，企业应对所有固定资产计提折旧：

（1）已提足折旧仍继续使用的固定资产；

（2）按规定单独估价作为固定资产入账的土地。

应提的折旧总额可采用如下公式计算：

$$应提的折旧总额 = 固定资产原价 - 预计残值 + 预计清理费用$$

企业在具体计提折旧时，一般应按月提取折旧，当月增加的固定资产，当月不提折旧，从下月起计提折旧；当月减少的固定资产，当月照提折旧，从下月起不提折旧。

现行企业会计准则规定，企业可选择的折旧方法包括年限平均法、工作量法、年数总和法、双倍余额递减法等。折旧方法一经确定，不得随意变更。企业应当根据固定资产的性质和使用情况，合理确定其折旧年限和净残值，作为计提折旧的依据。

年限平均法也称直线法，是指以固定资产预计使用年限为分摊标准，将固定资产的应提折旧总额均衡地分摊到使用各年的一种方法。采用这种折旧方法，各年折旧额相等，不受固定资产使用频率或生产量多少的影响，因而也称固定费用法。年限平均法计算折旧的公式如下：

$$年折旧额 = （原始价值 - 预计净残值）/ 预计使用年限$$
$$= 原始价值 \times （1 - 残值率）/ 预计使用年限$$
$$月折旧额 = 年折旧额 \div 12$$
$$年折旧率 = 年折旧额 \div 原始价值 \times 100\%$$
$$月折旧率 = 年折旧率 \div 12$$
$$预计净残值率 = 预计净残值 \div 原始价值 \times 100\%$$
$$年折旧额 = 原始价值 \times 年折旧率$$

【例11 -17】永昌公司一台车间用机器设备原始价值为1 000 万元，预计净残值率为4%，预计使用5 年，采用年限平均法计提折旧。

$$月折旧额 = [10\ 000\ 000 \times （1 - 4\%） \div 5] \div 12 = 160\ 000\ （元）$$

根据上述折旧额计算情况，折旧费用的会计分录为：

借：制造费用	160 000
贷：累计折旧	160 000

年限平均法的优点为：计算过程简便易行，容易理解，是会计实务中应用得最广泛的一

种方法。

企业计提的固定资产折旧，应当根据固定资产的用途，分别计入相关资产的成本或当期损益。基本生产车间使用的固定资产，其计提的折旧应计入制造费用；管理部门使用的固定资产，其计提的折旧应计入管理费用；销售部门使用的固定资产，其计提的折旧应计入销售费用；出租的固定资产，其计提的折旧应计入其他业务成本。

企业各月计算提取固定资产折旧时，可以在上月计提折旧的基础上，对上月固定资产的增减情况进行调整后，计算确定当月应计提的固定资产折旧额，其公式如下：

本月应计提的折旧额＝上月固定资产计提的折旧额＋上月增加的固定资产计提的月折旧额－上月减少的固定资产应计提的月折旧额。

4. 固定资产处置的账务处理

【例 11 - 18】永昌公司因经营管理的需要，将一栋办公楼出售，出售的价款为 240 000 元，营业税税率为 5%。办公楼的原始价值为 400 000 元，累计折旧 350 000 元。出售前，永昌公司对房屋进行了适当整修，并支付整修费用 8 000 元。

（1）注销固定资产原价及累计折旧时，会计分录如下：

借：固定资产清理	50 000	
累计折旧	350 000	
贷：固定资产——办公楼		400 000

（2）支付整修费用时，会计分录如下：

借：固定资产清理	8 000	
贷：银行存款		8 000

（3）收到出售价款时，会计分录如下：

借：银行存款	240 000	
贷：固定资产清理		240 000

（4）计算应缴纳的营业税时，应交营业税为 12 000 元（即 240 000×5%），会计分录如下：

借：固定资产清理	12 000	
贷：应交税费——应交营业税		12 000

（5）结转固定资产清理净收益时，净收益为 170 000 元（即 240 000 - 50 000 - 8 000 - 12 000），会计分录如下：

借：固定资产清理	170 000	
贷：营业外收入——处置非流动资产利得		170 000

（二）原材料的核算

材料采购业务是生产准备过程的主要业务之一。企业向供货单位采购材料时，应遵守经济合同和约定的结算办法，根据供货单位开列的发票，支付货款、税款或承担付款的责任。在采购过程中，还会发生运输费、装卸费、包装费、仓储费等采购费用。材料的买价加上采购费用构成材料采购成本，即外购材料的实际成本。对运达企业的材料，要办理验收入库手续，并验收入库。

1. 主要账户的设置

1）"原材料"账户

账户的性质：资产类账户。

账户的用途：用来核算企业库存原材料的收入、发出、结存情况。

账户的结构：借方登记已验收入库材料的实际成本，贷方登记发出材料的实际成本。期末余额一般在借方，表示库存材料的实际成本。

明细账的设置：该账户应按原材料的类别、品种、规格分别设置明细分类账，进行明细核算。

2）"在途物资"账户

账户的性质：资产类账户。

账户的用途：用来核算企业采用实际成本进行材料日常核算时，材料已采购但尚未到达或验收入库的材料采购成本。企业外购材料的采购成本包括购买价款、相关税费、运输费、装卸费，以及其他可归属于存货采购成本的费用。

账户的结构：借方登记材料的采购成本，贷方登记已验收入库的材料采购成本。期末余额一般在借方，表示尚未运达企业或已运达企业但尚未入库的在途材料的实际成本。

明细账的设置：该账户可按供应单位和物资品种设置明细分类账，进行明细核算。

【相关链接】对于材料按计划成本计价核算的企业，其"原材料"账户反映原材料收入、发出、结存的计划成本，并设置"材料采购"账户和"材料成本差异"账户，不再设置"在途物资"账户。相关内容在《企业日常业务核算》课程中将详细介绍。

3）"应交税费"账户

账户的性质：负债类账户。

账户的用途：用来核算企业应交纳的各种税金和税收附加，包括增值税、消费税、营业税、所得税、城建税和教育费附加等。

账户的结构：借方登记实际交纳的各种税金，贷方登记应交纳的各种税金。期末余额如在借方，表示多交或尚未抵扣的税费，期末余额如在贷方，表示企业尚未交纳的税费。

明细账的设置：该账户按税种设置明细账。其中，"应交税费——应交增值税"账户核算企业应交和实交增值税的结算情况，借方登记增值税的进项税额，贷方登记增值税的销项税额。该账户的期末借方余额反映多交或尚未抵扣的增值税，期末贷方余额反映企业尚未交纳的增值税。

4）"应付账款"账户

账户的性质：负债类账户。

账户的用途：用来核算企业因购买材料、商品和接受劳务供应而应付给供应单位的款项。

账户的结构：借方登记应付账款的偿还数，贷方登记应付未付款项的数额。期末余额一般在贷方，表示企业尚未偿还的款项。

明细账的设置：该账户一般按供货单位设置明细分类账，进行明细核算。

5）"应付票据"账户

账户的性质：负债类账户。

账户的用途：用来核算企业因购买材料、商品和接受劳务供应等而开出的商业汇票，包括银行承兑汇票和商业承兑汇票。

账户的结构：该账户的借方登记应付票据的已偿付金额，贷方登记企业开出的未偿付应付票据的金额。期末余额一般在贷方，表示尚未偿付的应付票据款。企业应设置应付票据备查簿来登记每一张票据的详细资料，包括签发日期、金额、收款人、付款日期等。

明细账的设置：该账户可按债权人进行明细核算。

6）"预付账款"账户

账户的性质：资产类账户。

账户的用途：用来核算企业按照购货合同的规定预付给供应单位的款项。

账户的结构：借方登记预付及补付的款项，贷方登记购进货物所需支付的款项及退回多余的款项。期末余额在借方，表示尚未结算的预付款项，期末余额在贷方，表示尚未补付的款项。

明细账的设置：该账户按供货单位设置明细分类账。

2. 材料购进的核算

【例 11–19】2010 年 12 月 8 日，永昌公司从昌和公司购进甲材料一批，取得的增值税专用发票上注明的甲材料 100 000 件，每件单价 40 元，价款为 4 000 000 元，增值税税率为 17%，增值税税额为 680 000 元，当即将一张已承兑的银行承兑汇票交付给昌和公司，金额 4 680 000 元；另以银行存款支付昌和公司垫付运费 40 000 元和杂费 10 000 元，材料尚未到达。

【相关链接】根据我国税法和财务制度规定，企业购进货物并取得县以上集体运输单位或国有运输单位运费发票的可以按运费的 7% 抵扣进项税，但其他杂费不得抵扣。相关内容将在以后的《企业纳税实务》课程中详细介绍。

甲材料可以抵扣的进项税额 = 680 000 + 40 000 × 7% = 682 800（元）

甲材料的采购成本 = 4 000 000 + 40 000 × (1 – 7%) + 10 000 = 4 047 200（元）

借：在途物资——甲材料   4 047 200

    应交税费——应交增值税（进项税额）   682 800

    贷：应付票据——昌和公司   4 680 000

        银行存款   50 000

若 2010 年 12 月 10 日，上述所购甲材料到达并验收入库，会计分录为：

借：原材料——甲材料   4 047 200

    贷：在途物资——甲材料   4 047 200

【例 11–20】2010 年 12 月 22 日，永昌公司从兴隆公司购入乙、丙两种材料并已经全部运到验收入库。收到兴隆公司普通发票列明：乙材料 2 000 千克，单价 500 元/千克；丙材料 4 000 千克，单价 600 元/千克；运费 78 000 元。全部款项以银行存款付讫。结转乙、丙材料的采购成本（按重量比例分配采购费用）。

【小心地雷】根据我国税法和财务制度规定，企业购进货物只有取得增值税专用发票或海关完税凭证才能抵扣进项税。本例只取得普通发票，所以不能抵扣进项税。相关内容将在以后的《企业纳税实务》课程中详细介绍。

根据上述资料，应按乙、丙材料重量比例分配采购费用：

运费的分配率 = 78 000/(2 000 + 4 000) = 13

乙材料的运费 = 13 × 2 000 = 26 000（元）

丙材料的运费 = 13 × 4 000 = 52 000（元）

乙材料采购成本 = 2 000 × 500 + 26 000 = 1 026 000（元）

丙材料采购成本 = 4 000 × 600 + 52 000 = 2 452 000（元）

编制乙、丙材料采购成本计算表如表 11 - 2 所示。

表 11 - 2 材料采购成本计算表

2010 年 12 月 22 日　　　　　　　　　　　　　　　金额单位：元

材料名称	计量单位	进货单价	数量	买价	运杂费	实际采购成本	
						总成本	单位成本
乙材料	千克	500	2 000	1 000 000	26 000	1 026 000	513
丙材料	千克	600	4 000	2 400 000	52 000	2 452 000	613
合计			6 000	3 400 000	78 000	3 478 000	

永昌公司应作如下会计分录：

借：原材料——乙材料　　　　　　　　　　　　　　　　　　　　　1 026 000

　　　　——丙材料　　　　　　　　　　　　　　　　　　　　　2 452 000

　　贷：银行存款　　　　　　　　　　　　　　　　　　　　　　　3 478 000

【例 11 - 21】2010 年 2 月 21 日，小规模纳税人 B 从 A 工厂采购甲材料一批，取得的普通发票上注明的甲材料的数量为 20 000 千克，每千克单价 46.80 元，计 936 000 元，代垫运费 10 000 元、装卸费 5 000 元，款项共计 951 000 元，材料已到验收入库，款未付。

【相关链接】根据我国税法和财务制度规定，小规模纳税人不抵扣进项税，其购进货物所负担的全部价款、税金、采购费用均计入采购成本。相关内容将在以后的《企业纳税实务》课程中详细介绍。

B 企业会计分录如下：

借：原材料——甲材料　　　　　　　　　　　　　　　　　　　　　951 000

　　贷：应付账款——A 工厂　　　　　　　　　　　　　　　　　　　951 000

【例 11 - 22】A 企业与 B 企业的购销合同规定，A 企业为购买甲材料向 B 企业预付 4 000 000 元货款的 80%，计 3 200 000 元，货款已通过汇兑方式汇出。

根据上述资料，A 企业应作如下会计分录：

借：预付账款——B 企业　　　　　　　　　　　　　　　　　　　　3 200 000

　　贷：银行存款　　　　　　　　　　　　　　　　　　　　　　　3 200 000

【例 11 - 23】承上例，A 企业收到 B 企业发来的甲材料，已验收入库，有关发票账单列明：该批货物的货款 4 000 000 元，增值税 680 000 元，B 企业代垫运费 50 000 元（不能抵扣进项税）。A 企业已将所欠款项以银行存款付讫。

材料验收入库时，A 企业应作如下会计分录：

借：原材料——甲材料　　　　　　　　　　　　　　　　　　　　　4 050 000

　　应交税费——应交增值税（进项税额）　　　　　　　　　　　　680 000

　　贷：预付账款——B 企业　　　　　　　　　　　　　　　　　　3 200 000

银行存款　　　　　　　　　　　　　　　　　　　　　　　　　　　1 530 000

【相关链接】增值税发票代码小知识：增值税发票代码共10位，第1—4位代表各地区代码，第5—6两位代表制版年度，第7位代表批次（分别用1，2，3，4，…表示），第8位代表版本的语言文字（用1、2、3、4分别代表中文、中英文、藏汉文、维汉文），第9位代表几联发票（用4、7分别表示四联、七联），第10位代表发票的金额版本号（用1、2、3、4分别表示万元版、十万元版、百万元版、千万元版、用"0"表示计算机发票）。例如，"1301951141"，其中第1—4位"1301"表示河北省石家庄市，第5、6两位"95"表示1995年版，第7位的"1"表示第一批，第8位的"1"表示中文，第9位的"4"表示四联，第10位的"1"表示万元版。

3. 材料发出的计价

《企业会计准则》规定，企业领用或发出的存货按照实际成本核算的，可以采用先进先出法、全月一次加权平均法、移动加权平均法、个别计价法等方法确定其实际成本。

【例11-24】永昌公司的甲材料在2010年4月1日的期初存货为4 000件，单价为20元，金额为80 000元。4月份甲材料的收发情况如下，应如何计算发出材料和结存材料成本？

（1）4月5日，购入3 000件，单价22元，金额66 000元。

（2）4月8日，购入2 000件，单价24元，金额48 000元。

（3）4月14日，发出3 500件。

（4）4月20日，购入4 000件，单价26元，金额104 000元。

（5）4月22日，购入2 000件，单价28元，金额56 000元。

（6）4月27日，发出5 000件。

（7）4月30日，发出4 500件。

1）先进先出法

先进先出法是假定先收到的存货先发出，或先收到的存货先耗用，并根据这种假定的存货流转次序对发出存货和期末存货进行计价的方法。具体做法是：收到有关存货时，逐笔登记每一批存货的数量、单价和金额；发出存货时，按照先进先出法的原则计价，登记存货的发出成本和结存金额。需予以说明的是，假定先入库的先发出，纯粹是为了计价，与存货实际入库和发出次序没有关系。

【例11-25】按先进先出法计价，例11-24中甲材料明细账如表11-3所示。

表11-3　甲材料明细账

金额单位：元

	2010年		收入			发出			结存		
月	日	摘要	数量	单价	金额	数量	单价	金额	数量	单价	金额
4	1	期初余额							4 000	20	80 000
4	5	购入	3 000	22	66 000				4 000	20	80 000
									3 000	22	66 000

2010年			收入			发出			结存		
月	日	摘要	数量	单价	金额	数量	单价	金额	数量	单价	金额
4	8	购入	2 000	24	48 000				4 000	20	80 000
									3 000	22	66 000
									2 000	24	48 000
4	14	发出				3 500	20	70 000	500	20	10 000
									3 000	22	66 000
									2 000	24	48 000
4	20	购入	4 000	26	104 000				500	20	10 000
									3 000	22	66 000
									2 000	24	48 000
									4 000	26	104 000
4	22	购入	2 000	28	56 000				500	20	10 000
									3 000	22	66 000
									2 000	24	48 000
									4 000	26	104 000
									2 000	28	56 000
4	27	发出				500	20	10 000	500	24	12 000
						3 000	22	66 000	4 000	26	104 000
						1 500	24	36 000	2 000	28	56 000
4	30	发出				500	24	12 000	2 000	28	56 000
						4 000	26	104 000			
4	30	本期发生额及余额	11 000		274 000	13 000		298 000	2 000	28	56 000

2010年4月发出存货的成本 $= (3\,500 \times 20) + (500 \times 20 + 3\,000 \times 22 + 1\,500 \times 24) +$
$$(500 \times 24 + 4\,000 \times 26)$$
$$= 298\,000（元）$$

月末结存存货成本 $= 80\,000 + 274\,000 - 298\,000 = 56\,000（元）$

先进先出法的优点是在物价上涨或下跌时，期末库存存货的成本接近市价；缺点是一次发出存货涉及不同批次、不同单价的，需要按两个以上不同的单价计算存货的发出成本，计价较为复杂。

2）全月一次加权平均法

全月一次加权平均法是以期初存货数量和本期收入存货数量为权数，于月末一次计算存货平均单价，据以计算当月发出存货和月末结存存货实际成本的方法，其计算公式为：

$$加权平均单价 = \frac{期初结存存货实际成本 + 本期收入存货实际成本}{期初结存存货数量 + 本期收入存货数量}$$

本期发出存货实际成本 = 本期发出存货数量 × 加权平均单价

期末结存存货实际成本 = 期末结存存货数量 × 加权平均单价

或：期末结存存货实际成本 = 期初结存存货实际成本 + 本期收入存货实际成本 −
本期发出存货实际成本

【例 11 −26】承例 11 −24 的资料，若采用全月一次加权平均法计价，甲材料明细账如表 11 −4 所示。

表 11 −4　甲材料明细账

金额单位：元

2010 年			收入			发出			结存		
月	日	摘要	数量	单价	金额	数量	单价	金额	数量	单价	金额
4	1	期初余额							4 000	20	80 000
4	5	购入	3 000	22	66 000				7 000		
4	8	购入	2 000	24	48 000				9 000		
4	14	发出				3 500			5 500		
4	20	购入	4 000	26	104 000				9 500		
4	22	购入	2 000	28	56 000				11 500		
4	27	发出				5 000			6 500		
4	30	发出				4 500			2 000		
4	30	本期发生额及余额	11 000		274 000	13 000	23.6	306 800	2 000	23.6	47 200

加权平均单价 = (80 000 + 274 000)/(4 000 + 11 000) = 23.6（元）

本期发出存货实际成本 = 13 000 × 23.60 = 306 800（元）

期末结存存货实际成本 = 2 000 × 23.60 = 47 200（元）

采用全月一次加权平均法计算存货价值时，发出存货成本较为均衡，但与现价有一定差距。当市价上涨时，加权平均成本会小于现价；当市价下跌时，加权平均成本又会大于现价。

3）移动加权平均法

移动加权平均法是指在每次收入存货以后就计算出新的平均单位成本的一种方法，即本批收入存货的成本加原有库存的成本，再除以本批收入存货数量加原有存货数量，据以计算加权平均单价，并对发出存货进行计价，其计算公式为：

$$移动加权平均单价 = \frac{原有存货成本 + 本批收入存货的实际成本}{原有存货数量 + 本批收入存货数量}$$

【例 11 −27】承例 11 −24 的资料，若采用移动加权平均法计价，甲材料明细账如表 11 −5 所示。

表 11-5 甲材料明细账

金额单位：元

2010 年			收入			发出			结存		
月	日	摘要	数量	单价	金额	数量	单价	金额	数量	单价	金额
4	1	期初余额							4 000	20	80 000
4	5	购入	3 000	22	66 000				7 000	20.86	146 000
4	8	购入	2 000	24	48 000				9 000	21.56	194 000
4	14	发出				3 500	21.56	75 460	5 500	21.56	118 540
4	20	购入	4 000	26	104 000				9 500	23.43	222 540
4	22	购入	2 000	28	56 000				11 500	24.22	278 540
4	27	发出				5 000	24.22	121 100	6 500	24.22	157 440
4	30	发出				4 500	24.22	108 990	2 000	24.22	48 450
4	30	本期发生额及余额	11 000		274 000	13 000		305 550	2 000	24.22	48 450

2010 年 4 月发出存货的成本 = 3 500 × 21.56 + 5 000 × 24.22 + 4 500 × 24.22

　　　　　　　　　　= 305 550（元）

月末结存成本 = 80 000 + 274 000 - 305 550 = 48 450（元）

采用移动加权平均法计算的发出存货成本比较均衡，但同全月一次加权平均法一样，计算出来的存货价值与现行成本有一定差距，计算工作量较大。此法一般适用于品种单一、前后进价相差幅度大的存货。

4）个别计价法

个别计价法是以每一批存货的实际进价作为该批发出存货成本的一种方法。采用个别计价法，财会部门应按存货购进批次设置存货明细账，业务部门应在发货单上注明批次，仓库部门应按库存购进批次分别堆放。个别计价法便于逐笔结转发出存货成本，计算比较准确，但工作量较大，适用于进货批次少、能分清批次发货的品种。

【相关链接】中国会计之最：中国有关会计事项记载的文字，最早出现于商朝的甲骨文；中国"会计"称号的命名及会计的职称均起源于西周；中国会计机构最早设立于西周，设"司会"之职主管会计，为计官之长；中国最早对会计进行论述与评价的著名人物是孔子，他曾主管仓库，提出"会计当而已矣"的名言；中国的记账方法最早诞生于秦代，建立起以"入、出"为会计记录符号的定式简明会计记录方法，以"入-出=余"作为结算的基本公式，即"三柱结算法"，也称为"入出（或收付）记账法"；中国的收付记账法最早传入外国是在唐代贞观末年（公元 649 年）传入日本。

四、生产业务的核算

产品生产过程是加工制造业经营活动的中心环节。在生产过程中，生产工人借助于生产设备对原材料进行加工，制成商品以备销售。因此，会计人员必须对产品生产过程中耗费的人力、物力和财力进行全面反映，真实准确地计算各种产品的成本。企业为了生产产品，要消耗各种材料，支付职工工资，发生固定资产磨损以及其他费用，简称料、工、费。企业的生产费用要按照一定方法归集、分配到一定种类的产品上，形成产品生产的成本。

（一）费用核算的一般程序

制造企业生产过程的核算主要有以下两项内容。①归集、分配一定时期内企业生产过程中发生的各项费用，如材料、工资及福利费、折旧费、修理费等各项费用。②按一定种类的产品汇总各项费用，最终计算出各种产品的制造成本。

企业费用可以分为以下两类。

（1）生产成本：与产品生产相关，计入产品成本，并入资产负债表。包括：直接材料，即生产产品领用的材料等；直接人工，即直接从事产品生产的工人的职工薪酬；制造费用，即车间一般消耗领用的材料、车间管理人员的职工薪酬及车间发生的折旧费、水电费等其他费用。

（2）期间费用：与期间相关，计入某一期间损益，并入利润表。包括：管理费用，即行政管理部门一般消耗领用的材料、行政管理人员的职工薪酬及行政管理部门发生的折旧费、办公费等其他费用；销售费用，即专设销售机构的销售人员职工薪酬及销售商品过程中发生的各项费用；财务费用，即借款利息、手续费等费用。

费用核算的一般程序如图 11-1 所示。

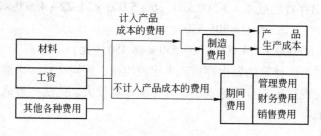

图 11-1　费用核算的一般程序

（二）主要账户的设置

1）"生产成本"账户

账户的性质：成本类账户，同时按照其经济内容划分它又属于资产类账户。

账户的用途：用来归集和分配产品生产过程中发生的各项费用，以正确计算产品成本。

账户的结构：借方登记应记入产品成本的各项费用，贷方登记完工入库产品的生产成本。期末余额一般在借方，表示尚未完工的产品（在产品）的实际生产成本。"生产成本"账户之所以属于资产类账户，就是因为该账户的期末余额表示在产品成本，而在产品属于存货，是资产的重要组成部分。

明细账的设置：该账户可以按产品的品种设置明细分类账，进行明细分类核算。

2）"制造费用"账户

账户的性质：成本类账户，同时按照其经济内容划分它又属于资产类账户。

账户的用途：用来归集和分配企业制造部门为生产和提供劳务而发生的各项间接费用。

账户的结构：借方登记企业在生产过程中发生的各项间接费用，贷方登记月末分配结转的应由各种产品承担的制造费用。月末该账户一般无余额。"制造费用"账户之所以属于资产类账户，是因为制造费用是生产成本的组成部分，如果该账户期末有余额，表示在产品成本。

明细账的设置：该账户应按不同车间、部门和费用项目设置明细分类账，进行明细分类核算。

3）"库存商品"账户

账户的性质：资产类账户。

账户的用途：用来核算企业生产完工并验收入库的实际成本。

账户的结构：借方登记已经完工验收入库的各种产品的实际生产成本，贷方登记已经出库的各种产品的实际生产成本。期末余额在借方，表示库存产品的实际成本。

明细账的设置：该账户应按库存商品的品名、种类和规格设置明细分类账，进行明细分类核算。

4）"管理费用"账户

账户的性质：费用类账户。

账户的用途：用来核算企业为组织和管理企业生产经营所发生的各项费用，包括企业在筹建期间内发生的开办费、董事会和行政管理部门在企业的经营管理中发生的或者应由企业统一负担的公司经费（包括行政管理部门职工工资及福利费、物料消耗、低值易耗品摊销、办公费和差旅费等）、工会经费、董事会费（包括董事会成员津贴、会议费和差旅费等）、聘请中介机构费、咨询费（含顾问费）、诉讼费、业务招待费、房产税、车船使用税、土地使用税、印花税、技术转让费、矿产资源补偿费、研究费用、排污费等。企业生产车间（部门）和行政管理部门等发生的固定资产修理费用等后续支出，也在本科目核算。

账户的结构：借方登记企业发生的各项管理费用，贷方登记期末转入"本年利润"账户的金额。期末结转后无余额。

明细账的设置：该账户应按照费用项目设置明细账，进行明细分类核算。

5）"应付职工薪酬"账户

账户的性质：负债类账户。

账户的用途：用来核算企业根据有关规定应付职工的各种薪酬。

账户的结构：借方登记本期实际支付的职工薪酬，贷方登记本期应付职工的各种薪酬。期末余额一般在贷方，表示企业应付而未付的职工薪酬。

明细账的设置：该账户可按"工资"、"职工福利"、"社会保险费"、"住房公积金"、"工会经费"、"职工教育经费"、"非货币性福利"等进行明细核算。

（三）生产业务核算

1. 材料费用的归集和分配

生产部门领用材料时，应该填制领料凭证，向仓库办理领料手续。月末，会计部门根据领料凭证编制领料汇总表，根据汇总表进行会计处理。企业从仓库发出的材料，应根据不同的用途分别记入相应的成本、费用账户。直接为生产产品领用的材料，记入"生产成本"账户；生产车间一般耗用材料，记入"制造费用"账户；企业管理部门领用的材料，记入"管理费用"账户。

【例 11 - 28】永昌公司生产 A、B 两种产品，2010 年 4 月耗用材料情况如表 11 - 6

所示。

表 11-6 永昌公司 2010 年 4 月材料费用汇总表

单位：元

项目	甲材料	乙材料	丙材料	合计
生产产品耗用	116 000	27 500	20 400	163 900
其中：A 产品	39 000	8 000	6 700	53 700
B 产品	77 000	19 500	13 700	110 200
车间一般耗用	4 900	8 300	2 800	16 000
合　　计	120 900	35 800	23 200	179 900

账务处理如下：

```
借：生产成本——A 产品                           53 700
          ——B 产品                          110 200
    制造费用                                   16 000
    贷：原材料——甲材料                        120 900
            ——乙材料                          35 800
            ——丙材料                          23 200
```

2. 职工薪酬的归集和分配

职工薪酬是指企业支付给职工的各种薪酬，包括职工工资、奖金、津贴和补贴，职工福利费，医疗、养老、失业、工伤、生育等社会保险费，住房公积金，工会经费，职工教育经费以及非货币性福利等。

企业支付给职工的薪酬，应根据职工的具体工作岗位不同记入不同的成本、费用账户。生产工人的薪酬记入"生产成本"账户；车间管理人员的薪酬记入"制造费用"账户；企业厂部等行政管理部门人员的薪酬记入"管理费用"账户；销售部门人员的薪酬记入"销售费用"账户。

【例 11-29】永昌公司 2010 年 4 月职工薪酬计算分配情况如表 11-7 所示，按应付职工薪酬总额分配并全部通过银行转账支付。

表 11-7 永昌公司 2010 年 4 月职工薪酬计算分配情况

单位：元

项　　目	应付职工薪酬
生产工人薪酬	55 062
其中：A 产品	20 748
B 产品	34 314
车间管理人员薪酬	11 742
公司行政管理人员薪酬	18 354
公司销售部门人员薪酬	11 058
合　　计	96 216

分配职工薪酬账务处理如下：

借：生产成本——A 产品　　　　　　　　　　　　　　　　　　　20 748

　　　　　——B 产品　　　　　　　　　　　　　　　　　　　34 314

　　制造费用　　　　　　　　　　　　　　　　　　　　　　　11 742

　　管理费用　　　　　　　　　　　　　　　　　　　　　　　18 354

　　销售费用　　　　　　　　　　　　　　　　　　　　　　　11 058

　　贷：应付职工薪酬　　　　　　　　　　　　　　　　　　　　　　96 216

转账支付职工薪酬账务处理如下：

借：应付职工薪酬　　　　　　　　　　　　　　　　　　　　　96 216

　　贷：银行存款　　　　　　　　　　　　　　　　　　　　　　　96 216

【**身边的事**】单位职工食堂的开支，是否可以在计提的福利费范围内税前列支？根据《企业所得税法实施条例》第四十条规定和《国家税务总局关于企业工资、薪金及职工福利费扣除问题的通知》（国税函〔2009〕3 号）第三条规定，职工食堂支出可以作为企业职工福利费，按照规定在计算企业应纳税所得额时扣除。

3. 计提固定资产折旧

企业生产产品必然使厂房、机器设备等固定资产发生磨损，企业应采用一定的方法计算确认这些因磨损而转移的价值。计提固定资产折旧应根据固定资产所在部门和用途，分别记入不同账户。车间固定资产折旧记入"制造费用"账户；企业厂部等行政管理部门固定资产折旧记入"管理费用"账户；销售部门固定资产折旧记入"销售费用"账户。

【**例 11 –30**】永昌公司 2010 年 4 月折旧费计算如表 11 –8 所示。

表 11 –8　永昌公司 2010 年 4 月折旧费计算表

单位：元

项　目	折旧额
生产部门固定资产	12 500
公司行政管理部门固定资产	4 100
公司销售部门固定资产	1 800
合　计	18 400

计提折旧的账务处理如下：

借：制造费用　　　　　　　　　　　　　　　　　　　　　　12 500

　　管理费用　　　　　　　　　　　　　　　　　　　　　　　4 100

　　销售费用　　　　　　　　　　　　　　　　　　　　　　　1 800

　　贷：累计折旧　　　　　　　　　　　　　　　　　　　　　　18 400

4. 支付其他费用的核算

企业在生产产品过程中除了发生固定资产价值磨损、支付人力资源成本、耗费原材料以外，还会发生水电费、办公费、差旅费等支出。这些费用也应根据其用途和受益部门记入不同账户。

【**例 11 –31**】永昌公司以银行存款支付 2010 年 4 月水电费共 24 000 元，其中车间耗用 16 000 元，公司行政管理部门耗用 5 000 元，公司销售部门耗用 3 000 元。

支付水电费账务处理如下：

借：制造费用　　　　　　　　　　　　　　　　　　　　　　　16 000

　　管理费用　　　　　　　　　　　　　　　　　　　　　　　　5 000

　　销售费用　　　　　　　　　　　　　　　　　　　　　　　　3 000

　　贷：银行存款　　　　　　　　　　　　　　　　　　　　　　24 000

【我也能做】永昌公司对现有的一台生产用的机器设备进行日常的维护，领用原材料2 000元，应支付维护人员工资1 000元，不考虑其他相关税费。该如何编制会计分录？

5. 制造费用的归集和分配

制造费用是企业为生产产品和提供劳务而发生的各项间接费用，包括车间发生的折旧费、办公费、水电费、劳动保护费及车间管理人员薪酬等。这些费用先通过"制造费用"账户归集到一起，再按照一定分配标准（如生产工时比例等）在各种产品之间进行分配。"制造费用"账户借方登记增加额，增加额是日常的归集数额，贷方登记减少额，减少额是转入各产品生产成本的数额，月末结转后一般无余额。

【小心地雷】新会计准则规定：企业生产车间的固定资产修理费用计入"管理费用"。与固定资产有关的后续支出，符合准则规定的确认条件的，应当计入固定资产成本；不符合准则规定的确认条件的，应当在发生时计入当期损益（管理费用）。

【例11－32】若永昌公司2010年4月发生的制造费用总额为60 000元，本月生产A、B两种产品，A产品生产工时为6 500小时，B产品生产工时为5 500小时，按生产工时比例分配制造费用。

制造费用分配率 = 费用总额/生产工时总数

= 60 000/(6 500 + 5 500)

= 5 元/工时

A 产品应分摊的制造费用 = 6 500 × 5 = 32 500 元

B 产品应分摊的制造费用 = 5 500 × 5 = 27 500 元

制造费用分配账务处理如下：

借：生产成本——A产品　　　　　　　　　　　　　　　　　　32 500

　　　　　　——B产品　　　　　　　　　　　　　　　　　　27 500

　　贷：制造费用　　　　　　　　　　　　　　　　　　　　　60 000

6. 计算产品生产成本

产品生产成本的计算，就是把企业在产品生产过程中发生的材料费用、人工费用和分配的制造费用，按照一定的成本计算对象进行归集和分配，以确定各成本计算对象的实际总成本和单位成本。生产成本明细分类账已将期初在产品成本和本期发生的材料费用、人工费用和制造费用等生产费用的合计数反映，最终应在完工产品和在产品之间分配。

（1）期末没有在产品的情况下（即全部完工），归集到某一产品上的生产费用合计数，即为该产品的本月完工产品的制造成本。

（2）期末产品全部未完工的情况下（即全部在产），归集到某一产品上的生产费用合计数，全部为本月在产品的制造成本。

（3）期末既有完工产品又有在产品的情况下（即部分完工，部分在产），则需采用一定的方法将归集到某一产品上的生产费用合计数在完工产品与在产品之间分配。计算公式如下：

月初在产品成本＋本月生产费用＝本月完工产品成本＋月末在产品成本

本月完工产品成本＝月初在产品成本＋本月生产费用－月末在产品成本

【相关链接】生产费用在完工产品与在产品之间分配的方法有多种，相关内容将在以后的《成本核算与管理》课程中详细学习。

【例 11－33】若永昌公司 2010 年 4 月生产的 A 产品 100 件全部完工，生产的 B 产品 200 件全部未完工，根据表 11－9 所示的完工产品成本计算单结转完工产品成本。

表 11－9 完工产品成本计算单

产品名称：A 产品 单位：元

成本项目	生产费用合计	总成本	单位成本
直接材料	53 700	53 700	537
直接人工	20 748	20 748	207.48
制造费用	32 500	32 500	325
合　　计	106 948	106 948	1 069.48

结转完工产品成本账务处理如下：

借：库存商品——A 产品 106 948

　　贷：生产成本——A 产品 106 948

【身边的事】如果没有正规发票，白条是否可以入账？根据《国家税务总局关于进一步加强普通发票管理工作的通知》规定，不符合规定的发票，不允许纳税人用于税前扣除、抵扣税款、出口退税和财务报销。所以"白条"不能入账，并且不能在税前扣除。

五、销售业务的核算

（一）销售过程核算的主要内容

从产品验收入库开始，到销售给购买方为止的过程称为销售过程，这一过程是产品价值和使用价值的实现过程，即企业通过交换，将制造的产品及时地销售出去，按产品的销售价格向购买方办理结算，收回销货款，通常把销货款称为销售收入。在产品销售过程中，企业为取得一定数量的销售收入，必须付出相应数量的产品，为制造这些销售产品而耗费的材料、人工等称为产品销售成本。此外，企业为了推销产品还要发生包装费、运输费、广告费等耗费，这些耗费与销售产品有关，应抵减当期的销售收入。企业在取得销售收入时，还要按国家规定计算和交纳税金。综上所述，工业企业销售过程核算的主要内容有：确认和反映销售收入，并办理货款结算；计算和交纳增值税等税金，并按配比原则结转销售成本；核算归集销售费用等。

制造企业的产品销售收入是指企业通过销售产成品、自制半成品、提供工业性劳务等取得的收入。企业销售商品时，同时符合以下五个条件的，予以确认为销售收入。

（1）企业已将商品所有权上的主要风险和报酬转移给购货方。企业已将商品所有权上的主要风险和报酬转移给购货方是指与商品所有权有关的主要风险和报酬同时转移。与商品所有权有关的风险是指商品可能发生减值或毁损等形成的损失；与商品所有权有关的报酬是指商品价值增值或通过使用商品等形成的经济利益。判断企业是否已将商品所有权上的主要风险和报酬转移给购货方，应当关注交易的实质，并结合所有权凭证的转移进行判断。

通常情况下，转移商品所有权凭证并交付实物后，商品所有权上的主要风险和报酬随之转移，如大多数零售商品。某些情况下，转移商品所有权凭证但未交付实物，商品所有权上的主要风险和报酬随之转移，如采用交款提货方式销售的商品。已交付实物但未转移商品所有权凭证，商品所有权上的主要风险和报酬未随之转移，如采用支付手续费方式委托代销的商品。

（2）企业既没有保留通常与所有权相联系的继续管理权，也没有对已售出的商品实施有效控制。通常情况下，企业售出商品后，不再保留通常与所有权相联系的继续管理权，也不再对已售出的商品实施有效控制，因此，企业在商品发出时即确认收入。如果在售出商品后保留了与所有权相联系的继续管理权，或能够对已售出的商品继续实施有效控制，说明商品所有权上的主要风险和报酬没有转移给购货方，销售交易不能成立，不应确认收入。

（3）相关的经济利益很可能流入企业。在销售商品时，与交易相关的经济利益主要表现为销售商品而取得的价款。相关的经济利益流入企业是指销售商品价款收回的可能性大于不能收回的可能性。企业在销售商品时，如果估计销售价款不是很可能收回，即使收入确认的其他条件均已满足，也不应当确认收入。

（4）收入的金额能够可靠地计量。收入的金额能够可靠地计量是指收入的金额能够合理地估计。收入金额能否合理地估计是确认收入的基本前提，如果收入的金额不能合理地估计就无法确认收入。企业在销售商品时，商品销售价格通常已经确定，但是，由于商品销售过程中某些不确定因素的影响，也存在商品价格发生变动的情况，在这种情况下，新的商品价格未确定前通常不应确认收入。

（5）相关的已发生或将发生的成本能够可靠地计量。相关的已发生或将发生的成本能够可靠地计量是指与销售商品有关的已发生或将发生的成本能够合理地估计，如果与销售商品相关的已发生或将发生的成本不能够合理地估计，就不应确认收入。

（二）主要账户的设置

1）"主营业务收入"账户

账户性质：损益类账户。

账户的用途：用来核算企业在销售商品、提供劳务及让渡资产使用权等日常活动中所产生的收入。

账户的结构：该账户贷方登记企业销售商品（包括产成品、自制半成品等）或让渡资产使用权所实现的收入，借方登记发生的销售退回和转入"本年利润"账户的收入。期末结转后，该账户应无余额。

明细账的设置：可按主营业务的种类设置明细账，进行明细核算。

2）"其他业务收入"账户

账户性质：损益类账户。

账户的用途：用来核算企业其他业务所取得的收入，包括出租固定资产、出租无形资产、出租包装物、销售材料等。

账户的结构：该账户的贷方登记企业获得的其他业务收入，借入登记期末结转到"本年利润"账户的其他业务收入。期末结转以后，该账户应无余额。

明细账的设置：可以根据其他业务收入的种类设置明细账，进行明细核算。

3）"应收账款"账户

账户的性质：资产类账户。

账户的用途：用来核算企业因销售商品和产品、提供劳务等，应向购货单位或接受劳务单位收取的款项。不单独设置"预收账款"账户的企业，预收的账款也在本账户核算（因为两账户同属于销售环节）。

账户的结构：该账户借方登记实现收入发生的应收款项和已转作坏账损失又收回的应收款项，以及代购货单位垫付的包装、运杂费等，贷方登记实际收到的应收款项和企业将应收款改用商业汇票结算而收到承兑的商业汇票，以及转作坏账损失的应收账款。月末借方余额表示应收但尚未收回的款项。

明细账的设置：按照债务人设置明细账，进行明细核算。

4）"应收票据"账户

账户的性质：资产类账户。

账户的用途：用来核算企业因销售商品、提供劳务等而收到的商业汇票。包括银行承兑汇票和商业承兑汇票。

账户的结构：该账户借方登记企业收到的应收票据，贷方登记票据到期收回的票面金额和持未到期票据向银行贴现的票面金额。月末借方余额表示尚未到期的应收票据金额。

明细账设置：可以根据债务人设置明细账，企业还要登记应收票据备查账。

5）"预收账款"账户

账户的性质：负债类账户。

账户的用途：用来核算企业按照合同规定向购货单位预收的款项。

账户的结构：该账户的贷方登记预收购货单位的款项和购货单位补付的款项，借方登记向购货单位发出商品销售实现和收到退回多付的款项。该账户月末余额一般在贷方，表示预收购货单位的款项。

明细账的设置：按照购货单位设置明细账，进行明细核算。

6）"主营业务成本"账户

账户的性质：损益类账户。

账户的用途：用来核算企业因销售商品、提供劳务或让渡资产使用权等日常活动而发生的实际成本。

账户的结构：该账户的借方登记已售商品、提供的各种劳务等的实际成本，贷方登记当月发生销售退回的商品成本和期末转入"本年利润"账户的当期销售成本。期末结转后该账户应无余额。

明细账的设置：可以按主营业务成本的种类设置明细账，进行明细核算。

7）"其他业务成本"账户

账户的性质：损益类账户。

账户的用途：用来核算企业其他业务所发生的各项支出。包括为获得其他业务收入而发生的相关成本、费用等。

账户的结构：该账户的借方登记其他业务所发生的各项支出，贷方登记期末结转到"本年利润"账户的其他业务成本。期末结转以后该账户应无余额。

明细账的设置：可按其他业务成本的种类设置明细账，进行明细核算。

8）"营业税金及附加"账户

账户的性质：损益类账户。

账户的用途：用来核算企业日常活动应负担的税金及附加。包括营业税、消费税、城市维护建设税、资源税、土地增值税和教育费附加等。

账户的结构：该账户借方登记按照规定计算的与经营活动相关的税金及附加，贷方登记企业收到的先征后返的消费税、营业税等原记入本账户的各种税金，以及期末转入"本年利润"账户中的营业税金及附加。期末结转后本账户应无余额。

9）"销售费用"账户

账户的性质：损益类账户。

账户的用途：用来核算企业销售商品过程中发生的费用，包括运输费、装卸费、包装费、保险费、展览费和广告费，以及为销售本企业商品而专设的销售机构（含销售网点、售后服务网点等）的职工工资及福利费、类似工资性质的费用、业务费等经营费用。

账户的结构：该账户的借方登记发生的各种销售费用；贷方登记转入"本年利润"账户的销售费用。期末结转后该账户应无余额。

明细账的设置：按费用构成项目设置明细账，进行明细核算。

【相关链接】所有学科的考试学习，包括会计学习，都必须仔细阅读教材和大纲。其总结为"会计学习五读口诀"，具体内容如下：

一读课前预习先，从师二读课堂间。

温故知新读三遍，四读再把习题练。

五读复习迎考试，胜利通过笑开颜。

这主要强调课前预习、课堂听讲、课后复习、做题巩固以及总复习迎考都要把读书放在基础性地位。这个口诀其实对所有科目的考试都是有用的。古人说"书读百遍，其义自现"或者"熟读唐诗三百首，不会作诗也会吟"都是这个道理。

（三）账务处理

1. 实现销售时

实现销售时，会计分录如下：

借：银行存款等账户

　　贷：主营业务收入

　　　　应交税费——应交增值税（销项税额）

【小心地雷】预收款销售商品是指购买方在商品尚未收到前按合同或协议约定分期付款，销售方在收到最后一笔款项时才交货的销售方式。在这种方式下，销货方直到收到最后一笔款项才将商品交付购货方，表明商品所有权上的主要风险和报酬只有在收到最后一笔款项时才转移给购货方，因此，企业通常应在发出商品时确认收入，在此之前预收的货款应确认为负债（预收账款）。

【例11-34】永昌公司按合同规定通过银行预收了北方公司购货款2 000 000元。

该项经济业务应编制如下会计分录：

借：银行存款　　　　　　　　　　　　　　　　　　　　　　　2 000 000

　　　　贷：预收账款——北方公司　　　　　　　　　　　　　　　　　　　2 000 000

　　【例 11－35】承上例，永昌公司向北方公司发出已预收货款的商品，其中，甲产品 10 台，每台售价 220 000 元（不含增值税，下同）；乙产品 40 台，每台售价 160 000 元。增值税税率为 17%（产品售价及适用增值税税率下同）。

　　此项经济业务应编制如下会计分录：

　　借：预收账款——北方公司　　　　　　　　　　　　　　　　　　　　10 062 000
　　　　贷：主营业务收入　　　　　　　　　　　　　　　　　　　　　　　8 600 000
　　　　　　应交税费——应交增值税（销项税额）　　　　　　　　　　　1 462 000

　　【例 11－36】承上例，永昌公司向北方公司补收销售商品的余款 8 062 000 元，存入银行。

　　该项经济业务应编制如下会计分录：

　　借：银行存款　　　　　　　　　　　　　　　　　　　　　　　　　　8 062 000
　　　　贷：预收账款——北方公司　　　　　　　　　　　　　　　　　　　8 062 000

　　【例 11－37】承上例，若永昌公司事先未预收北方公司购货款，而是直接向北方公司销售甲产品 10 台，每台售价 220 000 元；乙产品 40 台，每台售价 160 000 元。增值税税率为 17%。当即收到全部价税款，存入银行，则应编制如下会计分录：

　　借：银行存款　　　　　　　　　　　　　　　　　　　　　　　　　　10 062 000
　　　　贷：主营业务收入　　　　　　　　　　　　　　　　　　　　　　　8 600 000
　　　　　　应交税费——应交增值税（销项税额）　　　　　　　　　　　1 462 000

　　【例 11－38】永昌公司销售给南方公司甲产品 60 台，每台售价 220 000 元；乙产品 50 台，每台售价 160 000 元。全部价款 21 200 000 元和增值税款 3 604 000 元均未收到。

　　此项经济业务应编制如下会计分录：

　　借：应收账款——南方公司　　　　　　　　　　　　　　　　　　　　24 804 000
　　　　贷：主营业务收入　　　　　　　　　　　　　　　　　　　　　　21 200 000
　　　　　　应交税费——应交增值税（销项税额）　　　　　　　　　　　3 604 000

　　【例 11－39】永昌公司以银行存款 350 000 元代南方公司垫付运杂费。

　　此项经济业务应编制如下会计分录：

　　借：应收账款——南方公司　　　　　　　　　　　　　　　　　　　　350 000
　　　　贷：银行存款　　　　　　　　　　　　　　　　　　　　　　　　　350 000

　　【例 11－40】永昌公司收回应收南方公司的全部销货款及代垫运杂费 25 154 000 元，存入银行。

　　此项经济业务应编制如下会计分录：

　　借：银行存款　　　　　　　　　　　　　　　　　　　　　　　　　　25 154 000
　　　　贷：应收账款——南方公司　　　　　　　　　　　　　　　　　　25 154 000

　　【例 11－41】永昌公司销售一批原材料，售价为 2 600 000 元，增值税额为 442 000 元，价税款已通过银行收妥。

　　此项经济业务应编制如下会计分录：

　　借：银行存款　　　　　　　　　　　　　　　　　　　　　　　　　　3 042 000
　　　　贷：其他业务收入　　　　　　　　　　　　　　　　　　　　　　　2 600 000

应交税费——应交增值税（销项税额）　442 000

【例 11-42】 以银行存款 1 100 000 元支付广告费、展览费等销售费用。

此项经济业务应编制如下会计分录：

借：销售费用　1 100 000

　　贷：银行存款　1 100 000

2. 计算应交消费税、城建税时

（1）计算公式如下：

　　应交消费税 = 销售收入 × 消费税税率

　　应交城建税 =（应交增值税 + 应交消费税 + 应交营业税）× 适用税率

　　应交教育费附加 =（应交增值税 + 应交消费税 + 应交营业税）× 适用征收率

（2）账务处理分录如下：

借：营业税金及附加

　　贷：应交税费——应交消费税

　　　　　　　　——应交城建税

　　　　　　　　——应交教育费附加

【例 11-43】 假设永昌公司销售的乙产品为应交消费税的商品，消费税税率为 10%，本月销售乙产品总价为 33 600 000 元，计算并结转本月销售乙产品应交的消费税。

此项经济业务应编制如下会计分录：

借：营业税金及附加　3 360 000

　　贷：应交税费——应交消费税　3 360 000

【例 11-44】 永昌公司结转本月应交的城市维护建设税 700 000 元，教育费附加 300 000 元。

此项经济业务应编制如下会计分录：

借：营业税金及附加　1 000 000

　　贷：应交税费——应交城建税　700 000

　　　　　　　　——应交教育费附加　300 000

3. 结转已销产品（或材料）成本时

（1）计算公式如下：

　　销售成本 = 已销产品（或材料）数量 × 单位产品（或材料）成本

（2）账务处理，分录如下：

借：主营业务成本（或其他业务成本）

　　贷：库存商品（或原材料）

【例 11-45】 承前例，若永昌公司本月共销售甲产品 115 台，乙产品 210 台，月末永昌公司编制"产品销售成本计算表"计算本月产品销售成本并结转。（假设月初库存甲产品 50 台，成本总额为 6 710 000 元，本月生产甲产品 100 台，生产成本 13 390 000 元。月初乙产品 50 台，成本总额为 4 480 000 元，本月生产乙产品 200 台，生产成本 17 520 000 元。产品单位生产成本按加权平均单位成本计算确定）

业务分析：产品销售以后，一般是按月计算产品销售成本，以便和产品销售收入相配比，进而确定销售业务的成果。由于各批次完工入库产成品的单位生产成本通常不一样，

"单位生产成本"如何确定成为一个应考虑的问题。本例产品单位生产成本按加权平均单位成本计算确定。

加权平均单位成本计算公式如下：

$$某产品加权平均单位成本 = \frac{该产品月初结存成本 + 该产品本月入库总成本}{该产品月初结存数量 + 该产品本月入库总数量}$$

根据甲、乙产品本月初结存资料及本月生产资料的计算结果：

$$本月份甲产品加权平均单位成本 = \frac{6\ 710\ 000 + 13\ 390\ 000}{50 + 100} = 134\ 000（元）$$

$$本月份乙产品加权平均单位成本 = \frac{4\ 480\ 000 + 17\ 520\ 000}{50 + 200} = 88\ 000（元）$$

再根据各种产品销售数量指标计算如下：

$$本月份甲产品销售成本 = 134\ 000 \times 115 = 15\ 410\ 000（元）$$
$$本月份乙产品销售成本 = 88\ 000 \times 210 = 18\ 480\ 000（元）$$

各种产品加权平均单位成本的计算亦可通过库存商品明细账的登记，在库存商品明细账上直接计算确定，要从"库存商品"账户结转到"主营业务成本"账户。此项业务使产品销售成本增加，应记入"主营业务成本"账户的借方；另一方面，要反映库存商品减少，应记入"库存商品"账户的贷方。

此项经济业务应编制如下会计分录：

借：主营业务成本——甲产品　　　　　　　　　　　　　　　　　　15 410 000

　　　　　　　　——乙产品　　　　　　　　　　　　　　　　　　18 480 000

　　贷：库存商品　　　　　　　　　　　　　　　　　　　　　　　33 890 000

（四）应收款项减值的计量

1. 应收款项减值的确认

在资产负债表日，企业应对应收款项期末的账面价值进行检查，对有确凿证据表明确实无法收回或收回可能性不大的应收账款，如因债务人破产、资不抵债等而使应收款项发生减值的，应将应收款项的账面价值减至预计未来现金流量现值。

企业的应收款项符合下列条件之一的，应确认为坏账：

（1）债务人死亡，以其遗产清偿后仍然无法收回的部分；

（2）债务人破产，以其破产财产清偿后仍然无法收回的部分；

（3）债务人较长时期内（3年以上）未履行其清偿义务，并有足够的证据表明确定无法收回或收回的可能性极小。

在资产负债表日，企业一般应对"应收账款"、"应收票据"、"其他应收款"、"长期应收款"等进行减值测试，计提减值准备。

2. 计提坏账准备时应注意的事项

（1）除有确凿证据表明该项应收款项不能收回或收回的可能性不大外，下列情况一般不能全额计提坏账准备：

第一，当年发生的应收款项；

第二，计划对应收款项进行重组；

第三，与关联方发生的应收款项；

第四，其他已经逾期但无确凿证据表明不能收回的应收款项。

（2）企业的预付账款，如确实收不回来时，应将其先转入"其他应收款"后，再按规定计提坏账准备。

（3）"应收票据"由于其在到期日之前收不回来的风险较小，所以一般不用计提坏账准备。对于到期收不回来的"应收票据"应先转为"应收账款"后，再按照规定计提坏账准备。

3. 计提坏账准备的方法

我国《企业会计准则》规定企业应采用备抵法计提坏账准备。备抵法是指按期估计坏账损失，形成坏账准备，当某一应收款项的全部或部分被确认为坏账，发生减值时，应根据其减值额计提坏账准备。

4. 账户设置

计提减值准备时通过"资产减值损失"和"坏账准备"账户进行核算。

"坏账准备"账户用来核算企业各项应收款项所计提的坏账准备。"坏账准备"账户可按应收款项的类别，设置明细账进行明细核算。该账户期末贷方余额，反映企业已计提但尚未转销的坏账准备。

"资产减值损失"账户用来反映预提的坏账损失额。

5. 坏账准备的计提

估计坏账损失的方法目前有应收款项余额百分比法、账龄分析法和销货百分比法三种。

应收款项余额百分比法是在每个年末根据年末应收账款的账户余额和估计的坏账损失率，估计坏账损失并计提坏账准备的一种方法，其具体核算步骤如下。

（1）首次计提坏账准备的计算：

$$当期应计提的坏账准备 = 期末应收款项余额 \times 坏账准备计提率$$

（2）以后计提坏账准备的计算：

第一，当期末"应收账款"账户余额 × 估计坏账损失率 > "坏账准备"账户余额时：

当期应计提的坏账准备 = 期末"应收账款"账户余额 × 估计坏账损失率 − "坏账准备"账户余额

第二，当期末"应收账款"账户余额 × 估计坏账损失率 < "坏账准备"账户余额时：

当期应转回的坏账准备 = "坏账准备"账户余额 − 期末"应收账款"账户余额 × 估计坏账损失率

【例 11 - 46】 2009 年 12 月 31 日，永昌公司采用应收款项余额百分比法计提坏账准备，2009 年年末应收账款余额为 8 000 万元，坏账损失率为 6%。假设坏账准备账户在 2009 年年初余额为零。

这是一笔坏账准备首次计提业务。2010 年年末首次计提坏账准备额为 480 万元（即 8 000 × 6%）。

其相关会计分录如下：

借：资产减值损失——坏账损失　　　　　　　　　　　　　　　4 800 000

　　贷：坏账准备　　　　　　　　　　　　　　　　　　　　　　　4 800 000

【例 11 - 47】 接上例，2010 年发生坏账损失 500 万元，该年年末应收账款余额为 7 000 万元，坏账损失率为 7%。

这是一笔坏账发生的处理以及坏账准备二次计提业务，其账户处理如下。

（1）2010年发生坏账损失500万元时：

借：坏账准备　　　　　　　　　　　　　　　　　　　　　　5 000 000

　　贷：应收账款——××公司　　　　　　　　　　　　　　　　5 000 000

（2）坏账准备第二次计提时：

2010年年末计提坏账准备前该账户的贷方余额 = 480 - 500 = -20（万元）

2010年年末应有的坏账准备额 = 7 000 × 7% = 490（万元）

2010年年末应补提坏账准备额 = 490 - (-20) = 510（万元）

其相关分录如下：

借：资产减值损失——坏账损失　　　　　　　　　　　　　　5 100 000

　　贷：坏账准备　　　　　　　　　　　　　　　　　　　　　5 100 000

六、财务成果的核算

（一）利润的形成

利润是企业在一定会计期间的经营成果，其内容包括收入减去费用后的净额和直接计入当期利润的利得和损失，是衡量企业经营业绩的重要指标。利得是指除收入和直接计入所有者权益项目外的经济利益的净流入；损失是指除费用和直接计入所有者权益项目外的经济利益净流出。

利润表现为企业在某一会计期间内实现的收入抵减发生的费用后的差额。收入大于费用，企业就可获取利润。反之收入小于相关的成本与费用时，企业就会发生亏损。

1. 营业利润

营业利润是指企业正常经营活动产生的成果，包括主要经营项目和兼营项目发生的各项相关费用和获得的收入之间的差额，二者之间存在因果关系。营业利润反映企业日常生产经营活动给企业创造的利润数额，它代表企业的实际营利能力。其计算公式为：

营业利润 = 营业收入 - 营业成本 - 营业税金及附加 - 销售费用 - 管理费用 -
财务费用 - 资产减值损失 ± 公允价值变动损益 ± 投资净收益

（1）营业收入。包括企业日常经营活动取得的主营业务收入和其他业务收入。用公式表示如下：

营业收入 = 主营业务收入 + 其他业务收入

（2）营业成本。包括企业日常经营活动发生的主营业务成本和其他业务成本。用公式表示如下：

营业成本 = 主营业务成本 + 其他业务成本

（3）期间费用。包括销售费用、管理费用和财务费用。

（4）资产减值损失。它是指在各会计期间内，按照谨慎性原则对相关资产价值进行职业判断，人为估计的资产价值降低产生的损失。

（5）公允价值变动收益。它是指金融资产由于公允价值变动而产生的利得或损失。

（6）投资收益。投资收益是指企业在对外投资过程中所获投资收益扣除投资损失后的数额。

2. 利润总额

利润总额也称税前会计利润，是企业某一会计期间内所有收入与费用、损失相抵后的结果。按照《企业会计准则》的规定，企业的利润总额包括营业利润和营业外收支净额（营业外收入－营业外支出）。用公式表示如下：

$$利润总额 = 营业利润 + 营业外收入 - 营业外支出$$

（1）营业外收入。它是指企业发生的与生产经营无直接关系的各项利得，包括非流动资产处置利得，如处置固定资产、无形资产净收益，罚款净收入，非货币性资产交换利得，债务重组利得，政府补助，捐赠利得等。

（2）营业外支出。它是指企业发生的与生产经营无直接关系的各项损失，包括非流动资产处置损失，如固定资产盘亏损失，处置固定资产，无形资产净损失，非货币性资产交换损失，债务重组损失，公益性捐赠支出，非常损失，罚款支出等。

3. 净利润

企业的净利润也称税后会计利润，是利润总额减去所得税费用后的余额。计算公式表示如下：

$$净利润 = 利润总额 - 所得税费用$$

（二）财务成果核算的主要账户

1. "本年利润"账户

账户的性质：所有者权益类账户。

账户的用途：用来核算企业实现的净利润（或发生的净亏损）。

账户的结构：贷方登记期末将主营业务收入、其他业务收入、营业外收入等转入的数额，借方登记期末将主营业务成本、营业税金及附加、其他业务成本、管理费用、财务费用、销售费用、营业外支出、所得税费用等转入的数额。期末余额如在贷方，表示企业实现的净利润数额；期末余额在借方，则表示企业发生的净亏损数额。在年度中间，该账户的余额可以保留在本账户，不予转账，表示截至本期本年度累计实现的利润或发生的亏损。年度终了，企业应将本年实现的净利润（或亏损）转入"利润分配"账户，结转后该账户无余额。

2. "营业外收入"账户

账户的性质：损益类账户。

账户的用途：用来核算企业发生的各项营业外收入，包括非流动资产处置利得、政府补助、盘盈利得、捐赠利得等。

账户的结构：借方登记转入"本年利润"账户的数额，贷方登记企业取得的各项营业外收入。期末结转后，该账户无余额。

明细账的设置：该账户应按营业外收入项目设置明细账，进行明细核算。

3. "营业外支出"账户

账户的性质：损益类账户。

账户的用途：用来核算企业发生的各项营业外支出，包括非流动资产处置损失、公益性捐赠支出、非常损失、盘亏损失等。

账户的结构：借方登记企业各项营业外支出实际发生数，贷方登记期末转入"本年利润"账户的数额。期末结转后，该账户无余额。

明细账的设置：该账户应按营业外支出项目设置明细账，进行明细核算。

4."所得税费用"账户

账户的性质：损益类账户。

账户的用途：用来核算企业按规定从当期利润总额中减去的所得税费用。

账户的结构：借方登记企业发生的所得税费用，贷方登记期末转入"本年利润"账户的数额。期末结转后，该账户无余额。

（三）利润形成的会计核算

利润的计算就是收入和费用的结转和抵减过程。现举例介绍有关营业外收入、营业外支出、所得税费用和本年利润的核算方法。

【例11-48】乙公司因未能及时履行与永昌公司签订的供货合同，永昌公司收到乙公司支付的违约金25 000元的转账支票，并送存银行。

永昌公司收到违约金的会计分录如下：

借：银行存款   25 000

    贷：营业外收入   25 000

【例11-49】永昌公司发给丙公司的商品规格、型号与订货合同不符，按照合同规定支付违约金30 000元，永昌公司开出转账支票付讫。

永昌公司支付违约金的会计分录如下：

借：营业外支出   30 000

    贷：银行存款   30 000

【例11-50】2010年永昌公司有关损益类账户的累计发生额资料如表11-10所示，假设该公司适用的所得税税率为25%，所有损益类账户发生额均在年终一次结转，计算本年度净利润。

表11-10　永昌公司有关损益类账户的累计发生额

2010年

单位：元

序　号	科目名称	借方金额	贷方金额
1	主营业务收入		16 000 000
2	其他业务收入		800 000
3	营业外收入		700 000
	投资收益		400 000
	公允价值变动损益		400 000
4	主营业务成本	12 200 000	
5	营业税金及附加	800 000	
6	其他业务成本	500 000	
7	销售费用	750 000	
8	管理费用	650 000	
9	财务费用	200 000	
10	营业外支出	400 000	

年终结转的核算步骤有以下 7 个。

第一步：结转收益类账户本期发生额。

借：主营业务收入	16 000 000
其他业务收入	800 000
营业外收入	700 000
投资收益	400 000
公允价值变动损益	400 000
贷：本年利润	18 300 000

第二步：结转费用类账户本期发生额。

借：本年利润	15 500 000
贷：主营业务成本	12 200 000
营业税金及附加	800 000
其他业务成本	500 000
销售费用	750 000
管理费用	650 000
财务费用	200 000
营业外支出	400 000

第三步：计算利润总额。

利润总额 = 18 300 000 − 15 500 000 = 2 800 000（元）

第四步：计算本期所得税费用。

【小心地雷】在实际工作中，所得税费用并非直接根据当年利润总额计算的，而是根据全年应纳税所得额来计算的，全年应纳税所得额可以根据当年利润总额调整计算。相关内容将在以后学习的《企业日常业务核算》和《纳税实务》课程中学习。

假定该公司应纳税所得额也为 2 800 000 元，所得税税率 25%，则：

应纳所得税额 = 应纳税所得额 × 所得税税率 = 2 800 000 × 25% = 700 000（元）

会计分录为：

借：所得税费用	700 000
贷：应交税费——应交所得税	700 000

【相关链接】《企业所得税法实施条例》中规定的"业务招待费支出按照发生额的 60% 扣除，但最高不得超过当年销售（营业）收入的 5‰是指发生额的 60% 不超过当年销售（营业）收入的 0.5%，还是指发生额不得超过当年销售（营业）收入的 0.5%。税法是指发生额不超过当年销售收入的 0.5%，但两个条件都要考虑。

【我也能做】假设永昌公司销售收入为 20 000 万元，如果当年的业务招待费为 80 万元，能在税前扣除多少？如果永昌公司当年的业务招待费为 200 万元，能在税前扣除多少？

第五步：结转本期所得税费用的发生额。

为取得本期净利润，应将"所得税费用"账户发生额转入"本年利润"账户。

借：本年利润	700 000
贷：所得税费用	700 000

第六步：实际上缴所得税。

2011 年 1 月 19 日，永昌公司开出工行的转账支票支付上月份的所得税 700 000 元，会计分录如下：

借：应交税费——应交所得税 700 000

　　贷：银行存款 700 000

第七步：计算净利润。

净利润 = 利润总额 − 所得税费用 = 2 800 000 − 700 000 = 2 100 000（元）

（四）利润分配的核算

1. 利润分配概述

每一会计年度结束后，企业应对本期实现的净利润进行合理的分配，一部分资金继续留在企业资金的正常循环过程；另一部分作为投资者的回报，该部分资金在分配后，退出企业资金的循环过程；还有一部分形成未分配利润，可用于弥补以后年度的亏损等。

2. 利润分配的程序

1）利润分配的原则

（1）如果企业有尚未弥补的亏损，在亏损弥补前不得提取盈余公积。

税法规定："一般企业发生的年度亏损（按照税法规定核实、调整后的金额），可用下一年度的纳税所得弥补，下一年度不足弥补的，可以逐年延续弥补，但延续弥补期最长不得超过五年。"

（2）在提取法定盈余公积之前，不得向投资者分配利润。

利润的分配应首先保证企业对经营资金的需求，按照规定的程序应先提取盈余公积金，之后再向投资者分配利润，可供投资者分配的利润除本年度实现的净利润外还可以包括期初未分配利润等数额。在经营资金短缺的情况下，也可以不向投资者分配利润，以利于企业的持续经营。

（3）企业某一会计期间实现的净利润不得全部分配。这一原则的主要目的除保障企业正常、持续经营外，另一目的就是为了保障债权人的权益。

2）利润分配的顺序

企业本年实现的净利润，加上年初未分配利润（或减去年初未弥补亏损）和其他转入后的余额，为可供分配的利润，可供分配的利润按下列顺序分配。

（1）按本年实现净利润的 10%，提取法定盈余公积，当提取的法定盈余公积达到注册资本的 50% 时，可以不再提取。

（2）可供分配的利润减去提取的法定盈余公积后，为可供投资者分配的利润。可供投资者分配的利润，按下列顺序分配：

第一，分配优先股股利，是指企业按利润分配方案分配给优先股股东的现金股利；

第二，提取任意盈余公积，是指企业按规定提取的任意盈余公积；

第三，分配普通股股利，是指企业按照利润分配方案分配给普通股股东的现金股利或利润。

可供投资者分配的利润经过上述分配后，余额为未分配利润（或未弥补的亏损）。未分配利润可留待以后年度进行分配。企业发生的亏损，可以按规定由以后年度利润进行弥补。

3. 利润分配核算的账户设置

利润分配的核算主要是按照利润分配程序通过利润分配一级账户下各明细分类账之间进行结转的核算。

1）"利润分配"账户

账户的性质：所有者权益类账户。

账户的用途：用来核算企业利润的分配（或亏损的弥补）和历年分配（或弥补）后的积存余额。

账户的结构：年度终了，企业应将全年实现的净利润，自"本年利润"账户转入本账户，如为净亏损，则转入该账户的借方，当年对净利润的分配登记在该账户的借方。本账户年末余额，反映企业历年积存的未分配利润（或未弥补亏损）。余额在贷方，表示历年累计未分配的利润；余额在借方，则表示历年累计的未弥补的亏损。

明细账的设置：该账户应当设置的明细科目包括"提取法定盈余公积"、"提取任意盈余公积"、"应付现金股利或利润"、"转作股本的股利"、"盈余公积补亏"和"未分配利润"等。期末将"利润分配"账户下的其他明细账的余额转入本账户的"未分配利润"明细账。结转后，除"未分配利润"明细账之外，该账户的其他明细账应无余额。

2）"盈余公积"账户

账户的性质：所有者权益类账户。

账户的用途：用来核算企业从净利润中提取的盈余公积。

账户的结构：贷方登记企业提取的盈余公积数额，借方登记用盈余公积弥补亏损的数额。期末余额在贷方，表示盈余公积的结余数额。

明细账的设置：该账户应当设置的明细账包括法定盈余公积、任意盈余公积等。

3）"应付股利"账户

账户的性质：负债类账户。

账户的用途：用来核算企业经董事会或股东大会，或类似机构决议确定分配的现金股利或利润。企业分配的股票股利，不通过本科目核算。

账户的结构：贷方登记企业向投资者分配的利润，借方登记实际向投资者支付的利润。期末余额在贷方，反映已分配给投资者但尚未实际支付的利润总额。

明细账的设置：该账户可按投资者设置明细账，进行明细核算。

4. 利润分配的核算

期末，企业将本会计期间内实现的收益和费用（损失）项目全部归集到"本年利润"账户后，计算出净利润（或净亏损），因"本年利润"账户期末结转后不能有余额，因此应将其计算结果转入"利润分配——未分配利润"明细账户，然后对实现的净利润进行分配。具体的核算包括以下几个步骤。

第一步：净利润的结转。如果"本年利润"账户计算结果为贷差（净利润），应将净利润通过"本年利润"账户的借方结转到"利润分配——未分配利润"账户的贷方；如果"本年利润"账户为借差（净亏损），则将净亏损通过"本年利润"的贷方转入"利润分配——未分配利润"明细分类账户的借方。

第二步：弥补亏损。企业发生亏损后，弥补亏损的渠道有以下两种。

（1）发生亏损后五年内以实现的税前会计利润弥补，五年后以税后会计利润弥补。无论用税前会计利润还是税后会计利润弥补亏损，因账户的借贷方可以自动抵消，差额即为未弥补数额，故不需要单独进行会计核算。

（2）用盈余公积弥补（应当由股东大会或类似的机构批准）亏损时，借记"盈余公积——法定盈余公积"等明细账户，贷记"利润分配——盈余公积补亏"账户。

第三步：提取盈余公积的核算。企业按规定提取盈余公积时，按照提取的盈余公积金额，借记"利润分配——提取法定盈余公积"等明细分类账户，贷记"盈余公积——法定盈余公积"等明细分类账户。

第四步：向投资者分配利润（股利）的核算。企业向投资者分配利润时，借记"利润分配——向投资者分配利润（股利）"明细分类账户，贷记"应付股利"账户。

第五步：结转"利润分配"有关明细分类账户的本期发生额。按规定"利润分配"账户除"未分配利润"明细账户外的其他明细分类账户期末无余额，故应将其他明细账户在分配中形成的借方发生额结转到"利润分配——未分配利润"明细账户，以计算"未分配利润"的年终余额。因此需借记"利润分配——未分配利润"，贷记"利润分配——提取法定盈余公积、提取任意盈余公积"等明细分类账户。

【例 11 – 51】续前例，永昌公司 2010 年实现净利润 2 100 000 元，假设没有以前年度未弥补亏损。经股东大会批准，公司决定按 10% 提取法定盈余公积金、按 50% 分配给投资者，进行相应的会计核算并计算"未分配利润"账户余额。

第一步：结转净利润。

借：本年利润　　　　　　　　　　　　　　　　　　　　　　　　2 100 000
　　贷：利润分配——未分配利润　　　　　　　　　　　　　　　　　　　2 100 000

第二步：分别按照 10%、50% 提取盈余公积和向投资者分配利润。

应提取的盈余公积 = 2 100 000 × 10% = 210 000（元）

向投资者分配的利润 = 2 100 000 × 50% = 1 050 000（元）

借：利润分配——提取法定盈余公积　　　　　　　　　　　　　　　210 000
　　　　　　　——向投资者分配利润　　　　　　　　　　　　　　1 050 000
　　贷：盈余公积——法定盈余公积金　　　　　　　　　　　　　　　　　210 000
　　　　应付股利　　　　　　　　　　　　　　　　　　　　　　　　　1 050 000

第三步：将"利润分配"账户的其他明细分类账户发生额转入"未分配利润"明细账户。

借：利润分配——未分配利润　　　　　　　　　　　　　　　　　1 260 000
　　贷：利润分配——提取法定盈余公积　　　　　　　　　　　　　　　　210 000
　　　　　　　　——向投资者分配的利润　　　　　　　　　　　　　1 050 000

第四步：计算本期未分配利润余额。

未分配利润 = 2 100 000 – 1 260 000 = 840 000（元）

【身边的事】失真、违规或不完整的外来原始凭证均不能接受，但在日常生活中经常会遇到如下凭证：

（1）应盖有税务局发票监制章、填制凭证单位公章，而未加盖的；

（2）未填写填制凭证单位名称或者填制人姓名，没有经办人员的签名或者盖章的；

（3）填制单位的名称与所盖的公章不符的；

(4) 未填写接受凭证单位名称或者填写的名称与本单位不符的；

(5) 凭证的联次不符的；

(6) 凭证有涂改的；

(7) 凭证所列的经济业务不符合开支范围、开支标准的；

(8) 凭证所列的金额、数量计算不正确的。

你找找身边有这样的凭证吗？

【知识小结】 企业款项和有价证券收付业务主要包括库存现金和银行存款、交易性金融资产等；企业筹资业务主要包括实收资本、短期借款和长期借款的核算；资金退出业务主要包括减少企业资本、偿还企业债务和向投资者分配利润的核算；企业生产准备业务的核算主要包括固定资产、原材料等业务；企业生产业务的核算包括生产成本以及相关费用的核算；企业销售业务的核算包括收入及相关成本、费用、税金的核算；企业财务成果的核算包括利润形成和利润分配的核算等。

【专业术语】

交易性金融资产　　实收资本　　短期借款　　长期借款　　应付账款　　固定资产

原材料　　生产成本　　期间费用　　应收账款　　账龄　　累计折旧　　营业利润

利润总额　　净利润　　预收账款　　预付账款　　存货　　增值税　　先进先出法

加权平均法　　制造费用　　所得税费用　　利润分配

【复习思考】

1. 企业筹集资金的主要渠道有哪些？试说明各自的具体内容。

2. 如何对实收资本进行分类？

3. 如何确认和计量长、短期借款的利息？

4. 企业固定资产的入账价值如何确定？

5. 原材料实际采购成本包括哪些内容？

6. 如何对制造费用进行分配？

7. 怎样理解"累计折旧"账户的用途及结构？

8. 反映企业财务成果的指标有哪些？其具体构成如何？

9. 净利润分配的核算涉及哪些账户？试说明"利润分配"账户的具体核算内容。

知识点十二　会计凭证

【教学目标】
1. 熟悉会计凭证的含义、作用及分类；
2. 掌握原始凭证的基本内容、填制及审核要求；
3. 掌握记账凭证的基本内容、填制及审核要求；
4. 了解会计凭证传递的路线；
5. 学会会计凭证的整理装订。

【重点难点】
教学重点：
1. 会计凭证的种类；
2. 原始凭证的基本内容、填制及审核要求；
3. 记账凭证的基本内容、填制及审核要求。
教学难点：
1. 原始凭证的基本内容、填制及审核要求；
2. 记账凭证的基本内容、填制及审核要求。

一、会计凭证概述

(一) 会计凭证的概念

会计凭证简称凭证，是记录经济业务发生或完成情况，借以明确经济责任的书面证明，也是登记账簿的依据。任何单位在办理经济业务时，都要根据国家统一会计制度的规定，由执行和完成该项经济业务的有关部门和人员取得或填制原始凭证，详细记录经济业务发生的内容、数量、金额，并在凭证上签名、盖章，对会计凭证内容的真实性、合法性和正确性负责。所有会计凭证都必须认真填制，并经有关人员审核。只有经过审核无误的会计凭证，才能作为登记账簿的依据。

(二) 会计凭证的意义

填制和审核会计凭证，是会计核算的基本方法之一，也是会计核算工作的起点。会计凭证是一切会计核算资料得以产生的基础，对于从源头上保证会计资料的真实性和完整性，有效进行会计监督，明确经济责任等，都具有重要意义。

(1) 通过凭证的填制和审核，可以如实地、及时地初步归类记载经济业务，为记账提供可靠的依据。

会计凭证是登记会计账簿的依据。会计凭证所记录的经济业务事项的发生和完成情况，是否真实，是否完整，直接影响到会计账簿所反映的会计信息是否真实和完整。因此，单位发生的每一笔经济业务，都要按照国家统一会计制度的规定，及时、准确地填制和审核会计凭证，并保证会计凭证记录的会计信息真实、完整。

（2）通过凭证的填制和审核，可以明确与经济业务有关各方面和人员的经济责任，强化经济责任制。

每一项经济业务的发生都要填制或取得合法的会计凭证，有关经办部门或人员都要在会计凭证上签章，这样可以促使经办部门和人员对经济业务的真实性、合法性负责，增强责任意识。同时，各经办部门和人员通过凭证的传递还可以起到相互牵制、相互监督的作用，发现问题便于分清责任，及时查找原因，强化单位内部控制制度，防止徇私舞弊行为的产生。

（3）通过凭证的填制和审核，可以检查经济业务的真实性、合理性及合法性。

每一个会计主体发生的各项经济业务，都已经在会计凭证中作了详细记录。通过对会计凭证的审核，可以检查经济业务是否符合有关政策、法律法规制度；是否符合单位的经营目标和要求；是否符合单位的财务收支计划和预算、定额的规定，以保证经济业务事项的合理、合法。

（三）会计凭证的种类

会计凭证按照程序和用途不同，分为原始凭证和记账凭证两类，具体分类如图 12 - 1 所示。

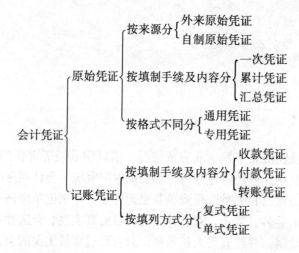

图 12 - 1　会计凭证的分类

二、原始凭证

（一）原始凭证的概念

原始凭证又称为单据，是业务发生时取得或填制的，用以记录和证明经济业务已发生或完成情况的文字凭据，是进行会计核算重要的原始资料和依据。在实际工作中，由于经济业务的多样性和复杂性，决定了原始凭证的格式不可能千篇一律，而是应该具有各自不同的特点和格式。

（二）原始凭证的种类

按照原始凭证取得途径和来源、填制方法的不同，原始凭证可以划分为不同的类型。

1. **按照来源的不同分类**

（1）外来原始凭证。外来原始凭证是指在同外单位发生经济往来关系时，从外单位取得的凭证。例如，购材料、商品等由对方开出的销售发票（如表 12 - 1 所示），购买货物取得的增值税专用发票如表 12 - 2 所示，以及收款单位开出的收款收据，银行结算凭证，出差人员带回的飞机票、火车票等。

表 12 - 1　××省××市商业零售统一发票

发 票 联　　　　　　　　　　　　　　　编号：No. 5678935

客户名称：　　　　　　　　　　　年　月　日

货号	品名及规格	单位	数量	单价	金额

合计金额（大写）：

开票单位（盖章有效）：　　　　　　　收款人：　　　　　　　填票人：

表 12 - 2　河南省增值税专用发票

发 票 联　　　　　　　　　　　　　　编号：

开票日期：　　　　　　　　　　年　月　日

购货单位	名称		纳税人登记号															
	地址、电话		开户银行及账号															
商品或劳务名称	计量单位	数量	单价	金额									税率（%）	税额				
				百	十	万	千	百	十	元	角	分		百	十	万	千	百	十	元	角	分
合计																		
价税合计(大写)		万	仟	佰	拾	元	角	分			¥		元					
销货单位	名称		纳税人登记号															
	地址、电话		开户银行及账号															
	备注																	

销货单位（章）：　　　　　收款人：　　　　　复核：　　　　　开票人：

（2）自制原始凭证。自制原始凭证是指由本单位内部经办的部门或业务人员，在执行或者完成某项经济业务时所填制的、仅供本单位内部使用的原始凭证。例如，入库材料的收料单（如表 12 - 3 所示）、发出材料的领料单、产品入库单、产品出库单、工资单、借款单、折旧计算表（如表 12 - 4 所示）等。

表 12-3 收料单

供应单位：   凭证编号：

发票号码：   年　月　日   收料仓库：

材料编号	材料名称及规格	计量单位	数量		实际成本			
			应收	实收	单价	发票价格	运杂费	合计
备注								

收料人：   交料人：   记账：

表 12-4　固定资产折旧计算表

年　月　日   金额单位：

固定资产名称	使用部门	上月计提的折旧额	上月增加的固定资产应计提折旧额	本月减少的固定资产应计提折旧额	本月应计提折旧额
机器设备	一车间				
	二车间				
	辅助车间				
房屋	一车间				
	二车间				
	辅助车间				
	管理部门				
汽车	一车间				
	二车间				
	管理部门				

主管：   制单：

2. **按照填制手续及内容不同分类**

（1）一次凭证。一次凭证是指一次填制完成、只记录一笔经济业务的原始凭证。一次凭证是一次有效的凭证，如发票、收据、借款单、领料单、收料单等。所有的外来原始凭证都属于一次凭证，自制原始凭证大部分也属于一次凭证。

（2）累计凭证。累计凭证是指在一定时期内多次记录发生的同类型经济业务的原始凭证，其特点是在一张凭证内可以连续登记相同性质的经济业务，随时结出累计数及结余数，并按照费用限额进行费用控制，期末按实际发生额记账。累计凭证是多次有效的原始凭证，这类原始凭证的填制手续是需要多次进行才能完成的，如限额领料单（如表 12-5 所示）。

表 12 - 5　限额领料单

领料部门：　　　　　　　　　　　　　　　　　　　　　　　　　　　领料编号：

领料用途：　　　　　　　　　　　年　月　日　　　　　　　　　　　发料仓库：

材料类别	材料编号	材料名称及规格	计量单位	领用限额	实际领用	单价	金额	备注

供应部门负责人：　　　　　　　　　　生产计划部门负责人：

日期	实发				退料			限额结余
	请领数量	实发数量	发料人签章	领料人签章	退料数量	退料人签章	收料人签章	

（3）汇总凭证。汇总凭证是指对一定时期内反映经济业务内容相同的若干张原始凭证，按照一定标准综合填制的原始凭证。例如，发出材料汇总表（如表 12 - 6 所示）、工资结算汇总表、差旅费报销单（如表 12 - 7 所示）等。

表 12 - 6　发出材料汇总表
年　月　日

借方科目	领料部门	领用材料			
		原材料	包装物	低值易耗品	合计
生产成本	××车间				
	××车间				
	……				
	小计				
制造费用	××车间				
	……				
	小计				
管理费用	行政部门				

表 12 - 7　差旅费报销单
部门：　　　　　　　　　　　年　月　日

出差人姓名		出差事由		备注	

出差起止日期				天数	车船费		住宿费		补助费		公杂费	
月/日	时间	月/日	时间		类别	金额	天数	金额	类别	金额	类别	金额
合　计												
总计（大写）　　　　　¥			预借差旅费			应交回（补回）						

领导审批：　　　　　　　　　　财务审核：　　　　　　　　　　报销人：

汇总凭证汇总的内容，只能是同类经济业务，即将反映同类经济业务的原始凭证汇总编制汇总原始凭证，不能将反映不同类型经济业务的原始凭证进行汇总。

【小心地雷】"差旅费报销单"属于外来原始凭证，对吗？为什么？

3. 按照格式不同分类

（1）通用凭证。通用凭证是指由有关部门统一印制，在一定范围内使用的具有统一格式和使用方法的原始凭证。通用凭证的使用范围因制作部门不同而异，可以是某一地区、某一行业使用的，也可以是全国通用的，如人民银行制作的在全国通用的银行转账结算凭证在全国范围内通用，某省（市）印制发票在该省（市）范围内通用。

（2）专用凭证。专用凭证是指由单位自行印制，仅在本单位内部使用的原始凭证，如差旅费报销单、收料单、领料单、折旧计算表等。

（三）原始凭证的基本内容

由于原始凭证来源比较广泛，经济业务事项纷繁复杂，故原始凭证上所记录和反映的经济业务的具体内容也不尽相同，其格式、名称等都存在较大的差异。但作为经济业务的最原始信息载体，原始凭证又具有共同的基本内容，这些基本内容是原始凭证必须具备的要素，具体如下：

（1）原始凭证名称；

（2）填制原始凭证的日期、凭证编号；

（3）接受原始凭证的单位名称；

（4）经济业务内容（含数量、单价、金额等）；

（5）填制单位签章；

（6）有关人员（部门负责人、经办人员签章）；

（7）填制单位名称或者填制人姓名、凭证附件。

【小心地雷】购货合同、银行对账单、银行存款余额调节表、企业生产计划书属于原始凭证吗？

（四）原始凭证的填制要求

1. 记录要真实

原始凭证是编制记账凭证的依据，是会计核算最基础的原始资料，要保证会计核算工作的质量，其内容真实正确与否，将直接影响会计信息的真实可靠，所以在填制原始凭证时，不允许以任何手段弄虚作假、伪造或变造原始凭证，要以实际发生的经济业务为依据，真实正确地填写，符合实际情况。

2. 内容要完整

原始凭证是经济业务最初的一个原始证明，因此所要求填列的项目必须逐项填列齐全，不得遗漏和省略，以免影响后面的核算。

3. 手续要完备

单位自制的原始凭证必须有经办单位领导人或其他指定的人员签名盖章。从外单位取得和对外开出的原始凭证必须盖有填制单位的公章。其中，发票和收据必须盖有税务部门或财政部门监制章；从个人处取得的原始凭证，必须有填制人员的签名或者盖章。自制原始凭证必须有经办人员和部门负责人签名或者盖章。收付款项的原始凭证应由出纳人员签名或盖章。

4. 书写要清楚、规范

原始凭证要按规定填写，文字要简要，字迹要清楚，易于辨认，不得使用未经国务院公布的简化汉字。大小写金额必须相符且填写规范，小写金额用阿拉伯数字逐个书写，不得写连笔字。在金额前要填写人民币符号"￥"，人民币符号"￥"与阿拉伯数字之间不得留有空白。凡阿拉伯数字前写有币种符号的，数字后面不再写货币单位。金额数字一律填写到角、分，无角、分的，写"00"或符号"一"；有角无分的，分位写"0"，不得用符号"一"。

大写金额用汉字壹、贰、叁、肆、伍、陆、柒、捌、玖、拾、佰、仟、万、亿、元、角、分、零、整等，一律用正楷或行书字书写。不得用一、二、三、四、五、六、七、八、九、十、百、千等字样代替。

大写金额前未印有"人民币"字样的，应加写"人民币"三个字，"人民币"字样和大写金额之间不得留有空白。大写金额到元或角为止的，后面要写"整"或"正"字；有分的，不写"整"或"正"字。如小写金额￥1 008.00，大写金额应写成"人民币壹仟零捌元整"；小写金额￥1 008.30，大写金额应写成"人民币壹仟零捌元叁角整"；小写金额￥1 008.45，大写金额应写成"人民币壹仟零捌元肆角伍分"。

5. 编号要连续

原始凭证应按编号的顺序使用，不得跳号。如果原始凭证已预先印定编号，在写坏作废时，应加盖"作废"戳记，妥善保管，不得撕毁。

6. 不得涂改、刮擦、挖补

原始凭证有错误的，应当由出具单位重开或更正，更正处应当加盖出具单位印章。原始凭证金额有错误的，应当由出具单位重开，不得在原始凭证上更正。

7. 填制要及时

各种原始凭证一定要及时填写，并按规定的程序及时送交会计机构、会计人员进行审核。

【相关链接】银行票据（包括现金支票、转账支票、银行汇票、银行本票、商业汇票）的填制，除了按照原始凭证的具体要求以外，因为票据具有很强的时效性，所以票据特别在填制日期上作出了明确的规定：①票据的出票日期必须使用中文大写；②票据的出票日期使用小写填写的，银行不予受理。大写日期未按要求规范填写的，银行可予受理，但由此造成的损失，由出票人自行承担。

（五）原始凭证的审核内容

为了正确反映经济业务的发生和完成情况，发挥会计的监督作用，会计人员对各种原始凭证要进行严格的审查和核对，只有经过审核后的原始凭证，才能作为编制记账凭证及登记账簿的依据。审核原始凭证是国家赋予会计人员的监督权限，也是会计核算工作必不可少的环节。对原始凭证的审核，必须以上述原始凭证的填制要求为依据，具体来说包括以下内容。

1. 审核原始凭证的真实性和完整性

原始凭证作为会计信息的基本信息源，其真实性对会计信息的质量具有至关重要的影响。其真实性的审核包括凭证日期是否真实、业务内容是否真实、数据金额是否真实等。审核外来原始凭证是否有填制单位公章和填制人员签章；自制原始凭证是否有经办部门和经办人员的签名或盖章。对通用原始凭证还应审查凭证本身的真实性，以防假冒。对完整性的审查主要包括：原始凭证填写是否齐全、签章是否完整、附件是否完备等。

2. 审核原始凭证的合法性和合理性

对原始凭证的合法性进行审查，主要是审核原始凭证所记录的经济业务是否有违反国家法律法规的情况，是否履行了规定的凭证传递和审核程序，是否有虚报冒领、伪造凭证等贪污腐败的行为。对原始凭证的合理性进行审核，主要是审核原始凭证所记录的经济业务事项，是否符合企业生产经营管理的需要，是否按计划预算办事，是否符合成本开支范围，是否贯彻增产节约、增收节支的原则。

3. 审核原始凭证的正确性和及时性

对原始凭证正确性的审核，主要是审核原始凭证各项金额的计算及填写是否正确、大小写金额是否相等、书写是否清楚等。对原始凭证及时性的审核主要是审核原始凭证的填制日期是否是经济业务的发生日期，特别是对时效性较强的原始凭证（如支票、银行汇票、银行本票等），更应仔细验证其签发日期。

原始凭证的审核是一项严肃细致、责任性和原则性都很强的工作，是正确进行会计核算的基础工作，也是实行会计监督的一个重要方面。经审核的原始凭证应根据不同情况处理：

（1）对于完全符合要求的原始凭证，应及时据以编制记账凭证入账；

（2）对于真实、合法、合理但内容不够完整、填写有错误的原始凭证，应退回给有关经办人员，由其负责将有关凭证补充完整、更正错误或重开后，再办理正式会计手续；

（3）对于不真实、不合法的原始凭证，会计机构和会计人员有权不予接受，并向单位负责人报告。

【相关链接】修订后的《中华人民共和国会计法》第十四条第四款增加了对原始凭证错误更正的规定：一是原始凭证记载的各项内容均不得涂改，随意涂改原始凭证即为无效凭证，不能作为填制记账凭证或登记会计账簿的依据。二是原始凭证所记载的内容有错误的，应当由出具单位重开或者更正，更正工作必须由原始凭证出具单位进行，并在更正处加盖出具单位印章；重新开具原始凭证也应当由原始凭证出具单位进行。三是原始凭证金额有错误的不得更正，只能由原始凭证出具单位重开。因为原始凭证上的金额是反映经济业务事项情况的最重要数据，如果允许随便更改，易产生舞弊行为，不利于保证原始凭证的质量。四是原始凭证开具单位应当依法开具准确无误的原始凭证，对于填制有误的原始凭证，负有更正和重新开具的法律义务，不得拒绝。

【身边的事】单位举办职工文艺晚会，为布置会场，李经理让小王去市里购买一些彩带、气球之类的布置装饰品，商店在开发票时不小心误将240元写成220元，小王发现后，商店老板用笔将"2"改成了"4"，小王提出异议，商店老板在更正处加盖了公章。请问这样的做法妥当吗？小王该接受这张发票吗？小王应该怎么办？

三、记账凭证

（一）记账凭证的概念

记账凭证又称记账凭单，是会计人员根据审核无误的原始凭证按照经济业务事项的内容加以归类，并据以确定会计分录后所填制的会计凭证，是登记账簿的直接依据。

正确地填制记账凭证对保证账簿的正确性具有非常重要的意义。这是因为原始凭证或汇总原始凭证只表明经济业务具体内容，不能反映其归类的会计科目和记账方向，不能凭以直接入账，而且原始凭证多种多样，其格式、大小也不尽一致。为了做到分类反映经济业务的内容，必须按会计核算方法的要求，将其归类、整理为能据以入账的形式，指明应记入的账户的名称以及应借、应贷的金额，以此作为登记账簿的直接依据。

（二）记账凭证的种类

1. 按其反映的经济业务内容分类

按其反映的经济业务内容，可以分为收款凭证、付款凭证和转账凭证三种专用凭证。在实际工作中为了区分这三种凭证，往往用不同的颜色来显示。

（1）收款凭证。收款凭证是用于记录现金和银行存款收款业务的记账凭证。它是由出纳人员根据现金和银行存款收入业务的原始凭证编制的专用凭证，是登记库存现金日记账、银行存款日记账及有关明细账的依据。其格式如表 12－8 所示。

表 12－8　收　款　凭　证

借方科目：　　　　　　　　　　　年　月　日　　　　　　　　　　　＿＿字＿＿号

摘要	贷方科目		金额										记账符号
	总账科目	明细科目	千	百	十	万	千	百	十	元	角	分	
合计													

（附单据　　张）

会计主管：　　　　记账：　　　　出纳：　　　　审核：　　　　制单：

收款凭证又可分为现金收款凭证和银行存款收款凭证。现金收款凭证是根据现金收入业务的原始凭证编制的收款凭证，如以现金结算的发票记账联；银行存款收款凭证是根据银行存款收款业务的原始凭证编制的收款凭证，如银行入账通知。

（2）付款凭证。付款凭证是指用于记录现金和银行存款付款业务的记账凭证，是由出纳人员根据现金和银行存款付款业务的原始凭证编制的专用凭证，是登记库存现金日记账、银行存款日记账及有关明细账的依据。其格式如表 12－9 所示。

表12-9 付 款 凭 证

贷方科目：　　　　　　　　　　年　月　日　　　　　　　　　___字___号

摘要	借方科目		金额										记账符号	
	总账科目	明细科目	千	百	十	万	千	百	十	元	角	分		附
														单
														据
														张
	合计													

会计主管：　　　　记账：　　　　出纳：　　　　审核：　　　　制单：

付款凭证又可分为现金付款凭证和银行存款付款凭证。现金付款凭证是根据现金付出业务的原始凭证编制的付款凭证，如以现金结算的发票联；银行存款付款凭证是根据银行存款付出业务的原始凭证编制的付款凭证，如现金支票、转账支票的存根。应当注意：为避免重复记账，凡涉及现金和银行存款业务发生对应关系时，只填付款凭证不填收款凭证。

【我也能做】天佳公司2010年9月发生下列2笔经济业务：①9月12日，将多余的800元现金存入银行；②9月18日，从银行提取现金1 500元备用。上述两笔经济业务，企业应编制何种记账凭证？

（3）转账凭证。转账凭证是指用于记录不涉及现金和银行存款业务的记账凭证（格式如表12-10所示）。它是根据现金和银行存款收付业务以外的其他原始凭证填制的，如企业内部的领料单、出库单等。计提固定资产折旧、期末结转成本等业务均应填制转账凭证，它是登记有关明细账和总账等账簿的依据。

表12-10 转 账 凭 证

年　月　日　　　　　　　　　___字___号

摘要	会计科目		借　方										贷　方										记账符号	
	总账科目	明细科目	千	百	十	万	千	百	十	元	角	分	千	百	十	万	千	百	十	元	角	分		附
																								单
																								据
																								张
	合计																							

会计主管：　　　　记账：　　　　审核：　　　　制单：

记账凭证可划分为收款凭证、付款凭证和转账凭证三种，便于按经济业务对会计人员进行分工，也便于对原始凭证进行分类整理，适用于规模较大、收付款业务较多的单位。

对于经营规模较小、经济业务简单、收付款业务不多的单位，可以将收款业务、付款业务和转账业务统一，采用统一格式的通用记账凭证。通用记账凭证是指对全部业务不再区分收款、付款及转账业务，而将所有经济业务统一编号，在同一格式的凭证中进行记录。通用记账凭证的格式与转账凭证基本相同，如表 12 – 11 所示。

表 12 – 11 记 账 凭 证

年 月 日 ___字___号

摘要	会计科目		借 方										贷 方										记账符号	
	总账科目	明细科目	千	百	十	万	千	百	十	元	角	分	千	百	十	万	千	百	十	元	角	分		附单据
																								张
	合 计																							

会计主管： 记账： 审核： 制单：

2. 按照填列方式分类

按照填列方式分类，可分为复式凭证和单式凭证两种。

（1）复式凭证。复式凭证是指将每一笔经济业务事项所涉及的全部会计科目及其发生额均在同一张记账凭证中反映的一种凭证。它是实际工作中应用最广的记账凭证，上述收款凭证、付款凭证、转账凭证以及通用记账凭证均为复式记账凭证。复式记账凭证全面反映了经济业务的账户对应关系，有利于了解资本运动的来龙去脉，同时还可以检查会计分录的正确性，减少记账凭证的数量，便于查账。但缺点是不便于对每一会计科目进行计算汇总。

（2）单式凭证。单式凭证是指每一张记账凭证只填列经济业务事项所涉及的一个会计科目及其金额的记账凭证。填列借方科目的称为借项记账凭证，填列贷方科目的称为贷项记账凭证。它将一项经济业务所涉及的会计科目及其对应关系，通过借项记账凭证、贷项记账凭证分别予以反映。单式凭证便于汇总计算每一会计科目的发生额和分工记账，方便了记账凭证汇总表的编制。但是采用单式凭证不能在一张凭证上反映账户对应关系和经济业务的全貌，也不便于查账。此类凭证一般适用于业务量较大，会计部门内部分工较细的单位。

【小心地雷】单式记账法下采用的是单式记账凭证，复式记账法下采用的是复式记账凭证，对吗？为什么？

（三）记账凭证的基本内容

各单位因经济业务内容不同、规模大小不同、会计核算繁简程度要求不同，使用的记账凭证格式也有所不同。但无论哪种记账凭证都应具备一些共同的内容，这些基本内容如下：

（1）记账凭证的名称；

（2）填制记账凭证的日期；

（3）记账凭证的编号；

（4）经济业务事项的内容摘要；

（5）经济业务事项所涉及的会计科目及其记账方向；

（6）经济业务事项的金额；

(7) 记账标记；

(8) 所附原始凭证张数；

(9) 会计主管、记账、审核、出纳、制单等有关人员签章。

【相关链接】 原始凭证与记账凭证的区别如下：

(1) 填制人员不同：原始凭证大多是由经办人员填制，记账凭证一律由本单位的会计人员填制；

(2) 填制依据不同：原始凭证是根据已经发生或完成的经济业务填制，记账凭证是根据审核后的原始凭证填制；

(3) 填制方式不同：原始凭证只是经济业务发生时的原始证明，记账凭证是要依据会计科目对已经发生的经济业务进行归类；

(4) 发挥作用不同：原始凭证是填制记账凭证的依据，记账凭证是登记会计账簿的依据。

(四) 记账凭证编制的基本要求

填制记账凭证是会计核算工作的重要环节，是对原始凭证的整理和分类，是登记账簿的直接依据，为了保证记账凭证能够真实、正确、完整地反映经济业务，保证账簿记录的正确、完整，必须认真地填制记账凭证。对记账凭证的基本要求有以下 7 种规定。

(1) 记账凭证各项内容必须完整。记账凭证日期应以财会部门受理会计事项日期为准，年、月、日应写全；摘要应简明扼要，反映经济业务事项的主要内容；按国家统一的《企业会计准则》规定填写会计科目、明细科目的名称，对一级科目、二级科目或明细科目要填写齐全，账户的对应关系要填写正确，金额的登记方向和数字必须正确且符合书写规范，角分位不留空白，合计金额第一位数字前要填写人民币符号；填制凭证人员、会计主管、审核人员、记账人员等应当签名或盖章。收款和付款凭证还应当由出纳人员签名或盖章。

(2) 记账凭证应连续编号。一笔经济业务需要填制两张以上记账凭证的，可以采用分数编号法编号。

例如，一笔经济业务需要编制三张转账凭证，该转账凭证的顺序为第 23 号，则其中第一张凭证编号为转字第 $23\frac{1}{3}$，第二张凭证编号为转字第 $23\frac{2}{3}$，第三张凭证编号为转字第 $23\frac{3}{3}$。

(3) 记账凭证的书写应清楚、规范，相关要求同原始凭证。

(4) 记账凭证可以根据每一张原始凭证填制，或根据若干张同类原始凭证汇总编制，也可以根据原始凭证汇总表填制，但不得将不同内容和类别的原始凭证汇总填制在一张记账凭证上。

(5) 除结账和更正错误的记账凭证可以不附原始凭证外，其他记账凭证必须附有原始凭证，并在记账凭证上说明所附原始凭证的张数。所附原始凭证张数的计算，一般以原始凭证的自然张数为准。

与记账凭证中的经济业务事项记录有关的每一张证据都应当作为记账凭证的附件，如果记账凭证中附有原始凭证汇总表，则应该把所付原始凭证和原始凭证汇总表的张数一起计入附件的张数之内。

一张原始凭证如涉及几张记账凭证，可以把原始凭证附在一张主要的记账凭证后面，并在其他记账凭证上注明附有该原始凭证的记账凭证的编号或者附上该原始凭证的复印件。

一张原始凭证所列的支出需要由两个以上的单位共同负担时，应当由保存该原始凭证的单位开给其他应负担单位原始凭证分割单。原始凭证分割单必须具备原始凭证的基本内容，包括凭证的名称、填制凭证的日期、填制凭证单位的名称或填制人的姓名、经办人员的签名或盖章、接受凭证单位的名称、经济业务内容、数量、单价、金额和费用的分摊情况等。

（6）填制记账凭证时若发生错误，应当重新填制。已登记入账的记账凭证在当年内发现填写错误时，可以用红字填写一张与原内容相同的记账凭证，在摘要栏注明"注销某月某日某号凭证"字样，同时再用蓝字重新填制一张正确的记账凭证，注明"订正某月某日某号凭证"字样。如果会计科目没有错误，只是金额错误，也可将正确数字与错误数字之间的差额另编一张调整的记账凭证，调增金额用蓝字，调减金额用红字。发现以前年度记账凭证有错误的，应当用蓝字填制一张更正的记账凭证。

（7）记账凭证填制完经济业务事项后，如有空行，应当自金额栏最后一笔金额数字下的空行处至合计数上的空行处划线注销。

（五）记账凭证的审核

正确编制记账凭证是正确进行账务处理的前提，特别是收付款凭证是出纳人员收付款项的依据。因此，为了保证账簿记录的真实性，对于记账凭证，除了编制人员要认真负责，加强自审外，财会部门还应建立相互复核和专人审核制度。其审核的主要内容包括以下几个方面。

1. 内容是否真实

记账凭证是根据审核无误的原始凭证及有关资料填制的，审核记账凭证内容是否真实，主要审核记账凭证是否附有原始凭证及有关资料，原始凭证是否齐全，记账凭证中所填列的原始凭证张数与所附原始凭证张数是否相符，记账凭证所记录的经济业务的内容与所附原始凭证反映的经济业务的内容是否一致。

2. 科目是否正确

审核记账凭证中所列应借应贷的会计科目是否正确，对应关系是否清楚，所使用的会计科目是否符合国家统一的会计制度规定等。

3. 金额是否正确

审核记账凭证所记录的金额与原始凭证的有关金额是否一致，计算是否正确，记账凭证汇总表的金额与记账凭证的金额合计是否相等。

4. 书写是否规范

审核记账凭证中的记录文字是否工整，数字是否清晰，差错是否按规定进行更正等。

5. 项目是否齐全

审核记账凭证的各项目的填写是否齐全，日期、凭证号数、摘要、会计科目、金额、所附原始凭证张数及有关人员签章等有无遗漏等。

实行会计电算化的单位，对于机制会计记账凭证，要认真审核，做到会计科目使用正确，数字准确无误。打印出的机制会计记账凭证要加盖制单人员、审核人员、记账人员及会计机构负责人、会计主管人员印章或者签字，以加强审核，明确责任。

【相关链接】《中华人民共和国会计法》第十四条规定：会计凭证包括原始凭证和记账凭证。办理本法第十条所列的经济业务事项，必须填制或者取得原始凭证并及时送交会计机构。会计机构、会计人员必须按照国家统一的会计制度的规定对原始凭证进行审核，对不真实、不合法的原始凭证有权不予接受，并向单位负责人报告；对记载不准确、不完整的原始凭证予以退回，并要求按照国家统一的会计制度的规定更正、补充。原始凭证记载的各项内容均不得涂改；原始凭证有错误的，应当由出具单位重开或者更正，更正处应当加盖出具单位印章；原始凭证金额有错误的，应当由出具单位重开，不得在原始凭证上更正。记账凭证应当根据经过审核的原始凭证及有关资料编制。

四、会计凭证的传递和保管

（一）会计凭证的传递

会计凭证的传递是指会计凭证从填制、审核、记账时起，到装订成册、按册归档保管时为止，在有关部门和人员之间，按规定的时间及程序传递和处理的过程。具体来说，就是取得或填制会计凭证后，应在什么时间交到哪个部门、哪个岗位，由谁接办业务手续，直至归档保管为止的过程中的传递。

会计凭证通过传递可以实现正确组织经济活动并实行会计监督的目的。会计凭证的传递实际上可以起到一种互相牵制、互相监督的作用，它可以督促有关部门和个人，及时、正确地完成各项经济业务，按规定办理凭证手续，也有利于建立和加强岗位责任制，强化会计监督。

由于各部门发生的经济业务是多种多样的，不同的经济业务，管理要求也不同；又由于每项经济业务的经办部门和人员不同，办理业务的手续、时间和程序也不相同，因此，有必要为每种会计凭证规定科学合理的传递程序。在规定会计凭证的传递程序时，既要保证会计凭证经过必要的环节进行处理和审核，又要注意减少不必要的传递环节。一般应注意以下几个方面。

（1）根据不同经济业务的特点，企业内部机构设置和人员分工的具体情况，以及管理上利用凭证资料的要求，具体规定各种凭证的联数和传递方式，使有关部门和人员既能按规定手续处理经济业务，又能充分利用凭证资料掌握情况，及时提供会计信息。

（2）要根据有关部门和人员对经济业务办理手续（如计量、检验、审核、登记等）的需要，确定凭证在各个环节停留的时间，保证业务手续的完成。但又要防止不必要的耽搁，从而使会计凭证以最快的速度传递，以充分发挥它及时传递经济信息的作用。

（3）建立凭证交接的签收制度。为了确保会计凭证的传递安全和完整，在各个环节中都应指定专人办理交接手续，做到责任明确，手续完备、严密、简便易行。

（二）会计凭证的保管

会计凭证的保管是指会计凭证记账后的整理、装订、归档和存查工作。会计凭证是记账的依据，是重要的经济档案和历史资料，是会计档案的重要组成部分，各单位必须按规定建立立卷归档制度，妥善保管会计资料，不得丢失或任意销毁，以便日后查用。

1. 会计凭证的日常保管

对会计凭证的保管，既要做到会计凭证的安全和完整无缺，又要便于凭证的事后调阅和查找。会计凭证保管的主要要求有以下几个。

（1）会计凭证应定期装订成册，防止散失，从外单位取得的原始凭证遗失时，应取得原签发单位盖有公章的证明，并注明原始凭证的号码、金额、内容等，由经办单位会计机构负责人、会计主管人员和单位负责人批准后，才能代作原始凭证。若确实无法取得证明，如火车票、汽车票的丢失，则应由当事人写明详细情况，由经办单位会计机构负责人、会计主管人员和单位负责人批准后，代作原始凭证。

（2）会计凭证封面应注明单位名称、凭证种类、凭证张数、起止号数、年度、月份、会计主管人员、装订人员等有关事项，会计主管人员和保管人员应在封面上签章。会计凭证封面的格式如表 12-12 所示。

表 12-12　会计凭证封面

年 月 第 册	收款 付款 转账	（企业名称） 　　年　月　日　　　　共　册第　册 凭证　　第　号至第　号共　张 　　　　附：原始凭证共　　　张 会计主管（签章）　　　保管（签章）

（3）会计凭证应加贴封条，防止抽换凭证。原始凭证不得外借，其他单位如有特殊原因确实需要使用时，经本单位会计机构负责人、会计主管人员批准，可以复制。向外单位提供原始凭证复印件时，应在专设的登记簿上登记，并由提供人员和收取人员共同签名、盖章。

（4）原始凭证较多时，可单独装订，但应在凭证封面注明所属记账凭证的日期、编号和种类，同时在所属的记账凭证上应注明"附件另订"及原始凭证的名称和编号，以便查阅。对各种重要的原始凭证，如押金收据、提货单等，以及各种需要随时查阅和退回的单据，应另编目录，单独保管，并在有关的记账凭证和原始凭证上分别注明日期和编号。

（5）严格遵守会计凭证的保管期限要求，期满前不得任意销毁。

2. 会计凭证的归档

会计凭证归档以后，保管责任随之转移到档案保管人员身上。保管人员应当按照会计档案管理的要求，对装订成册的会计凭证按年分月顺序排列，以便查阅。查阅会计凭证应有一定的手续制度。作为会计档案，会计凭证不得外借，其他单位如因特殊原因需要使用原始凭证时，经本单位领导批准可以复制。向外单位提供会计凭证复印件时，应在专设的登记簿上登记，并由提供人员和收取人员共同签名、盖章。

3. 会计凭证的保管期限和销毁规定

会计凭证的保管期限和销毁手法，必须严格按照国家会计法规、会计制度的有关规定执行。每年装订成册的会计凭证在年度终了时可暂由单位会计机构保管一年，期满后应当移交本单位档案机构统一保管，未设立档案机构的应当在会计机构内部指定专人保管，但出纳人员不得兼管会计档案。

会计凭证存档后，保管人员应严格遵守《会计档案管理办法》的规定，对其进行分类存档和保管，一般的会计凭证至少保存15年，有些重要资料要永久保存。

会计凭证保管期满后，必须按照规定的审批手续，报经批准后才能销毁，但销毁之前要填制"会计档案销毁目录"，交档案部门编入会计档案销毁清册。销毁过程中要派专人进行监销，并进行签字盖章。

【知识小结】填制和审核凭证是会计核算的专门方法之一。会计凭证可以按照不同的标志进行分类，但主要是按其用途和填制程序分为原始凭证和记账凭证两类。原始凭证又称原始单据，是在经济业务发生或完成时取得或填制的，用以记录、证明经济业务已经发生或完成的原始证据，是进行会计核算的原始资料。原始凭证按其来源分类，可分为外来原始凭证和自制原始凭证；按照填制手续分类，可分为一次凭证、累计凭证、记账编制凭证、汇总原始凭证。会计部门的经办人员为确保会计核算资料的真实、合法、准确，应对各项原始凭证进行审核。原始凭证的审核，主要包括以下五个方面的内容：真实性审核、合规性审核、完整性审核、正确性审核和及时性审核。记账凭证是会计人员根据审核后的原始凭证进行归类、整理，并确定会计分录而编制的凭证，是直接凭以登账的依据，应由专人对已经填制的记账凭证进行严格的审核工作。记账凭证的审核主要包括以下三项内容：合规性审核、完整性审核和技术性审核。会计凭证传递的实质是在单位内部经营管理各部门之间、各环节之间起着协调和组织的作用。会计凭证传递程序是企业管理规章制度的重要组成部分，组织会计凭证传递，必须遵循内部牵制原则，力求做到及时反映、记录经济业务。内部牵制原则是建立内部牵制制度的基本准则，主要是指办理经济业务的各项手续制度要相互制约、相互监督。

【专业术语】

会计凭证　　原始凭证　　记账凭证　　累计凭证　　原始凭证汇总表　　一次凭证
汇总凭证　　收款凭证　　付款凭证　　转账凭证　　单式凭证　　复式凭证
会计凭证的传递　　会计凭证的保管

【复习思考】

1. 会计凭证有哪些种类？
2. 原始凭证应具备哪些内容？
3. 审核原始凭证的主要内容是什么？
4. 记账凭证应具备哪些内容？
5. 涉及库存现金、银行存款之间的收付业务，应填制什么记账凭证，为什么？
6. 填制记账凭证有哪些具体要求？
7. 审核记账凭证的主要内容是什么？
8. 会计凭证保管的方法和一般要求是什么？

知识点十三　会计账簿

【教学目标】

1. 熟悉会计账簿的含义和作用；
2. 掌握会计账簿的种类、格式及登记方法；
3. 掌握三种错账更正方法的具体做法及其适用范围；
4. 熟悉账证、账账、账实核对的内容；
5. 掌握进行月末、季末和年终结账及账簿的装订的方法；
6. 了解账簿的更换与保管。

【重点难点】

教学重点：

1. 会计账簿的种类及格式；
2. 会计账簿的登记方法；
3. 错账的更正方法。

教学难点：

1. 错账的更正方法；
2. 结账的方法。

一、会计账簿的意义和种类

（一）会计凭证的含义和作用

会计账簿是指由一定格式账页组成的，以经过审核的会计凭证为依据，全面、系统、连续地记录各项经济业务的簿籍。各单位应当按照国家统一的会计制度的规定和会计业务的需要设置会计账簿。

企业在生产经营活动过程中，会连续地发生多项经济业务，如购买材料、生产产品和销售商品以及收款、付款等业务。企业发生这些经济业务后，首先应该取得或填制有关会计凭证并进行审核，这是会计核算工作的起点。但是，会计凭证数量多、数据分散，每张凭证只能反映个别经济业务的内容，所提供的会计信息是零散的，缺乏系统性，不便于日后的整理和报告，无法满足企业经营管理的需求。因此，需要把会计凭证所记录的大量、分散的资料，通过一定的程序加以归类和整理，登记到有关账簿中去，对整个经济活动进行分类、系统的反映，为企业经营管理提供必要的信息。为此，我国《会计法》第三条中规定"各单位必须依法设置会计账簿，并保证其真实、完整"。所以，要全面反映和监督企业的经济活动和财务收支情况、提供完整和分类的会计核算数据，企业应当以会计凭证为基础，设置和登记有关账簿，满足企业经营管理的需要。

设置和登记账簿是编制会计报表的基础，是连接会计凭证与会计报表的中间环节，在会计核算中具有重要意义。

1. 通过账簿的设置和登记，可以记载、储存会计信息

通过登记账簿，将会计凭证所记录的经济业务逐一登记到账簿中去，可以全面记录一定时期发生的经济活动内容，储存所需的各项会计信息。

2. 通过账簿的设置和登记，可以分类、汇总会计信息

账簿是由不同的相互关联的账簿组成的，通过登记账簿，一方面可以将日常发生的零星、分散的经济活动进行分类记录，以分门别类地反映各项会计信息；同时，通过会计结账工作，结算出各个账户的发生额和期末余额，提供总括的会计核算信息，可以分类、综合地反映各项资产、负债和所有者权益的增减变动及余额情况，合理使用各项资金，正确计算和反映收入、成本和利润的形成及分配情况，以满足经营管理的需要。

3. 通过账簿的设置和登记，可以检查、校正会计信息

在会计核算工作中，通过登记账簿并定期进行结账，使会计人员可以通过"资产 = 负债 + 所有者权益"的会计等式，以及"有借必有贷、借贷必相等"的记账规则，借助专门的方法进行试算平衡工作，检查账簿记录是否存在差错，如果发现错误应及时进行更正，以保证会计信息的正确性。

4. 通过账簿的设置和登记，可以编报、输出会计信息

账簿记录是编制会计报表的重要依据。每个会计期末，各单位必须根据账簿记录的资料，按照规定的方法，编制成相应的会计报表，为有关各方提供全面的会计信息。

【相关链接】账簿和账户的关系：会计账簿是账户的表现形式，二者既有区别又有联系。账户是根据会计科目开设的，账户存在于账簿之中，账簿中的每一页就是账户的存在形式和载体。没有账簿，账户就无法存在，然而账簿只是一个外在形式，账户才是它的真实内容。账簿序时、分类地记载经济业务，是在个别账户中完成的。因此，也可以说，账簿是由若干账页组成的一个整体，而开设于账页上的账户则是整体中的个别部分，所以账簿与账户的关系是形式和内容的关系。

（二）会计账簿的种类

在会计核算中，由于各单位经济业务和管理要求不同，设置的账簿也有所不同，为了便于了解和运用各种账簿，必须对账簿进行分类。

1. 账簿按其用途分类

账簿按其用途不同，可分为序时账簿、分类账簿和备查账簿三种。

（1）序时账簿。序时账簿也称日记账，是按各项经济业务发生或完成时间的先后顺序，逐日、逐笔进行连续登记的账簿。序时账簿按其记录的内容不同，又可分为普通日记账和特种日记账两种。

普通日记账是用来序时登记全部经济业务发生和完成情况的日记账，如企业设置的"分录簿"。

特种日记账是用来记录某一类型经济业务的日记账。例如，企业为了加强现金和银行存款的管理，记录其每一笔现金和银行存款的收、付及结存情况而设置的"库存现金日记账"和"银行存款日记账"；企业为了加强对采购和销售的管理而设置的"购货日记账"和"销货日记账"。

设置序时账簿，有利于全面地了解有关经济业务的来龙去脉，及时进行账证核对，确保

会计记录的完整性和正确性。在我国，大多数单位一般只设置"库存现金日记账"和"银行存款日记账"。

（2）分类账簿。分类账簿是按照账户进行分类登记的账簿，即对全部经济业务按照会计要素的具体类别而设置的分类账户进行登记的账簿。分类账簿简称为分类账，根据总分类账户分类登记经济业务的账簿，称为总分类账簿，简称总账，它提供企业总括的会计信息；根据明细分类账户分类登记经济业务的账簿，称为明细分类账簿，简称明细账，它提供企业明细核算资料。总分类账和明细分类账的作用各不相同，但互为补充。

（3）备查账簿。备查账簿也称为辅助账簿，简称为备查簿，是对某些不能在序时账簿和分类账簿中记载或者记载不够详细的经济业务时想进行补充登记的账簿。由于备查账簿是对其他账簿记录的一种补充登记，因此，备查账簿也称为补充登记簿。例如，租入固定资产登记簿就是用来登记以经营租赁方式租入，但不属于本企业财产、不能记入本企业固定资产账户的机器设备等，所以要备查登记，以备查考；应收票据贴现备查簿是用来登记本企业已经贴现的应收票据，由于尚存在着票据付款人到期不能支付票据而使本企业产生连带责任的可能性，而应收票据已从账簿中转销，只能在备查簿中登记；此外还有受托加工材料登记簿、代管商品物资登记簿等，备查簿可由各单位根据自身需要设置。

备查账簿与序时账簿、分类账簿相比，不同之处主要有以下两点：①备查账簿的登记可能不需要记账凭证，甚至不需要一般意义上的原始凭证；②备查账簿的格式和登记方法有自身的特点，即备查账簿的设置应根据企业的实际需要而定，它没有固定的格式，其主要栏目不记录金额，更加注重用文字来表述某项经济业务的完成情况。

2. **账簿按其账页格式分类**

会计账簿按照账页格式不同可以分为两栏式账簿、三栏式账簿、多栏式账簿、数量金额式账簿以及横线登记式账簿五种。

（1）两栏式账簿。两栏式账簿是指只有借方和贷方两个基本金额栏目的账簿。普通日记账和转账日记账一般采用两栏式。

（2）三栏式账簿。三栏式账簿是指设有借方、贷方和余额三个基本栏目的账簿。各种日记账、总分类账以及资本、债权、债务明细账都可采用三栏式账簿。三栏式账簿又分为设对方科目和不设对方科目两种，区别是在摘要栏和借方科目栏之间是否有一栏"对方科目"。有"对方科目"栏的，称为设对方科目的三栏式账簿；无"对方科目"栏的，称为不设对方科目的三栏式账簿。

（3）多栏式账簿。多栏式账簿是指在账簿的借方和贷方两个基本栏目按需要分设若干专栏的账簿，如多栏式库存现金日记账、多栏式银行存款日记账、多栏式明细账等。但是专栏设置在借方还是贷方，或是两方同时设置专栏以及专栏设置多少，则根据需要确定。收入、费用类明细账一般采用这种格式的账簿。

（4）数量金额式账簿。数量金额式账簿的借方、贷方和余额三个栏目内，都分设数量、单价和金额三小栏，借以反映财产物资的实物数量和价值量。原材料、库存商品、产成品等明细账一般都采用数量金额式账簿。

（5）横线登记式账簿。也称为平行式明细账，它的账页格式比较特别，是将前后密切相关的增减业务在同一个行次内的借贷方进行详细登记，以检查每笔经济业务的完成及变动情况。实务中，"材料采购"等明细账一般采用这种格式的账簿。

3. 账簿按其外形特征分类

（1）订本账。订本账是启用之前就已将账页装订在一起，并对账页进行了连续编号的账簿。订本账可以有效地避免账页散失，防止随意抽换账页。但是，订本账也有缺点，同一本账簿在同一时间内只能由一个人登记，不便于分工记账。同时，订本账账页固定，不能根据需要增减，因而，必须预先估计每一个账户需要的账页页数来预留空白账页，预留太多，造成浪费，预留太少，影响连续登记。在实际工作中，这种账簿一般适用于统御性比较强的总分类账簿以及对单位来说比较重要的现金日记账、银行存款日记账。

（2）活页账。活页账是在账簿登记完毕之前并不固定装订在一起，而是装在活页账夹中。当账簿登记完毕之后（通常是一个会计年度结束之后），才将账页予以装订，加具封面，并给各账页连续编号。活页账可以根据记账的需要增减账页，使用灵活，也便于分工记账。缺点是容易造成账页丢失或人为的更换账页。各种明细分类账一般采用活页账形式。

（3）卡片账。卡片账是将账户所需格式印刷在硬卡上。严格来说，卡片账也是一种活页账，只不过它不是装在活页账夹中，而是装在卡片箱内。在我国，企业一般只对固定资产的核算采用卡片账形式，又称为固定资产明细账、固定资产台账或固定资产卡片账。

【相关链接】"帐"、"账"的由来："帐"字本身与会计核算无关，在商代，人们把账簿叫作"册"；从西周开始又把它更名为"籍"或"籍书"；战国时代，有了"簿书"这个称号；西汉时，人们把登记会计事项的账册称为"簿"。据现有史料考察，"帐"字被引申到会计方面起源于南北朝。南北朝时，皇帝和高官显贵都习惯到外地巡游作乐。每次出游前，沿路派人张记帏帐，帐内备有各种生活必需品及装饰品，奢侈豪华，此种帏帐称之为"供帐"。供帐内所用之物价值均相当昂贵，薪费数额巨大，为了维护这些财产的安全，指派专门官吏掌管并实行专门核算，在核算过程中，逐渐把登记这部分财产及供应之费的簿书称为"簿帐"或"帐"，把登记供帐内的经济事项称为"记帐"。以后"簿帐"或"帐"之称又逐渐扩展到整个会计核算领域，后来的财计官员便把登记日用款目的簿书通称作"簿帐"或"帐"，又写作"账簿"或"账"。从此，"帐"、"账"就取代了一切传统的名称，现在又统一改作"账"。

二、会计账簿的内容、启用与记账规则

（一）会计账簿的基本内容

在实际工作中，由于账簿记录的经济业务不同，账簿的形式和格式也多种多样，但是各种账簿都应具备以下基本内容。

（1）封面。封面主要标明账簿的名称，如库存现金日记账、总分类账等。

（2）扉页。扉页主要列明科目索引、会计账簿启用和经管人员一览表。

（3）账页。账页是账簿用来记录经济业务事项的载体，包括账户的名称、登记账户的日期栏、凭证种类和号数栏、摘要栏、金额栏、总页次、分户页次等基本内容。

（二）会计账簿的启用

启用会计账簿时，应当在账簿封面上写明单位名称和账簿名称，并在账簿扉页上附启用表。启用订本式账簿应当从第一页到最后一页顺序编定页数，不得跳页、缺号。使用活页式

账页应当按账户顺序编号，并需定期装订成册，装订后再按实际使用的账页顺序编定页码，另加目录，记明每个账户的名称和页次，具体如表 13 - 1 所示。

表 13 - 1 会计账簿启用和经管人员一览表

账簿名称：_____　　　　　　　　　　　单位名称：_____

账簿编号：_____　　　　　　　　　　　账簿册数：_____

账簿页数：_____　　　　　　　　　　　启用日期：_____

会计主管：_____　　　　　　　　　　　记账人员：_____

移交日期			移交人		接管日期			接管人		会计主管	
年	月	日	姓名	签章	年	月	日	姓名	签章	姓名	签章

【身边的事】 小王是某大学会计专业大二的学生，利用暑假，去叔叔的工厂财务部门进行实习，以强化自己的实践技能。他在翻看单位总账账簿时，发现账簿中有一个账户的便签条，请问这些便签条起到什么作用？

（三）会计账簿的记账规则

各单位发生的各项经济业务事项都应当在依法设置的会计账簿上统一登记、核算，不得违反《会计法》和国家统一的会计制度规定，私设会计账簿。会计人员在登记账簿时，应当遵循以下记账规则。

（1）登记账簿时，应当将会计凭证日期、编号、业务内容摘要、金额和其他有关资料逐项记入账内，做到数字准确、摘要清楚、登记及时、字迹工整。

（2）登记完毕后，要在记账凭证上签名或者盖章，并注明已经登账的符号（如打"√"等）表示已经记账，以避免重记、漏记。

（3）账簿中书写的文字和数字上面要留有适当空格，不要写满格，一般应占格距的1/2，以留有改错的空间。

（4）登记账簿时要用蓝黑墨水或者碳素墨水书写，不得使用圆珠笔（银行的复写账簿除外）或者铅笔书写。

（5）下列情况，可以用红色墨水记账：①按照红字冲账的记账凭证，冲销错误记录；②在不设借贷等栏的多栏式账页中，登记减少数；③在三栏式账户的余额栏前，未印明余额方向的，在余额栏内登记负数余额；④根据国家统一的会计制度的规定可以用红字登记的其他会计记录。

（6）各种账簿应按页次顺序连续登记，不得跳行、隔页。如果发生跳行、隔页，应当将空行、空页划线注销，或者注明"此行空白"、"此页空白"字样，并由记账人员签名或者盖章。

（7）凡需要结出余额的账户，结出余额后，应当在"借或贷"栏内写明"借"或者"贷"等字样。没有余额的账户，应在"借或贷"栏内写"平"字，并在"余额"栏（一般在元位）用"θ"表示。

(8) 每一账页登记完毕结转下页时，应当结出本页合计数及余额，写在本页最后一行和下页第一行有关栏内，并在摘要栏内注明"过次页"和"承前页"字样；也可以将本页合计数及金额只写在下页第一行有关栏内，并在摘要栏内注明"承前页"字样。对"过次页"的本页合计数如何计算，一般分为以下三种情况：①对需要结计本月发生额的账户，结计"过次页"的本页合计数应当为自本月初起至本页末止的发生额合计数；②对需要结计本年累计发生额的账户，结计"过次页"的本页合计数应当为自年初起至本页末止的累计数；③对既不需要结计本月发生额，也不需要结计本年累计发生额的账户，可以只将每页末的余额结转次页。

(9) 必须按规定方法更正错误账簿的记录。如果会计账簿发生错误，不得采用涂改、刮擦、挖补或者用药水消除字迹等方法更正，也不允许重新抄写，而应当根据不同的情况，采用规定的方法进行错误更正。具体更正错账的方法，将在本章下面的内容中专门说明。

(10) 实行会计电算化的单位，其会计账簿的登记、更正，也应当符合国家统一的会计制度的要求。

三、会计账簿的格式和登记方法

根据《会计法》的规定，各单位登记会计账簿，必须以经过审核的会计凭证为依据，并符合有关法律、行政法规和国家统一的会计制度的规定。同时，各单位应当依法设置总账、明细账、日记账和其他辅助账簿等会计账簿。现对这几种会计账簿的格式和登记方法简要说明如下。

（一）日记账的格式和登记方法

日记账是按照经济业务发生或完成的时间先后顺序逐笔进行登记的账簿。设置日记账的目的就是为了使经济业务按时间顺序清晰地反映在账簿的记录中。日记账按其所核算和监督经济业务的范围，可分为普通日记账和特种日记账。

普通日记账是两栏式日记账，是序时地逐笔登记各项经济业务的账簿，用来核算和监督全部经济业务的发生和完成情况，其格式如表 13 – 2 所示。

表 13 – 2　普通日记账

2010 年		凭证		会计科目	摘要	借方金额	贷方金额	过账
月	日	字	号					
10	1	转	1	材料采购	购入材料	10 000		
				应交税费	增值税	1 700		
				应付账款	××公司		11 700	

特种日记账是用来核算和监督某一类型经济业务的发生和完成情况的账簿。各单位一般应设置特种日记账，常见的特种日记账有现金日记账、银行存款日记账和转账日记账。这里只介绍库存现金日记账与银行存款日记账的设置和登记方法。

1. 库存现金日记账的格式和登记方法

1）库存现金日记账的格式

库存现金日记账是用来核算和监督库存现金每天收入、支出和结存情况的账簿，其格式一般采用三栏式，但也可以采用多栏式，无论采用三栏式还是多栏式库存现金日记账，都必须使用订本账。

三栏式库存现金日记账设借方、贷方和余额三个基本的金额栏目，也可称为收入、支出和余额三个基本栏目。在摘要栏和金额栏之间插入"对方科目"一栏，以便在记账时标明现金收入的来源科目和现金支出的用途科目。三栏式库存现金日记账的格式如表13-3所示。

表13-3 库存现金日记账（三栏式）

第　页

| 年 | | 凭证 号数 | 摘要 | 对方科目 | 收入 | 支出 | 余额 |
月	日						

多栏式库存现金日记账是在三栏式现金日记账基础上发展起来的，日记账的借方（收入）和贷方（支出）金额栏都按对方科目设置若干专栏，也就是按收入的来源和支出的用途设专栏，逐日逐笔登记现金收付业务的序时账。多栏式库存现金日记账的格式如表13-4所示。

表13-4 库存现金日记账（多栏式）

第　页

| 年 | | 凭证 字号 | 摘要 | 收　入 | | | | 支　出 | | | | 结余 |
| 月 | 日 | | | 应贷科目 | | | 合计 | 应借科目 | | | 合计 | |
				银行 存款	主营业 务收入	……		其他应 收款	管理 费用	……		

2）库存现金日记账的登记方法

库存现金日记账是由出纳人员根据审核无误的现金收款凭证、付款凭证和与有关现金增加的银行存款付款凭证，按经济业务发生的时间先后顺序，逐日逐笔进行登记。

三栏式库存现金日记账的登记要求有以下几个。

（1）日期栏：应根据记账凭证的日期填写。

（2）凭证号数栏：登记所依据的凭证种类和编号。

（3）摘要栏：说明登记入账的经济业务内容，文字应简明扼要，一般应根据记账凭证中的摘要登记。

（4）对方科目栏：是收入的来源科目或付出的用途科目，其作用是了解现金的来龙去脉，应根据所依据记账凭证中的对方科目登记。

（5）收入栏：应根据记账凭证中所列库存现金的借方金额登记。

（6）支出栏：应根据记账凭证中所列库存现金的贷方金额登记。

每日终了，库存现金收入和支出要加计合计数，并根据"上日余额＋本日收入－本日支出＝本日余额"的公式，逐日结出现金余额，与库存现金实存数进行核对，以检查每日现金收付是否有误，做到日清月结。如账款不符，应查明原因。

多栏式库存现金日记账的登记方法与三栏式日记账基本相同，区别在于应分别按收入来源及支出项目进行登记。分设"现金收入日记账"和"现金支出日记账"两本账时，登记方法是：根据有关现金收入业务的记账凭证（即现金收款凭证）以及从银行提取现金的银行付款凭证登记现金支出日记账，每日终了，根据现金支出日记账结计的支出合计数，一笔转入现金收入日记账的"支出合计"栏中，并结出当日余额。"现金收入日记账"和"现金支出日记账"的格式分别如表13－5、表13－6所示。

表13－5　现金收入日记账　　　第　页

年		收款凭证		摘要	应贷科目					支出合计	余额
月	日	字	号		银行存款	其他应收款	营业外收入	……	收入合计		

表13－6　现金支出日记账　　　第　页

年		付款凭证		摘要	结算凭证		借方科目			支出合计
月	日	字	号		种类	号数	其他应付款	管理费用	……	

【小心地雷】库存现金日记账上的日期栏应与记账凭证后所附原始凭证保持一致，对吗？

2. 银行存款日记账的格式和登记方法

银行存款日记账是用来核算和监督银行存款每日的收入、支出和结余情况的账簿。银行存款日记账由出纳人员根据审核无误的银行存款收款凭证、银行存款付款凭证以及现金付款凭证（指把现金存入银行的业务），按经济业务发生的时间先后顺序逐日逐笔进行登记。每日营业终了时，计算出银行存款收入合计、支出合计及结余数，并定期与"银行对账单"逐笔进行核对。月末还要计算出本月收入合计数、支出合计数并结出余额。月终，"银行存款日记账"余额应与"银行存款总账"余额核对相符。

银行存款日记账的格式与现金日记账相同，可以采用三栏式，也可以采用多栏式；可以将收入和支出的核算在一本账上进行，也可以分设"银行存款收入日记账"和"银行存款支出日记账"。但不管是三栏式还是多栏式，都应在适当位置增加一栏"结算凭证"，以便记账时标明每笔业务的结算凭证及编号，便于与银行进行核对。银行存款日记账三栏式格式和内容如表 13 – 7 所示。

表 13 – 7　银行存款日记账（三栏式）

年		凭证		结算凭证		摘要	对方科目	收入	支出	余额
月	日	字	号	种类	编号					

银行存款日记账的登记方法也与现金日记账的登记方法基本相同，不再赘述。

（二）总分类账的格式和登记方法

1. 总分类账的格式

总分类账简称总账，是按照国家统一规定的一级会计科目开设的，分类汇总反映经济活动情况的账簿。总分类账能够全面、总括地反映经济活动情况及结果，对明细账起着统驭、控制作用，为编制会计报表提供总括资料，因此任何单位都要依法设置总分类账。

总分类账一般都是采用订本账，在一本或几本账簿中，将全部总分类账户按会计科目表的编号顺序逐一开设。因此，对每个账户事先应按业务量的多少预留若干账页。由于总分类核算只进行货币量度的核算，因此，总分类账一般采用的格式为三栏式，设置借方、贷方和余额三个基本金额栏目，其格式和内容如表 13 – 8 所示。

表 13 – 8　总分类账（三栏式）

账户名称：　　　　　　　　　　　　　　　　　　　　　　　　　　　　　　第　页

年		凭证	摘要	借方	贷方	借或贷	余额
月	日	号数					

2. 总分类账的登记方法

总分类账的登记方法要取决于企业采用的账务处理程序，根据账务处理程序的不同总分类账可以根据记账凭证逐笔登记，也可以根据经过汇总的科目汇总表或汇总记账凭证等进行登记。

（三）明细分类账的格式和登记方法

1. 明细分类账的格式

明细分类账是根据二级账户或明细账户开设账页，分类、连续地登记经济业务以提供明细核算资料的账簿。明细分类账是总分类账的明细记录，它是按照总分类账的核算内容，按照更加详细的分类，反映某一具体类别经济活动的财务收支情况。它对总分类账起到补充说明的作用，它所提供的资料也是编制会计报表的重要依据。明细分类账有三栏式、多栏式、数量金额式和横线登记式（或称平行式）等多种格式。

1）三栏式明细分类账

三栏式明细分类账是设有借方、贷方和余额三个栏目，用以分类核算各项经济业务，提供详细核算资料的账簿，其格式与三栏式总账格式相同，适用于只进行金额核算的账户，如应收账款、应付账款、应交税费等账户。三栏式明细分类账的格式如表13-9所示。

表13-9 明细分类账（三栏式）

明细科目名称： 第 页

年		凭证号数		摘要	借方	贷方	借或贷	余额
月	日	字	号					
～	～	～	～	～	～	～	～	～

2）多栏式明细分类账

多栏式明细分类账是将属于同一个总账科目的各个明细科目合并在一张账页上进行登记，即在这种格式账页的借方或贷方金额栏内按照明细项目设若干专栏。多栏式明细分类账适用于成本、费用、收入类科目的明细核算。按明细分类账登记的经济业务不同，多栏式明细分类账又可以分为借方多栏、贷方多栏和借贷方均多栏三种格式。

（1）借方多栏式明细账。借方多栏式明细账一般适用于借方需要设置多个明细项目的账户，如"生产成本"、"制造费用"、"管理费用"等明细分类账，贷方发生额由于每月发生的笔数很少，可以在借方直接用红笔冲销，也可以在贷方设一总栏，再设置一余额栏。借方多栏式明细账的格式如表13-10、表13-11所示。

表13-10 管理费用明细账

年		凭证号数	摘要	借　方							
月	日			工资及福利费	办公费	差旅费	折旧费	修理费	工会经费	……	合计
～	～	～	～	～	～	～	～	～	～	～	～

表13-11 管理费用明细账

年		凭证号数	摘要	借　方								贷方	余额
月	日			工资及福利费	办公费	差旅费	折旧费	修理费	工会经费	……	合计		
～	～	～	～	～	～	～	～	～	～	～	～	～	～

（2）贷方多栏式明细账。贷方多栏式明细账适用于贷方需要设置多个明细项目的账户，如"主营业务收入"、"营业外收入"等科目的明细分类核算，借方发生额由于每月发生的

笔数很少，可以在贷方直接用红笔冲销，也可以在借方设一总栏，再设置一余额栏。贷方多栏式明细分类账的格式如表 13 – 12 所示。

表 13 – 12　主营业务收入明细账

| 年 | | 凭证号数 | 摘要 | 贷　方 | | | | 借方 | 余额 |
月	日			产品销售收入	提供劳务收入	……	合计		
～～	～～	～～	～～	～～	～～	～～	～～	～～	～～

（3）借方贷方均多栏式明细账。借方贷方多栏式明细账一般适用于借方贷方均需要设置多个明细科目或明细项目的账户，如"应交税费——应交增值税"明细分类账，其格式与内容如表 13 – 13 所示。

表 13 – 13　应交增值税明细账

| 年 | | 凭证号数 | 摘要 | 借　方 | | | | | 贷　方 | | | | | 借或贷 | 余额 |
月	日			进项税额	已交税金	减免税款	……	合计	销项税额	出口退税	进项税额转出	……	合计		
～～	～～	～～	～～	～～	～～	～～	～～	～～	～～	～～	～～	～～	～～	～～	～～

3）数量金额式明细分类账

数量金额式明细分类账其借方（收入）、贷方（发出）和余额（结存）都分别设有数量、单价和金额三个专栏，适用于既要进行金额核算又要进行数量核算的账户，如"原材料"、"库存商品"、"周转材料"等账户的明细核算。数量金额式明细分类账格式如表 13 – 14 所示。

表 13 – 14　原材料明细分类账

类别：　　　　　　　　　　计划单价：
品名或规格：　　　　　　　储备定额：
存放地点：　　　　　　　　计量单位：

| 年 | | 凭证号数 | 摘要 | 收　入 | | | 发　出 | | | 结　存 | | |
月	日			数量	单价	金额	数量	单价	金额	数量	单价	金额
～～	～～	～～	～～	～～	～～	～～	～～	～～	～～	～～	～～	～～

数量金额式明细分类账既可以反映实物量指标，也可以反映价值量指标，便于企业加强财产物资的实物控制和价值监督，保证财产物资的安全完整。

4）横线登记式明细分类账

横线登记式明细分类账是采用横线登记，即将每一相关的业务登记在一行，从而可依据每一行各个栏目的登记是否齐全来判断该项业务的进展情况。该明细分类账适用于登记材料采购业务、应收票据和一次性备用金业务。横线登记式明细分类账的格式和内容如表 13－15 所示。

表 13－15　其他应收款——备用金明细账

| 2010 年 | | 凭证号数 | 摘要 | 借　方 | | | 年 | | 凭证号数 | 摘要 | 贷　方 | | | 余额 |
月	日			原借	补付	合计	月	日			报销	退款	合计	
9	3	记008	张云借款	900										
	6		李玲借款	800			9	10	记025	报销	680	120	800	0

从"其他应收款——备用金"明细账登记的内容看，李玲预借差旅费登记在借方，报销时登记在贷方，借款和报销业务登记在同一行。张云预借差旅费登记在借方，贷方未登记内容，说明该项借款尚未报销。

2. 明细分类账的登记方法

不同类型经济业务的明细分类账可根据管理需要，依据记账凭证、原始凭证或汇总原始凭证逐日逐笔或定期汇总登记。固定资产、债权、债务等明细账应逐日逐笔登记；库存商品、原材料、产成品收发明细账以及收入、费用明细账可以逐笔登记，也可定期汇总登记。

【我也能做】假设你毕业之后，受聘于一家新开办的小型服务业公司，并担任会计主管。现该公司的准备工作已就绪，请问你需要设置哪些账簿？开设哪些账户？账簿的格式有何要求？

（四）总分类账和明细分类账的平行登记

企业根据内部经营管理和外部有关各方对企业会计信息的需要，既要根据总分类科目开设总分类账户，即设置总账，又要根据有关总分类科目所属的明细分类科目开设明细分类账户，即设置明细账。

1. 总分类账与明细分类账之间的关系

总分类账户与明细分类账户的关系可以概括为以下几个方面。

（1）总分类账户对明细分类账户具有统驭控制作用。

总分类账户提供的总括核算资料是对有关明细分类账户资料的综合；明细分类账户所提供的明细核算资料是对其总分类账户资料的具体化。

（2）明细分类账户对总分类账户具有补充说明作用。

总分类账户是对会计要素各项目增减变化的总括反映，只提供货币信息资料；明细分类账户是对会计要素各项目增减变化的详细反映，对某一具体方面提供货币、实物量信息资料。

（3）总分类账户与其所属明细分类账户在总金额上应当相等。

由于总分类账户与其明细分类账户是根据相同的依据来进行平行登记，所反映的经济内容是相同的，其总金额必然相等。

2. 总分类账户和明细分类账户的平行登记

平行登记是指对发生的每一笔经济业务，都要根据相同的会计凭证，一方面登记入总分类账户，另一方面登记入总分类账户所属的明细分类账户的一种记账方法。

平行登记的要点可归纳如下。

1）依据相同

对发生的经济业务，都要以相关的会计凭证为依据，既登记有关总分类账户，又登记其所属的明细分类账户。

2）方向相同

将经济业务记入总分类账户和明细分类账户，记账方向必须相同。即总分类账户记入借方，明细分类账户也应记入借方；总分类账户记入贷方，明细分类账户也应记入贷方。

3）期间相同

对每项经济业务在记入总分类账户和明细分类账户的过程中，可以有先有后，但必须在同一会计期间（如同一个月）全部登记入账。

4）金额相等

记入总分类账户的金额，必须与记入其所属明细分类账户的金额之和相等。通过平行登记，总分类账户与明细分类账户之间在登记金额上就形成了如下关系：

总分类账户期初余额 = 所属各明细分类账户期初余额之和

总分类账户借方发生额 = 所属各明细分类账户借方发生额之和

总分类账户贷方发生额 = 所属各明细分类账户贷方发生额之和

总分类账户期末余额 = 所属各明细分类账户期末余额之和

【例 13-1】启明公司 2010 年 12 月初"原材料"和"应付账款"账户期初余额如表 13-16 所示。

表 13-16　启明公司 2010 年 12 月初账户期初余额

账户名称		数量	单价/元	金额/元	
总账	明细账			总账	明细账
原材料				179 000	
	A 材料	10 000 千克	5.6		56 000
	B 材料	20 吨	2 400		48 000
	C 材料	2 500 件	30		75 000
应付账款				90 000	
	华兴公司				40 000
	祥瑞公司				30 000
	通达工厂				20 000

12 月份发生的部分经济业务如下。

（1）12 月 3 日，用银行存款偿还上月欠华兴公司货款 40 000 元，祥瑞公司货款 30 000 元。

借：应付账款——华兴公司　　　　　　　　　　　　　　　　40 000

　　　　　　——祥瑞公司　　　　　　　　　　　　　　　　　　　　　　30 000

　　　贷：银行存款　　　　　　　　　　　　　　　　　　　　　　　　70 000

（2）12月5日，向华兴公司购入A材料30 000千克，每千克5.6元，计168 000元；购入B材料30吨，每吨2 400元，计72 000元，增值税为40 800元。材料验收入库，货款以银行存款付讫。

　　　借：原材料——A材料　　　　　　　　　　　　　　　　　168 000

　　　　　　——B材料　　　　　　　　　　　　　　　　　　　72 000

　　　　应交税费——应交增值税（进项税额）　　　　　　　　　40 800

　　　贷：银行存款　　　　　　　　　　　　　　　　　　　　280 800

（3）12月12日，用银行存款归还前欠通达工厂货款20 000元。

　　　借：应付账款——通达工厂　　　　　　　　　　　　　　　20 000

　　　贷：银行存款　　　　　　　　　　　　　　　　　　　　　20 000

（4）12月20日，向华兴公司购入A材料20 000千克，每千克5.6元，计112 000元，增值税为19 040元。材料验收入库，货款尚未支付。

　　　借：原材料——A材料　　　　　　　　　　　　　　　　　112 000

　　　　应交税费——应交增值税（进项税额）　　　　　　　　　19 040

　　　贷：应付账款——华兴公司　　　　　　　　　　　　　　131 040

（5）12月26日，向通达工厂购入C材料7 500件，每件30元，计225 000元，增值税为38 250元。材料验收入库，货款尚未支付。

　　　借：原材料——C材料　　　　　　　　　　　　　　　　　225 000

　　　　应交税费——应交增值税（进项税额）　　　　　　　　　38 250

　　　贷：应付账款——通达工厂　　　　　　　　　　　　　　263 250

（6）12月30日，仓库发出A材料40 000千克，单价5.6元，计224 000元；B材料40吨，单价2 400元，计96 000元；C材料8 000件，每件30元，计240 000元。

　　　借：生产成本　　　　　　　　　　　　　　　　　　　　560 000

　　　贷：原材料——A材料　　　　　　　　　　　　　　　　224 000

　　　　　　——B材料　　　　　　　　　　　　　　　　　　96 000

　　　　　　——C材料　　　　　　　　　　　　　　　　　240 000

　　根据上述资料，进行平行登记，如表13－17至表13－24所示。

表13－17　总分类账

账户名称：原材料

2010年		凭证号数	摘要	借方	贷方	借或贷	余额
月	日						
12	1		期初余额			借	179 000
	5	略	购进A、B材料	240 000		借	419 000
	20	略	购进A材料	112 000		借	531 000
	26	略	购进C材料	225 000		借	756 000
	30	略	生产领用		560 000	借	196 000

表 13 – 18 原材料明细分类账

类别：A 材料　　　　　　　　　　　　　　计划单价：

品名或规格：　　　　　　　　　　　　　　储备定额：

存放地点：1#仓库　　　　　　　　　　　　计量单位：千克

2010 年		凭证号数	摘要	收入			发出			结存		
月	日			数量	单价	金额	数量	单价	金额	数量	单价	金额
12	1		期初余额							10 000	5.6	56 000
	5	略	购进	30 000	5.6	168 000				40 000	5.6	224 000
	20	略	购进	20 000	5.6	112 000				60 000	5.6	336 000
	30	略	领用				40 000	5.6	224 000	20 000	5.6	112 000

表 13 – 19 原材料明细分类账

类别：B 材料　　　　　　　　　　　　　　计划单价：

品名或规格：　　　　　　　　　　　　　　储备定额：

存放地点：2#仓库　　　　　　　　　　　　计量单位：吨

2010 年		凭证号数	摘要	收入			发出			结存		
月	日			数量	单价	金额	数量	单价	金额	数量	单价	金额
12	1		期初余额							20	2 400	48 000
	5	略	购进	30	2 400	72 000				50	2 400	120 000
	30	略	领用				40	2 400	96 000	10	2 400	24 000

表 13 – 20 原材料明细分类账

类别：C 材料　　　　　　　　　　　　　　计划单价：

品名或规格：　　　　　　　　　　　　　　储备定额：

存放地点：3#仓库　　　　　　　　　　　　计量单位：件

2010 年		凭证号数	摘要	收入			发出			结存		
月	日			数量	单价	金额	数量	单价	金额	数量	单价	金额
12	1		期初余额							2 500	30	75 000
	26	略	购进	7 500	30	225 000				10 000	30	300 000
	30	略	领用				8 000	30	240 000	2 000	30	60 000

表 13 – 21 总分类账

账户名称：应付账款

2010 年		凭证号数	摘要	借方	贷方	借或贷	余额
月	日						
12	1		期初余额			贷	90 000
	3	略	还款	70 000		贷	20 000
	12	略	还款	20 000		平	0
	20	略	购料		131 040		131 040
	26	略	购料		263 250	贷	394 290

表13-22 应付账款明细分类账

明细科目名称：华兴公司

2010年		凭证号数		摘要	借方	贷方	借或贷	余额
月	日	字	号					
12	1			期初余额			贷	40 000
	3	略	略	偿还前欠货款	40 000		平	0
	20	略	略	购料		131 040	贷	131 040

表13-23 应付账款明细分类账

明细科目名称：祥瑞公司

2010年		凭证号数		摘要	借方	贷方	借或贷	余额
月	日	字	号					
12	1			期初余额			贷	30 000
	3	略	略	偿还前欠货款	30 000		平	0

表13-24 应付账款明细分类账

明细科目名称：通达工厂

2010年		凭证号数		摘要	借方	贷方	借或贷	余额
月	日	字	号					
12	1			期初余额			贷	20 000
	12	略	略	偿还前欠货款	20 000		平	0
	26	略	略	购料		263 250	贷	263 250

从上述平行登记的结果可以看出，"原材料"和"应付账款"总分类账户的期初、期末余额及本期借、贷方发生额，与其所属明细分类账户的期初、期末余额之和及本期借、贷方发生额之和都是相等的。利用这种相等的关系，可以核对总分类账和明细分类账的登记是否正确。如有不等，则表明记账出现差错，就应该检查，予以更正。

四、对账

所谓对账，就是在经济业务登记入账以后，进行账簿记录的核对工作。在会计核算工作中，从填制会计凭证、登记账簿，到期末结账过程中，由于知识、技术及管理因素，难免出现科目使用不当、计量、计算错误等情况，甚至出现账实不符的现象。因此为了保证账簿记录的正确性，必须坚持执行对账制度，做到账证相符、账账相符和账实相符。对账工作每个单位每年至少都要进行一次。

（一）账证核对

账证核对是指核对会计账簿记录与原始凭证、记账凭证的时间、凭证字号、内容、金额是否一致，记账方向是否相符。它是保证账账相符、账实相符的基础。

账证核对可以在日常会计核算中进行。月终，发现账账不符时，也要对账簿记录和会计凭证进行核对，核对的内容包括以下三个：

（1）核对总账与记账凭证汇总表是否相符；

（2）核对记账凭证汇总表与记账凭证是否相符；

（3）核对明细账与记账凭证及所涉及的支票号码及其他结算票据种类等是否相符。

（二）账账核对

账账核对是指核对不同会计账簿之间的账簿记录是否相符。由于会计账簿记录之间存在着相对应的内在联系，因此，通过账账核对，可以检查、验证会计账簿的记录是否正确，便于及时发现问题，纠正错误，保证会计账簿记录的准确无误。账账相符主要包括以下四个方面的内容。

1. 总分类账簿有关账户余额的核对

根据"资产＝负债＋所有者权益"的会计恒等式，检查所有总账账户的期末借方余额合计与所有账户期末贷方余额合计是否相等；根据"有借必有贷、借贷必相等"的记账规则，检查所有总账账户的借方发生额合计与所有总账账户本期贷方发生额合计是否相等。这两项核对工作通常是通过编制"试算平衡表"进行的。

2. 总分类账簿与所属明细分类账簿的核对

根据平行登记的特点，检查总分类账户本期发生额与其所属的各个明细分类账户本期发生额之和是否相等；检查总分类账户期末余额与所属各个明细分类账户的期末余额之和是否相等。

3. 总分类账簿与序时账簿的核对

"库存现金"总账和"银行存款"总账账户的本期发生额、期末余额应当与"库存现金日记账"、"银行存款日记账"的本期发生额、期末余额相等。

4. 明细分类账簿之间的核对

会计部门与财产物资保管部门明细账核对，检查双方余额是否相符。例如，会计部门"原材料明细账"的期末余额与仓库保管部门"原材料明细账"的期末余额应当相符。

（三）账实核对

账实核对是指各项财产物资、债权债务等账面余额与实有数额之间的核对。保证账实相符，是会计核算的基本要求之一。由于会计账簿记录的是实物或款项的使用、增减变化情况，因此，通过会计账簿的记录与实物、款项和有价证券实有数额相核对，可以检查、验证会计账簿记录的正确性，发现财产物资和现金管理中存在的问题，以有利于查明原因，明确责任，改善管理，提高效益。账实相符主要包括以下四个方面的内容：

（1）库存现金日记账账面余额与库存现金数额是否相符；

（2）银行存款日记账账面余额与银行对账单的余额是否相符；

（3）各项财产物资明细账账面余额与财产物资的实有数额是否相符；

（4）有关债权债务明细账账面余额与对方单位的账面记录是否相符。

在实际工作中，账实核对是通过财产清查工作来进行的。

【小心地雷】账表核对，即账簿与报表核对属于对账吗？

五、错账更正方法

账簿记录发生错误，不准涂改、挖补、刮擦或者用药水消除字迹，不准重新抄写。会计人员填制会计凭证和登记账簿，必须严肃认真，尽量防止出现差错，保证会计信息质量。如果不小心出现差错，必须按国家规定的方法进行更正，错账的更正方法主要有以下几种。

（一）划线更正法

在结账前发现账簿记录有文字或数字错误，而记账凭证没有错误，采用划线更正法。更正时，可在错误的文字或数字上划一条红线，在红线的上方填写正确的文字或数字，并由记账及相关人员在更正处盖章。对于错误的数字，应全部划红线更正，不得只更正其中的错误数字。对于文字错误，可只划去错误的部分。

【例13-2】启明公司会计人员在记账之前，发现账簿记录中所涉及的一项经济业务仅金额记录有误，应记金额为6 384.00元，而误记为3 684.00元，记账凭证无误。

更正方法：由该记账人员将错误的数字全部用一条红线划上以示注销，不得只划去"36"，然后在错误数字上方空白处填写正确的数字，并在更正处盖章，以明确责任。更正方法如图13-1所示。

图13-1 划线更正法的应用

（二）红字更正法

红字更正法用来区分记账凭证出现错误的程度，错得很严重的，比如会计科目用错，应采用全部冲销法，会计科目正确，仅仅是金额错误的，可以采用部分冲销法，具体阐述如下。

1. 全部冲销法

记账后在当年内发现记账凭证所记的应借应贷会计科目错误，从而引起记账错误的，应采用红字更正法中的全部冲销法。更正方法是：用红字填写一张与原记账凭证完全相同的记账凭证，以示注销原记账凭证，然后用蓝字填写一张正确的记账凭证，并据以记账。

【例13-3】启明公司基本生产车间生产A产品领用甲材料一批，价值2 000元。记账人员在编制会计凭证时，误用会计科目，编制如下会计分录，并已登记入账。

借：制造费用   2 000

　　贷：原材料——甲材料   2 000

更正时用红字编制一张与原记账凭证完全相同的记账凭证，并登记入账，以示注销原账簿记录（以下分录中，方框内数字表示红字）。

借：制造费用 　　　　　　　　　　　　　　　　　　　　 2 000

　　贷：原材料——甲材料 　　　　　　　　　　　　　　　　2 000

然后用蓝字编制一张正确的记账凭证并记账，会计分录为：

借：生产成本——A 产品 　　　　　　　　　　　　　　　 2 000

　　贷：原材料——甲材料 　　　　　　　　　　　　　　　 2 000

2. 部分冲销法

记账后在当年内发现记账凭证所记的应借应贷科目正确，但是所记金额大于应记金额时，此时应采用红字更正法中的部分冲销法。更正方法是：按多记的金额用红字编制一张与原记账凭证应借、应贷科目完全相同的记账凭证，以冲销多记的金额，并据以记账。

【例 13 - 4】假定例 13 - 2 中，启明公司会计人员编制的记账凭证为：

借：生产成本——A 产品 　　　　　　　　　　　　　　20 000

　　贷：原材料——甲材料 　　　　　　　　　　　　　　20 000

并将上述记账凭证已登记入账。

更正的方法是：按多记的金额用红字编制一张与原记账凭证应借、应贷科目完全相同的记账凭证，以冲销多记的金额，并据以记账。

借：生产成本——A 产品 　　　　　　　　　　　　　　 18 000

　　贷：原材料——甲材料 　　　　　　　　　　　　　　 18 000

红字更正法不仅能保持账户之间的对应关系，而且还能保持账户中的正确发生额，不至于因改错而使数字虚增或虚减。

（三）补充登记法

记账后发现记账凭证填写的会计科目无误，只是所记金额小于应记金额时，采用补充登记法。更正方法是：按少记的金额用蓝字编制一张与原记账凭证应借、应贷科目完全相同的记账凭证，以补充少记的金额，并据以记账。

【例 13 - 5】假定例 13 - 2 中，启明公司会计人员编制的记账凭证为：

借：生产成本——A 产品 　　　　　　　　　　　　　　　 200

　　贷：原材料——甲材料 　　　　　　　　　　　　　　　 200

并将上述记账凭证已登记入账。

更正的方法是：编制下列记账凭证并据以登记入账。

借：生产成本——A 产品 　　　　　　　　　　　　　　 1 800

　　贷：原材料——甲材料 　　　　　　　　　　　　　　 1 800

六、结账

所谓结账，就是指会计期末根据账簿记录，结算出各个账户的本期发生额合计及期末余额。每个会计期间发生的经济业务，全部登记入账以后，尽管人们可以通过账簿记录了解经济业务的发生和完成情况，但是还必须通过结账，结算出各个账户的本期发生额及其余额，了解企业各项资产、负债、所有者权益项目的增减变动情况，了解收入的规模和成本、费用水平，为编制会计报表提供数据资料。

（一）结账的程序

首先，将本期发生的经济业务事项全部登记入账，并保证其正确性，不能把将要发生的事项提前入账，也不能把已经发生的事项拖延到以后会计期间入账。

其次，根据权责发生制的要求，调整有关账项，合理确定本期应计的收入和应计的费用，调整事项共分为以下四类。

1）属于本期收入事项的调整

属于本期收入事项是指由于赊销业务的存在，企业按照购销合同的约定，按时发出商品，但截至会计期末仍未收到货款的业务事项。对于这类调整事项，应确认为本期收入，借记"应收账款"等科目，贷记"主营业务收入"等科目；待以后收妥款项时，借记"库存现金"、"银行存款"等科目，贷记"应收账款"科目。

2）属于本期费用事项的调整

属于本期费用的事项是指应当由本期负担，计入本期成本费用，由以后会计期间支付款项的经济业务事项，如应付而未付的借款利息等。对于这类业务，应确认为本期费用，借记"财务费用"等科目，贷记"应付利息"科目；待以后支付款项时，借记"应付利息"科目，贷记"银行存款"科目。

3）不属于本期收入事项的调整

不属于本期收入事项是指款项已收妥存入银行，但商品尚未发出或劳务尚未提供，不能确认为本期收入。预收的款项作为一项负债，待交付商品或提供劳务时确认收入。会计处理为：借记"银行存款"科目，贷记"预收账款"科目；交付商品或提供劳务时确认销售收入，借记"预收账款"科目，贷记"主营业务收入"等科目。

4）不属于本期费用事项的调整

不属于本期费用事项是指款项已经支付，但这项支出不仅本期受益，以后会计期间仍有受益的业务事项。为正确计算各个会计期间的损益情况，这项支出不能全部计入当期，而应当由各个受益期间共同负担，如预付办公用房屋租金。会计处理为：支付款项时，借记"预付账款"科目，贷记"银行存款"科目；分配到各个会计期间时，借记"管理费用"科目，贷记"预付账款"科目。

再次，将损益类科目转入"本年利润"科目，结平所有损益类科目。期末，将各项收入结转到"本年利润"账户的贷方，将各项费用结转到"本年利润"账户的借方，结转后损益类账户期末无余额。

最后，结算出资产、负债和所有者权益科目的本期发生额和余额，并结转下期。

（二）结账的方法

（1）对不需按月结计本期发生额的账户，每次记账以后，都要随时结出余额，每月最后一笔余额即为月末余额。月末结账时，只需要在最后一笔经济业务事项记录之下通栏划单红线，不需要再结计一次余额。

（2）库存现金、银行存款日记账和需要按月结计发生额的收入、费用等明细账，每月结账时，要结出本月发生额和余额，在摘要栏内注明"本月合计"字样，并在下面通栏划单红线。

（3）需要结计本年累计发生额的某些明细账户，每月结账时，应在"本月合计"行下结出自年初起至本月末止的累计发生额，登记在月份发生额下面，在摘要栏内注明"本年累计"字样，并在下面通栏划单红线。12月末的"本年累计"就是全年累计发生额，全年累计发生额下通栏划双红线。

（4）总账账户平时只需结出月末余额。年终结账时，将所有总账账户结出全年发生额和年末余额，在摘要栏内注明"本年合计"字样，并在合计数下通栏划双红线。

（5）年度终了结账时，有余额的账户，要将其余额结转下年，并在摘要栏注明"结转下年"字样；在下一会计年度新建有关会计账户的第一行余额栏内填写上年结转的余额，并在摘要栏注明"上年结转"字样。

【小心地雷】结账就是划红线，这句话对吗？

七、会计账簿的更换与保管

（一）会计账簿的更换

会计账簿是记录和反映交易或事项的重要历史资料和证据。为了使各个会计年度的账簿资料明晰和便于整理保管，一般来说，总账、日记账和多数明细账应每年更换一次，这些账簿在每年年终按规定办理完毕结账手续后，就应更换、启用新的账簿，并将余额结转记入新账簿中。但有些财产物资明细账和债权债务明细账，由于材料等财产物资的品种、规格繁多，债权债务单位也较多，如果更换新账，重抄一遍的工作量相当大，因此，可以跨年度使用，不必每年更换一次。卡片式账簿，如固定资产卡片，以及各种备查账簿，也都可以连续使用。

【我也能做】启明公司有基本账簿用完了，包括银行存款日记账、应付账款明细账、原材料明细账、管理费用明细账、财务费用明细账，应更换账本。要新上任的出纳钱静去买时，甚是疑惑，你能帮个忙吗？

（二）会计账簿的保管

会计账簿同会计凭证和会计报表一样，都属于会计档案，是重要的经济档案，各单位必须按规定妥善保管，确保其安全和完整，并充分加以利用和使用。

1. 按时装订整理立卷

会计账簿的装订整理在年度终了更换新账簿后，应将使用过的各种账簿（跨年度的账簿除外）按时装订整理立卷。

（1）装订前，首先要按账簿启用表的使用页数核对各个账户是否相符，账页数是否齐全，序号排列是否连续；然后按会计账簿封面、账簿启用表、账户目录、该账簿按页数顺序排列的账页、装订封底的顺序装订。

（2）对活页账，要保留已使用过的账页，将账页数填写齐全，去除空白页并撤掉账夹，用质好的牛皮纸做封面和封底，装订成册。多栏式、三栏式、数量金额式等活页账簿不得混装，应按同类业务、同类账页装订在一起。装订好后，应在封面上填明账目的种类，编好卷号，并由会计主管人员和装订人签章。

（3）装订后，会计账簿的封口要严密，封口处要加盖有关印章。封面应齐全、平整，并注明所属年度和账簿名称及编号，不得有折角、缺角、错页、掉页、加空白纸的现象。会计账簿要按保管期限分别编制卷号。

2. 按期移交档案部门，按规定保管

年度结账后，更换下来的账簿，可暂由本单位财务会计部门保管1年，期满后应由会计部门移交本单位档案部门管理。移交时，要编制移交清册，填写交接清单，交接人员按移交清册和交接清单项目核查无误后签章，并在账簿使用日期栏填写移交日期。已归档的会计账簿作为会计档案为本单位提供利用，原则上不得借出，有特殊需要需经上级主管单位或本单位领导、会计主管人员批准，并要办理借阅手续。

会计账簿是重要的会计档案之一，必须严格按照《会计档案管理办法》规定的保管年限妥善保管，不得丢失和任意销毁。

【知识小结】会计账簿是由具有一定格式、互有联系的若干账页所组成，以会计凭证为依据，用以全面、系统、序时、分类记录各项经济业务的簿记。从外表形式上看，账簿是由若干预先印制成专门格式的账页所组成的。设置和登记账簿是会计核算的专门方法之一。账簿分类的方法主要有以下三种：按用途分类，可以分为序时账簿、分类账簿和备查账簿；按外形特征分类，可以分为订本式账簿、活页式账簿和卡片式账簿；按账页格式分类，可分为两栏式账簿、三栏式账簿、多栏式账簿、数量金额式账簿和横线登记式账簿。总分类账是按照总分类账户分类登记全部经济业务的账簿。在总分类账户中，应按照会计科目的编码顺序分设账户，并为每个账户预留若干账页。总分类账一般采用借方、贷方、余额三栏式的订本账。明细分类账是按照明细分类账户详细记录某一项经济业务的账簿。根据实际需要，各种明细分类账分别按照二级科目或明细科目开设账户，并为每一个账户预留若干账页，用来分类、连续地记录有关资产、负债、所有者权益、收入、费用、利润等详细资料。根据管理的要求和各种明细分类账记录的经济内容，明细分类账主要有三栏式明细账、数量金额式明细账和多栏式明细账三种格式。每年都应更换账簿，但有些特殊的、次要的账簿也可以不更换，如固定资产的明细账等。

【专业术语】

会计账簿　　序时账簿　　分类账簿　　总分类账　　备查账簿　　订本账

活页账　　卡片账　　库存现金日记账　　银行存款日记账　　对账　　账证核对

账账核对　　账实核对　　红字更正法　　划线更正法　　补充登记法　　结账

【复习思考】

1. 什么是账簿？为什么要设置账簿？账簿的作用是什么？

2. 账簿应具备的基本内容有哪些？

3. 可能存在的错账有哪些？如何改正？不同的错账更正方法各适用于什么情况下形成的错账更正？

4. 账簿按外形特征分类可以分为哪些？按外表格式分类的各类账簿的优缺点是什么？各适用于什么样的情况？

5. 什么是对账？为什么要进行对账？对账的内容和方法有哪些？

6. 账簿按其用途不同可以分为几类？按用途分类各账簿之间的相互关系是怎样的？

知识点十四 财产清查

一、财产清查概述

（一）财产清查的概念

财产清查是通过对货币资金、实物资产和往来款项的盘点或核对，确定其实存数，查明账存数与实存数是否相符的一种专门方法。加强财产清查工作，对于加强企业管理、充分发挥会计的监督作用具有重要意义。

（1）通过财产清查，可以查明各项财产物资的实有数量，确定实有数量与账面数量之间的差异，查明原因和责任，以便采取有效措施，消除差异，改进工作，从而保证账实相符，提高会计资料的准确性。

（2）通过财产清查，可以查明各项财产物资的保管情况是否良好，有无因管理不善，造成霉烂、变质、损失浪费，或者被非法挪用、贪污盗窃的情况，以便采取有效措施，改善管理，切实保障各项财产物资的安全完整。

（3）通过财产清查，可以查明各项财产物资的库存和使用情况，合理安排生产经营活动，充分利用各项财产物资，加速资金周转，提高资金使用效果。

（4）通过财产清查，可以查明各项债权、债务的结算情况，并及时进行清理。对于各项应收款项，应及时催收；对确认的坏账，应及时处理；对于应付款项，应及时进行清查，避免长期拖欠，影响企业良好的商业信誉。通过财产清查，可以促使企业维护财经纪律，保证结算制度的执行。

（二）财产清查的种类

1. 按清查的范围可分为全面清查和局部清查

1）全面清查

全面清查是指对本单位的全部资产进行的盘点和核对。全面清查具有内容多、范围广、工作量大的特点，所以企业一般不能经常进行全面性的财产清查，一般只是在下列情况下，才进行全面清查：①年终结算前；②单位被撤销、合并或改变隶属关系前；③中外合资、国内合资前；④企业股份制改制前；⑤开展全面的资产评估、清产核资前；⑥单位主要负责人调离工作岗位前。

2）局部清查

局部清查就是根据需要对本单位的部分资产所进行的盘点与核对。局部清查相对于全面清查而言，具有范围小、涉及人员少、专业性强等特点，所以局部清查的对象为流动性较大的财产物资、货币资金和债权债务。例如，库存现金应由出纳人员于每日终了清点一次；银行存款至少每月与银行核对一次；每年要对债权债务至少核对一至两次；对存货要有计划、有重点地清查，贵重物品每月清查一次。

2. 按清查的时间可分为定期清查和不定期清查

1）定期清查

定期清查是指按预先规定的时间对各项资产所进行的清查。这种清查一般是在年末、月末结账前进行。各单位应当定期将会计账簿记录与实物、款项及有关资料相互核对，保证会计账簿记录与实物及款项的实有金额相符。

2）不定期清查

不定期清查又称临时清查，是指事先并没有规定清查时间，而是根据实际需要临时安排的清查，一般适用于以下几种情况。

（1）更换财产物资保管人员和现金出纳人员时，要对其所保管的财产物资和现金进行清查，以分清经济责任。

（2）发生非常灾害和意外损失时，要对受灾损失的有关财产进行清查，以查明损失情况。

（3）上级主管部门、财政、税务、银行及审计等部门对本单位进行临时检查时，按检查的要求和范围进行清查，以确保会计资料的真实性。

（4）进行临时性的清产核资、资产评估、企业并购、资产重组以及改变隶属关系时，要对本单位的财产物资进行清查，以摸清家底。

根据上述情况，不定期清查就其清查的对象和范围来讲，既可以是全面清查，也可以是局部清查。

【我也能做】 单位仓库昨晚遭窃，第二天一早，仓库保管员向单位领导汇报此事，单位领导立即报案，并组织有关人员进行清查，请问这是哪类清查？

（三）财产清查的一般程序

财产清查是一项复杂细致的工作，涉及面较广，工作量较大。因此，必须有组织、有计划地按照一定的程序进行，其一般程序包括以下四个方面。

1. 建立财产清查组织

在进行财产清查前，要成立由单位领导、专业人员和职工代表组成的清查小组，根据清查的目的和要求，研究制订清查计划，确定清查的范围和对象，准备好计量器具和各项登记表册等，拟订清查的具体实施方案，确定配备工作人员，为实施清查工作做好准备。

2. 进行业务准备

为了做好财产清查工作，各业务部门特别是财会部门和财产物资管理部门，应主动配合，积极做好各方面的准备工作。

3. 实施财产清查

在做好组织和业务等各项准备工作之后，即可按照计划和方案具体组织实施财产清查。

4. 财产清查结果的处理

财产清查结束后，对于发现的在财产物资管理工作、会计核算工作以至整个经营管理工作中出现的问题，必须以国家有关政策、法规和制度为依据，按照有关程序，严肃认真地进行处理。

二、财产清查的方法

由于财产物资的种类繁多，其保管和使用也各不相同，因此，在实施财产清查时，要根据清查对象的不同，采取不同的清查方法。

（一）货币资金的清查方法

货币资金的清查主要包括对库存现金和银行存款的清查。

1. 库存现金的清查

库存现金的清查一般是通过采用实地盘点的方法来确定库存现金的实存数，然后再与现金日记账的账面余额核对，以查明账实是否相符及盈亏情况。

盘点时，出纳人员必须在场，如果发现盘盈、盘亏，必须当场会同出纳人员核实清楚。现金的清查，除了查明账实是否相符之外，还要注意有无违反现金管理制度的情况，如有无挪用现金和以"白条"充抵现金的现象，现金的库存数额是否超过银行核定的限额等。

清查结束后，应填写"库存现金盘点报告表"，并由盘点人和出纳人员签名或盖章。"库存现金盘点报告表"既是反映现金实存额，用以调整账簿记录的原始凭证，也是分析账实发生差异原因、明确经济责任的重要依据。"库存现金盘点报告表"的具体格式如表 14 - 1 所示。

表 14 - 1　库存现金盘点报告表

单位名称：　　　　　　　　　　　　　　　　　　　　　填写日期：　年　月　日

实存金额	账存金额	实存与账存对比结果		备　注
		盘盈	盘亏	

盘点人签章：　　　　　　　　　　　　出纳员签章：

2. 银行存款的清查

银行存款的清查与库存现金的清查不同，它一般采用核对账目的方法，即是通过与开户银行转来的对账单进行核对，来查明银行存款的实有数额。在对银行存款进行清查时，首先要检查本单位银行存款日记账的记录情况，保证账簿记录的准确完整，然后再与银行转来的对账单进行核对。在实际工作中，由于银行存款日常收付业务比较频繁，银行存款日记账和银行转来的对账单两者余额往往不一致。

银行存款日记账与开户银行转来的对账单不一致的原因有两个方面：一是双方或一方记账有错误；二是存在未达账项。对于未达账项，应通过编制银行存款余额调节表进行调整。

所谓未达账项，是指由于企业与银行取得有关凭证的时间不同，而发生的一方已经取得凭证登记入账，另一方由于未取得凭证尚未入账的款项，具体有以下四种情况。

（1）企业已收款入账，银行尚未收款入账。如企业已将销售产品收到的支票送存银行，对账前银行尚未入账的款项。

（2）企业已付款入账，银行尚未付款入账。如企业开出支票购货，根据支票存根已登记银行存款的减少，而银行尚未收到支票，未登记银行存款减少。

（3）银行已收款入账，企业尚未收款入账。如银行收到外单位采用托收承付结算方式购货所付的款项，已登记入账，而企业尚未收到银行通知而未入账的款项。

（4）银行已付款入账，企业尚未付款入账。如银行代企业支付的购料款，已登记企业银行存款的减少，而企业因未收到凭证尚未入账的款项。

未达账项的任何一种情形的出现，都会造成企业"银行存款日记账"的余额与开户银行转来的"银行对账单"的余额不相同。其中（1）、（4）两种未达账项会造成企业"银行存款日记账"的余额大于"银行对账单"的余额；（2）、（3）两种未达账项会造成企业"银行存款日记账"的余额小于"银行对账单"的余额。因此，企业在进行银行存款的清查时，如果双方账上没有错记、漏记或重记的业务，就应注意是否存在未达账项。如果发现未达账项，为消除未达账项的影响，企业通常通过编制"银行存款余额调节表"来进行调整，再通过此表检验企业与开户银行的账面余额是否一致。如果双方没有记账错误，调节后的双方余额应相等。以下举例说明"银行存款余额调节表"的编制方法。

【例14-1】启明公司2010年9月份"银行存款日记账"和开户银行送达的"银行对账单"如表14-2和表14-3所示。该企业"银行存款日记账"期末余额为247 000元，银行对账单上的期末余额为156 600元。

表14-2 银行存款日记账

2010年		凭证		结算凭证		摘要	对方科目	收入	支出	余额
月	日	字	号	种类	编号					
9	1					期初余额				150 000
	5	收	02	托收	1102	收回货款	应收账款	100 000		250 000
	9	付	21	电汇	5501	购买材料			46 800	203 200
	15	付	25	转支	502	购买办公用品			2 000	201 200
	18	付	29	转支	503	交纳保险费			40 000	161 200
	24	付	36	转支	504	支付广告费			5 800	155 400
	27	付	45	现支	412	提现备用			2 000	153 400
	29	收	12	转支	1103	销售产品		93 600		247 000
	30					本月合计		193 600	96 600	247 000

表 14 – 3 银行对账单

户名：启明公司 2010 年 9 月 30 日 编号：4403879890

2010 年 月	日	交易	凭证种类号数	借方	贷方	余额	柜员号
		承上页				150 000	
9	4	收回货款	托收 1102		100 000	250 000	024
	9	购材料款	电汇 5501	46 800		203 200	025
	17	购办公用品	转支 502	2 000		201 200	024
	19	付保险费	转支 503	40 000		161 200	023
	28	提取现金	现支 412	2 000		159 200	024
	30	支付水电费	托收 4689	3 000		156 200	024
	30	结算存款利息			400	156 600	024

经逐笔核对，查明有以下几项未达账项：

（1）公司签发转账支票 504# 支付广告费 5 800 元，由于持票人尚未到银行办理手续，银行尚未付款入账；

（2）公司销售产品收到转账支票 1103# 计 93 600 元，银行尚未办理手续，没有入账；

（3）银行代公司支付水电费 3 000 元，已从公司存款账户划出，由于公司尚未收到有关单据，没有入账；

（4）银行于月末结算存款的利息 400 元，已存入公司存款账户，但公司尚未收到有关凭证，没有入账。

根据上述资料及分析，编制"银行存款余额调节表"如表 14 – 4 所示。

表 14 – 4 银行存款余额调节表

2010 年 9 月 30 日 单位：元

项目	金额	项目	金额
银行存款日记账余额	247 000	银行对账单余额	156 600
加：银行已收、企业未收	400	加：企业已收、银行未收	93 600
减：银行已付、企业未付	3 000	减：企业已付、银行未付	5 800
调节后的存款余额	244 400	调节后的存款余额	244 400

如果调整后的银行存款余额相等，一般情况下可以说明双方的账面记录无误。即企业的银行存款账实相符，如果调整后的余额不一致，则说明双方账面记录有错误，需进一步核对账目，查找原因，并加以更正，编制银行存款余额调节表调整后的存款余额表明企业可以支用的银行存款的实有数额。需指出的是，"银行存款余额调节表"只是为了核对账目，并不能作为调整银行存款账面余额的原始凭证。企业只有待收到有关结算原始凭证后，才能进行账务处理。

【小心地雷】银行存款核对完毕之后，单位会计张江发现有几笔未在银行存款日记账上予以登记，他立即按照对账单将这几笔业务登记到单位的银行存款日记账上，这样处理对吗？

（二）实物资产的清查方法

实物资产的清查是指对具有实物形态的各种资产进行的清查，主要包括对存货（如原材料周转材料库存商品等）和固定资产的清查。实物清查要求单位实物账面余额与实际结存数要一致，达到账实相符。因此，实物清查的方法包括确定实物账面结存数和确定实物实际结存数两部分。

1. 确定实物账面结存数的方法

确定实物账面结存数的方法主要有"永续盘存制"和"实地盘存制"两种。

1）永续盘存制

永续盘存制是指在日常经济活动中，对财产和物资的收入和发出，都必须根据会计凭证在有关账簿中进行连续登记，并随时结出各种财产物资的账面结存数的一种盘存制度。

在这种方法下，存货的增加和减少，平时都要根据会计凭证连续登记入账，随时可以根据账簿记录结出账面结存数。账面结存数量的计算公式如下：

$$期末结存数 = 期初结存数 + 本期增加数 - 本期减少数$$

采用永续盘存制这种方法的特点是对企业存货的增加和减少都进行逐笔登记，优点是能随时掌握单位各项财产物资的收入、发出和结存数，有利于加强对各项财产物资的管理，保护各项财产物资的安全与完整；缺点是明细分类核算的工作量大，耗费较多的人力和物力，但手续较为严密。在实际工作中，为加强对财产物资的管理，单位一般应采用永续盘存制这种方法。

2）实地盘存制

实地盘存制是指平时在会计账簿中只登记各项财产物资的增加数，不登记减少数，期末通过实地盘点得到的实存数作为账面结存数，然后再倒推出本期减少数的一种方法。

在实地盘存制下，本期减少数的计算公式为：

$$本期减少数 = 期初结存数 + 本期增减数 - 期末结存数$$

所以此方法也称为"以存计耗"或"以存计销"。采用"实地盘存制"的优点是平时账面上只记录增加数不登记减少数和结存数，会计核算比较简单；缺点是实地盘点数即为账面结存数，不利于正确反映各项财产物资的结存情况，也不利于保护财产物资的安全与完整。在实际工作中，非特殊原因，单位一般不宜采用这种方法。

【我也能做】永续盘存制与实地盘存制的根本区别是什么？

2. 确定实物实际结存数的方法

清查实物资产的实际结存数应根据实物资产的品种、规格、型号等进行分类，分别从质量和数量两方面进行清查，在对实物资产的数量进行清查时，则由于各种实物资产的形态、体积、重量、堆码方式不同，在清查中应采用不同的清查方法。

1）实地盘点法

实地盘点法是指在财产物资存放现场逐一清点数量或用计量仪器确定其实存数的一种方法。此方法数字准确可靠，但工作量较大。这种方法适用范围广，大多数实物财产的清查都可以采用。

2）技术推算法

技术推算法是指利用技术方法推算财产物资实存数的方法。这种方法适用于堆存量大、价值较低、难以逐一清点或计量的实物，如煤炭、砂石等大宗物资。此方法盘点数字不够准确，但工作量较小。

在进行实物盘点时，保管人员必须在场。盘点后由盘点人员将盘点结果如实登记在"盘存单"上，并由盘点人员和实物保管人员签章，以明确责任。"盘存单"是记录实物资产盘点结果的书面证明，也是反映实物资产实有数的原始凭证，其一般格式如表 14 - 5 所示。

表 14 - 5　盘 存 单

财产类别：　　　　　　　　　　　　　　　　　　　　　　　　　　编　　号：
规格型号：　　　　　　　　　　　年　月　日　　　　　　　　　　存放地点：

编号	名称	规格	计量单位	数量	单价	金额	备注

盘点人：　　　　　　　　　　　　　　　　　　实物保管人：

为了进一步查明盘点的实存数与账面的结存数是否一致，财会部门应根据"盘存单"和有关明细账编制"实存账存对比表"，以确定各种实物资产实存数与账存数在数量、金额上的差异，作为调整有关账簿记录的原始凭证。"实存账存对比表"的格式如表 14 - 6 所示。

表 14 - 6　实存账存对比表

财产类别：　　　　　　　　　　　　　年　月　日　　　　　　　　　编　　号：

编号	名称	规格	计量单位	单价	实存		账存		对比结果				备注
									盘盈		盘亏		
					数量	金额	数量	金额	数量	金额	数量	金额	

会计主管：　　　　　　　　复核：　　　　　　　　　　制表：

【身边的事】 据《三国志》记载："曹冲生五六岁，智意所及，有若成人之智。时孙权曾致巨象，太祖欲知其斤重，访之群下，咸莫能出其理。冲曰：'置象于船上，刻其水痕所至。称物以载之，则校可知矣。'太祖悦，即施行焉。"请问曹冲称象采用的是哪种清查方法？

（三）往来款项的清查方法

往来款项主要包括各种应收款、应付款、预收款及预付款等。往来款项的清查一般采用发函询证的方法进行核对。在保证往来账户记录完整正确的基础上，编制"往来款项对账单"，寄往各有关往来单位。对方单位核对后退回，盖章表示核对相符，如不相符由对方单位另外说明。据此编制"往来款项清查表"，注明核对相符与不相符的款项，对不符的款项按有争议、未达账项、无法收回等情况归类合并，针对具体情况及时采取措施予以解决。

"往来款项对账单"的具体格式如表 14 - 7 所示。

表 14 - 7　往来款项对账单

往来款项对账单

××单位：

贵单位于 2010 年 12 月 31 日，与我单位存在以下往来结算款项，现抄送给贵单位，请仔细核对，并将核对结果寄回我单位。

（1）2010 年 1 月 28 日，贵单位购买我单位 A 产品 1 000 件，单价 300 元，共计 300 000 元，已付货款 200 000 元，尚有 100 000 元货款未支付。

（2）2010 年 8 月 8 日，贵单位购买我单位 B 产品 200 件，单价 1 200 元，共计 240 000 元，货款尚未支付。

清查单位（盖章）
2011 年 1 月 6 日

请沿虚线裁开，并将回单寄至我单位

- -

往来款项对账单（回单）

××单位：

你单位寄来的"往来款项对账单"已收到，经核对：

（1）"对账单"所列往来款项，核对无误。

（2）"对账单"所列往来款项，与我单位账簿记录存在以下差异：

我单位购买的产品，已于 2010 年 12 月 10 日汇出货款 40 000 元，尚有 200 000 元货款未付。

对账单位（盖章）
2011 年 1 月 28 日

在往来款项的清查中，如果双方存在未达账项，双方都应采用调节账面余额的方法，核对是否相符。此外，在往来款项的清查中，还应注意双方有无争议的款项、无法收回的款项或到期无法支付的款项等，以便采取措施，避免或减少坏账损失。对于各种应收款项，在清查工作结束后，通常应汇总编制往来款项清查报告表，其具体格式如表 14 - 8 所示。

表 14 - 8　往来款项清查报告表

年　月　日

| 总分类账户 | | 明细分类账户 | | 发生日期 | 对方结存额 | 对比结果及差异额 | 差异原因及金额 | | | 备注 |
名称	金额	名称	金额				未达账项	有争议款项	无法收回款项	

清查人员：（签章）　　　　　　　　　　　　　　　　　　　经管人员：（签章）

三、财产清查结果的处理

（一）财产清查结果的处理要求

财产清查的结果，大致有三种情况：

（1）账存数与实存数相符；

（2）账存数大于实存数，财产物资发生短缺，出现盘亏；

（3）账存数小于实存数，财产物资发生溢余，出现盘盈。

除第一种结果即账实相符外，对财产清查中出现的盘盈、盘亏，都必须按照国家的法律、法规和国家统一的会计制度的规定，按照有关程序，认真地予以处理。财产清查结果的处理要求，主要包括以下四个方面。

1. 认真分析产生差异的原因和性质，提出处理建议

对于财产清查中发现的各种盘盈、盘亏以及质量问题，应核准数字，调查分析产生差异的原因及性质，明确经济责任，依照法规制度，提出处理建议，按照规定的审批权限和程序予以处理。因定额内或自然原因引起的盈、亏，应办理有关手续并及时转账；因经营管理不善造成的损失，应按规定程序报请有关领导批准后处理；因个人原因造成的损失，应由个人赔偿；因自然灾害引起的意外损失，如属投保财产，应向保险公司索赔等。

2. 积极处理多余、积压财产，清理往来款项

对于财产清查中发现的多余、积压财产物资，应查明原因区别不同情况进行处理。对属于盲目采购、盲目建造或生产任务变更等原因造成的积压，除设法内部利用、改制、代用外，还应积极组织推销；对于因品种不配套而造成的半成品积压，应当调整计划，组织均衡生产，消除其积压；对于利用率不高或闲置不用的固定资产，也应查明原因积极处理，做到物尽其用。

对于长期不清或有争议的债权、债务等往来款项，要指定专人查明原因，主动与对方协商解决，按照结算制度的要求进行处理。

3. 总结经验教训，建立健全各项管理制度

财产清查不仅要查明财产物资的实有数，对盘盈、盘亏做出妥善处理，而且要促进单位内部改善财产物资的管理。对于财产清查中发现的各种问题，应在彻底查明问题性质和原因的基础之上，认真总结财产物资管理的经验教训，制定改进工作的具体措施，建立健全财产物资管理制度，进一步落实财产管理责任制，以保护企业、单位财产的安全与完整。

4. 及时调整账簿记录，保证账实相符

为了充分发挥财产清查的作用，保证账实相符，对于各种盘盈、盘亏，即使在调查核实、待处理的过程中，也应作为待处理盘盈、盘亏在账面上加以反映；在经过批准做出处理后，再按批准的意见转账，进行相应的账务处理。对于各种结算款项，如在清查中发现差错，应及时调整账目，对于确实无法收回的应收款项，应按规定手续经批准后予以转销。

（二）财产清查结果的处理步骤和方法

财产清查，无论是盘盈还是盘亏，其账务处理主要包括以下两步。

1. 审批之前的处理

在报经有关部门审批前，应根据"清查结果报告表"、"盘点报告表"等已经查实的数据资料，编制记账凭证，记入有关账簿，使账簿记录与实际盘存数相符，同时根据企业的管理权限，将处理建议报股东大会或董事会，或经理（厂长）会议或类似机构批准。

2. 审批之后的处理

将财产清查的结果报经有关部门批准后，根据发生差异的原因和性质以及审批的意见，进行差异处理，调整账项。

为了正确反映和监督财产物资的盘盈、盘亏及处理情况，在会计上应设置和运用"待处理财产损溢"账户。

"待处理财产损溢"账户是资产类账户，用以核算各种财产的盘盈、盘亏和毁损及其处理情况。该账户借方登记待处理财产的盘亏、毁损数和转销已批准处理的盘盈数；贷方登记待处理财产的盘盈数和转销已批准处理的盘亏和毁损数。处理前若为借方余额，反映企业尚未处理的各种财产的净损失；若为贷方余额，则表示尚未处理的各种财产的净溢余。期末，处理后应无余额。

该账户应设置"待处理固定资产损溢"和"待处理流动资产损溢"两个明细账户，进行明细分类核算。"待处理财产损溢"账户的结构如表 14－9 所示。

表 14－9　待处理财产损溢账户的结构

借　方	贷　方
发生额： （1）发生的尚待处理的财产物资盘亏数； （2）已经批准转销的财产物资盘盈数	发生额： （1）发生的尚待处理的财产物资盘盈数 （2）已经批准转销的财产物资盘亏数
余额：尚待批准处理的财产物资盘亏数大于盘盈数的差额	余额：尚待批准处理的财产物资盘盈数大于盘亏数的差额

对于盘盈的财产物资，批准处理前，借记有关盘盈财产科目，贷记"待处理财产损溢"科目；批准处理后，借记"待处理财产损溢"科目，贷记"管理费用"、"营业外收入"等科目。对于盘亏的财产物资，批准处理前，借记"待处理财产损溢"科目，贷记有关盘亏财产科目；批准处理后，借记"管理费用"、"营业外支出"等科目，贷记"待处理财产损溢"科目。

以下举例说明财产清查盘盈、盘亏的账务处理方法。

【例 14－2】启明公司在现金清查中发现多余现金 100 元。经核查，原因不明，经批准转作营业外收入。

（1）在报经批准前，根据清查结果，填制库存现金盘点表，并据此进行以下账务处理：

借：库存现金　　　　　　　　　　　　　　　　　　　　　　　100
　　贷：待处理财产损溢——待处理流动资产损溢　　　　　　　　　　　100

（2）在批准后，根据查明的原因予以转账，编制会计分录如下：

借：待处理财产损溢——待处理流动资产损溢　　　　　　　　　　100
　　贷：营业外收入　　　　　　　　　　　　　　　　　　　　　　　100

【例 14－3】启明公司在财产清查过程中发现甲材料盘盈 50 千克，单位成本 10 元。

（1）在报经批准前，根据"账存实存对比表"进行以下账务处理：

借：原材料——甲材料　　　　　　　　　　　　　　　　　　　500
　　贷：待处理财产损溢——待处理流动资产损溢　　　　　　　　　　500

（2）在批准后，根据处理意见，盘盈的甲材料属于平时工作中计量不准造成的，按规定可以冲减当期损益，编制会计分录如下：

借：待处理财产损溢——待处理流动资产损溢　　　　　　　　　500
　　贷：管理费用　　　　　　　　　　　　　　　　　　　　　　　500

【例 14 - 4】 启明公司在财产清查中发现库存现金短缺 140 元。

（1）根据清查结果 填制"库存现金盘点表"并据此进行以下账务处理：

借：待处理财产损溢——待处理流动资产损溢　　　　　　　　　　　　140

　　贷：库存现金　　　　　　　　　　　　　　　　　　　　　　　　　　140

（2）经查，短款为出纳王芳工作失误造成，应由其赔偿。

借：其他应收款——王芳　　　　　　　　　　　　　　　　　　　　　140

　　贷：待处理财产损溢——待处理流动资产损溢　　　　　　　　　　　140

【例 14 - 5】 启明公司在财产清查过程中，发现 A 材料盘亏 100 千克，单位成本 10 元（假定不考虑增值税）。

（1）批准前的账务处理为：

借：待处理财产损溢 ——待处理流动资产损溢　　　　　　　　　　　1 000

　　贷：原材料——A 材料　　　　　　　　　　　　　　　　　　　　　1 000

（2）经查，上述盘亏的 A 材料属于定额内自然损耗，属正常损失。

借：管理费用　　　　　　　　　　　　　　　　　　　　　　　　　1 000

　　贷：待处理财产损溢——待处理流动资产损溢　　　　　　　　　　　1 000

如果上述盘亏的 A 材料是由于企业发生火灾造成，保险公司负责赔偿损失的 90%，仓库保管员刘里看管不力负责赔偿 5%，其余由企业自己承担。其会计处理如下：

借：其他应收款——应收保险赔款　　　　　　　　　　　　　　　　　900

　　　　　　　　——刘里　　　　　　　　　　　　　　　　　　　　　50

营业外支出 ——非常损失　　　　　　　　　　　　　　　　　　　　50

　　贷：待处理财产损溢——待处理流动资产损溢　　　　　　　　　　　1 000

【例 14 - 6】 启明公司在财产清查过程中，发现设备缺少一台 ，账面原值为 50 000 元，已提折旧 27 000 元。批准前的账务处理为：

借：待处理财产损溢——待处理固定资产损溢　　　　　　　　　　23 000

累计折旧　　　　　　　　　　　　　　　　　　　　　　　　　27 000

　　贷：固定资产　　　　　　　　　　　　　　　　　　　　　　　　50 000

将上述结果上报，经审核批准，可将净损失转为"营业外支出"。

借：营业外支出　　　　　　　　　　　　　　　　　　　　　　　23 000

　　贷：待处理财产损溢——待处理固定资产损溢　　　　　　　　　　23 000

【小心地雷】 固定资产的盘盈也通过"待处理财产损溢"账户进行核算吗？如果不是应如何进行账务处理？

【知识小结】 财产清查是指通过对实物、货币资金、往来款项的实有数和账面数进行核对，以查明是否相符的一种专门方法。确定财产物资的账面结存数量的核算方法主要有两种："永续盘存制"和"实地盘存制"。财产清查可以分为全面清查和局部清查、定期清查和不定期清查。进行清查之前，必须做好各项组织准备与业务准备工作。清查中，要根据清查对象的不同，采用不同的清查方法。库存现金、实物资产的清查一般采用实地盘点法，银行存款和往来款项一般采用核对法。在清查结束之后，企业单位应根据国家的有关政策、法规、制度的规定，对清查结果进行认真的处理。对于财产清查结果的账务处理，应当分两个步骤：首先，根据查明的财产物资的盘盈、盘亏和毁损的金额，编制记账凭证，并据以登记账簿，使账实相符；然后，根据差异产生的原因和有关部门批复的意见，编制记账凭证，并登记入账。

【专业术语】

财产清查　　全面清查　　局部清查　　定期清查　　不定期清查　　永续盘存制

实地盘存制　　实地盘点法　　技术推算法　　未达账项

【复习思考】

1. 永续盘存制与实地盘存制有什么区别？

2. 什么是未达账项？产生未达账项的原因是什么？一般有哪几种情况？

3. 财产清查结果的账务处理需设置什么账户？其结构如何？

4. 财产清查的内容有哪些？各采用什么清查方法？

5. 财产清查的结果有哪几种？如何处理？

知识点十五 财务会计报告

【教学目标】

1. 熟悉财务会计报告的概念和组成；

2. 掌握资产负债表的内容、结构及其编制；

3. 掌握利润表的格式、内容及其编制；

4. 了解现金流量表、所有者权益变动表的格式与内容；

5. 熟悉会计报表附注披露的内容。

【重点难点】

教学重点：

1. 资产负债表的内容、结构及其编制；

2. 利润表的格式、内容及其编制。

教学难点：

1. 资产负债表的内容、结构及其编制；

2. 现金流量表的格式、内容及编制方法。

一、财务会计报告概述

（一）财务会计报告的概念

财务会计报告是指单位根据经过审核的会计账簿记录和有关资料编制，并对外提供的反映单位某一特定日期财务状况和某一会计期间经营成果、现金流量的报告性文件。

单位编制财务会计报告的主要目的，就是为投资者、债权人、政府及相关机构、单位管理人员、企业职工和社会公众等财务会计报告的使用者进行决策提供会计信息。不同的财务会计报告使用者对财务会计报告所提供信息的要求各有侧重。

股东（投资者）主要关注投资的内在风险和投资报酬。为此，企业编制的财务会计报告，应当着重为其提供有关企业的盈利能力、资本结构和利润分配政策等方面的信息。

企业职工最关注的是企业为其所提供的就业机会及其稳定性、劳动报酬高低和职工福利好坏等方面的资料，而上述情况又与企业的资本结构及其盈利能力等情况密切相关。因此，企业编制的财务会计报告除了需要提供以上信息外，还需提供与职工福利相关的资料。

社会公众（包括企业潜在的投资者或债权人）主要关注企业（特别是股份有限公司）的兴衰及其发展情况。为此，企业编制的财务会计报告，应当着重为其提供有关企业目前状况及其未来发展等有关方面的资料，帮助他们了解企业，并为其未来的投资决策提供信息。

（二）财务会计报告的组成和种类

1. 财务会计报告的组成

财务报表是对企业财务状况、经营成果和现金流量的结构性表述。一套完整的财务会计报告至少应当包括财务报表（如资产负债表、利润表、现金流量表、所有者权益变动表）和附注。

资产负债表、利润表和现金流量表分别从不同角度反映企业的财务状况、经营成果和现金流量。资产负债表反映企业在某一特定日期所拥有的资产、需要偿还的债务以及股东（投资者）拥有的净资产情况；利润表反映企业在一定会计期间的经营成果，即利润或亏损的情况，表明企业运用所拥有的资产的获利能力；现金流量表反映企业在一定会计期间现金和现金等价物流入和流出的情况。

所有者权益变动表反映构成所有者权益的各组成部分当期的增减变动情况。企业的净利润及其分配情况是所有者权益变动的组成部分，相关信息已经在所有者权益变动表及其附注中反映，企业不需要再单独编制利润分配表。

附注是财务报表不可或缺的组成部分，是对在资产负债表、利润表、现金流量表和所有者权益变动表等报表中列示项目的文字描述或明细资料，以及对未能在这些报表中列示项目的说明等。

2. 财务会计报告的种类

财务会计报告可以按照不同的标准进行分类。

（1）按财务报表编报时间的不同，可以分为中期财务会计报告和年度财务会计报告。中期财务会计报告是以短于一个完整会计年度的报告期间为基础编制的财务报表，包括月报、季报和半年报等。中期财务报表至少应当包括资产负债表、利润表、现金流量表和附注，其中中期资产负债表、利润表和现金流量表应当是完整报表，其格式和内容应当与年度财务报表相一致。与年度财务报表相比，中期财务报表中的附注披露可适当简略。

（2）按财务会计报告编报主体的不同，可以分为个别财务会计报告和合并财务会计报告。个别财务报表是由企业在自身会计核算基础上对账簿记录进行加工而编制的财务报表，它主要用以反映企业自身的财务状况、经营成果和现金流量情况。合并财务报表是以母公司和子公司组成的企业集团为会计主体，根据母公司和所属子公司的财务报表，由母公司编制的综合反映企业集团财务状况、经营成果及现金流量的财务报表。

（三）财务会计报告的编制要求

为了使会计报表能够最大限度地满足各有关方面的需要，实现编制财务会计报告的基本目的，充分发挥会计报表的作用，企业编制的财务会计报告应当真实可靠、相关可比、全面完整、编报及时、便于理解，符合国家统一的会计制度的有关规定。

1. 真实可靠

财务会计报告尤其是会计报表各项目的数据必须建立在真实可靠的基础之上，使企业会计报表能够如实地反映企业的财务状况、经营成果和现金流量情况。因此，会计报表必须根据核实无误的账簿及相关资料编制，不得以任何方式弄虚作假。如果财务会计报告所提供的资料不真实或者可靠性很差，则不仅不能发挥财务会计报告的应有作用，而且还会由于错误的信息，导致财务会计报告使用者对企业的财务状况、经营成果和现金流量情况作出错误的评价与判断，致使财务会计报告使用者作出错误的决策。

2. 相关可比

企业财务会计报告所提供的财务会计信息必须与使用者的决策需要相关，并且便于使用者在不同企业之间及同一企业前后各期之间进行比较。只有提供相关且可比的信息，才能使报表使用者分析企业在整个社会特别是同行业中的地位，了解和判断企业过去、现在的情况，预测企业未来的发展趋势，进而为财务会计报告使用者的决策服务。

3. 全面完整

财务报表应当反映企业经济活动的全貌，全面反映企业的财务状况和经营成果，满足各方面对会计信息的需要。凡是国家要求提供的财务报表，各企业必须全部编制并报送，不得漏编和漏报。凡是国家统一要求披露的信息，都必须披露。

4. 编报及时

企业会计报表所提供的信息资料，具有很强的时效性，只有及时编制和报送会计报表，才能为使用者的决策提供依据。否则，即使是真实可靠和内容完整的财务报告，由于编制和报送不及时对报告的使用者来说，也会大大降低会计信息的使用价值。

5. 便于理解

可理解性是指财务会计报告提供的信息可以为使用者所理解。企业对外提供的财务会计报告是为使用者提供企业过去、现在和未来的有关资料，为企业目前或潜在的投资者和债权人提供决策所需的会计信息，因此，编制的财务会计报告应清晰明了。如果提供的财务会计报告晦涩难懂，不可理解，使用者就不能据以作出准确的判断，所提供的财务会计报告的作用也会大大减少。当然，财务会计报告的这一要求是建立在使用者具有一定的财务会计报告阅读能力的基础之上的。

（四）财务会计报告的报送要求

企业应当按照国家统一的会计制度的规定，及时编制和对外报送会计报表，会计报表所提供的会计信息应当真实、完整。

根据《企业会计制度》的规定，企业会计报表的报送期限要求为：月度和中期财务会计报告应当于月度终了后 6 天内（节假日顺延，下同）对外提供；季度中期财务会计报告应当于季度终了后 15 天内对外提供；半年度中期财务会计报告应当于年度中期结束后 60 天内（相当于两个连续的月份）对外提供；年度财务会计报告应当于年度终了后 4 个月内对外提供。

企业对外提供的会计报表应当依次编定页数，加具封面，装订成册，加盖公章。封面上应当注明：企业名称、企业统一代码、组织形式、地址、报表所属年度或者月份、报出日期，并由企业负责人和主管会计工作的负责人、会计机构负责人（会计主管人员）签名并盖章；设置总会计师的企业，还应当由总会计师签名并盖章。会计报表编制者要签名并盖章，是明确责任的重要程序，目的是督促签章人对会计报表的内容要严格把关并承担相应的责任。

企业应当依照企业章程的规定，向投资者提供会计报表。会计报表须经过注册会计师审计的，企业应当将注册会计师及其会计师事务所出具的审计报告随同会计报表一并对外提供。

二、资产负债表

（一）资产负债表的概念和意义

1. 资产负债表的概念

资产负债表是反映企业某一特定日期（如月末、季末、年末等）财务状况的会计报表。它是根据"资产＝负债＋所有者权益"这一会计等式，依照一定的分类标准和顺序，将企业在一定日期的全部资产、负债和所有者权益项目进行适当分类、汇总、排列后编制而成的。

2. 资产负债表的意义

资产负债表可以反映企业资产、负债和所有者权益的全貌。通过编制资产负债表，可以反映企业资产的构成及其状况，分析企业在某一日期所拥有的经济资源及其分布情况；可以反映企业某一日期的负债总额及其结构，分析企业目前与未来需要支付的债务数额；可以反映企业所有者权益的情况，了解企业现有的投资者在企业资产总额中所占的份额。通过资产负债表项目金额及其相关比率的变动，可以帮助报表使用者全面了解企业的资产状况、盈利能力，分析企业的债务偿还能力，从而为经济决策提供参考信息。例如，通过资产负债表可以计算流动比率、速动比率，以了解企业的短期偿债能力；又如，通过资产负债表可以计算资产负债比率，以了解企业偿付到期长期债务的能力。

（二）资产负债表的格式

资产负债表由表头、表身和表尾等部分组成。表头部分应列明报表名称、编制单位名称、编制报表日期及编制报表使用的货币计量单位；表身部分反映资产、负债和所有者权益的内容；表尾部分为补充说明。其中，表身部分是资产负债表的主体和核心。

资产负债表的格式有账户式和报告式两种。根据我国《企业会计制度》的规定，我国企业的资产负债表采用账户式结构。

账户式资产负债表分左右两方，左方为资产项目，按资产的流动性大小排列：流动性大的资产如"货币资金"、"交易性金融资产"等排在前面，流动性小的资产如"长期股权投资"、"固定资产"等则排在后面；右方为负债及所有者权益项目，一般按求偿权先后顺序排列："短期借款"、"应付票据"等需要在1年以内或者长于1年的一个营业周期内偿还的流动负债排在前面，"长期借款"等在1年以上或者长于1年的一个营业周期以上才需偿还的长期负债排在中间，在企业清算之前不需要偿还的所有者权益项目排在后面。

账户式资产负债表中的资产各项目的合计等于负债和所有者权益各项目的合计，即资产负债表的左方和右方平衡。因此，通过资产负债表，可以反映资产、负债、所有者权益之间的内在关系，即"资产＝负债＋所有者权益"。资产负债表的基本格式如表15－1所示。

表15-1 资产负债表

会企01表

编制单位： 年 月 日 单位：元

资 产	期末余额	年初余额	负债和所有者权益（或股东权益）	期末余额	年初余额
流动资产：			流动负债：		
货币资金			短期借款		
交易性金融资产			交易性金融负债		
应收票据			应付票据		
应收账款			应付账款		
预付款项			预收款项		
应收利息			应付职工薪酬		
应收股利			应交税费		
其他应收款			应付利息		
存货			应付股利		
一年内到期的非流动资产			其他应付款		
其他流动资产			一年内到期的非流动负债		
流动资产合计			其他流动负债		
非流动资产：			流动负债合计		
可供出售金融资产			非流动负债：		
持有至到期投资			长期借款		
长期应收款			应付债券		
长期股权投资			长期应付款		
投资性房地产			专项应付款		
固定资产			预计负债		
在建工程			递延所得税负债		
工程物资			其他非流动负债		
固定资产清理			非流动负债合计		
生产性生物资产			负债合计		
油气资产			所有者权益（或股东权益）：		
无形资产			实收资本（或股本）		
开发支出			资本公积		
商誉			减：库存股		
长期待摊费用			盈余公积		
递延所得税资产			未分配利润		
其他非流动资产			所有者权益（或股东权益）合计		
非流动资产合计					
资产总计			负债和所有者权益（或股东权益）总计		

（三）资产负债表的编制方法

1. 资产负债表的资料来源

资产负债表项目的数据，主要包括"年初数"和"期末数"两部分。它们的数据来源分别如下。

1）"年初数"的数据来源

一般情况下，资产负债表的"年初数"栏内各项数字，应根据上年末资产负债表的"期末数"栏内的数字填列。如果本年度资产负债表规定的各项目的名称和内容与上年不一致，则应对上年末资产负债表各项目的名称和数字按照本年度的有关规定进行调整，填入表中的"年初数"栏中。

2）"期末数"的数据来源

资产负债表的"期末数"各项目应根据会计账簿的记录填列。大多数项目可以直接根据账户余额填列，少数项目则要根据余额进行分析、计算后才能填列。其编制填列方法一般有以下几种情况。

（1）根据总分类账户余额直接填列。资产负债表中所列示的项目内容与总分类账户所反映的内容一致时可以根据总分类账户余额直接填列，如"交易性金融资产"、"短期借款"、"应付票据"、"应付职工薪酬"等项目。

（2）根据总分类账户余额计算填列。例如，"货币资金"项目，应根据"库存现金"、"银行存款"、"其他货币资金"账户的期末余额合计数填列；"存货"项目，应根据"原材料"、"材料采购"、"材料成本差异"、"库存商品"、"发出商品"、"周转材料"、"委托加工材料"等总分类账户的余额合计数填列；"未分配利润"项目，应根据"本年利润"、"利润分配"总分类账户的余额合计数填列。

（3）根据明细账户余额计算填列。例如，"应收账款"项目，应根据"应收账款"和"预收账款"两个账户所属明细账户的期末借方余额计算填列；"应付账款"项目，应根据"应付账款"和"预付账款"两个账户所属明细账户的期末贷方余额计算填列。

【我也能做】为什么在编制资产负债表时，"应收账款"项目与"预收账款"项目要采用明细账户余额分析填列？

（4）根据总账账户和明细分类账户余额分析计算填列。例如，"长期借款"项目，需要根据"长期借款"总分类账户余额扣除"长期借款"账户所属的明细账户中将在 1 年内到期的长期借款金额后的金额填列。

（5）根据有关账户余额减去其备抵账户余额后的净额填列。例如，"应收票据"、"应收账款"、"长期股权投资"、"在建工程"等项目，应根据"应收票据"、"应收账款"、"长期股权投资"、"在建工程"等账户的期末余额减去"坏账准备"、"长期股权投资减值准备"、"在建工程减值准备"等账户余额后的净额填列；"固定资产"项目，应根据"固定资产"账户的期末余额减去"累计折旧"、"固定资产减值准备"备抵账户余额后的净额填列；"无形资产"项目，应根据"无形资产"账户的期末余额，减去"累计摊销"、"无形资产减值准备"备抵账户余额后的净额填列。

2. 资产负债表的填列方法

根据《企业会计制度》，资产负债表中主要项目的填列方法如下。

1）资产项目的填列方法

（1）"货币资金"项目，反映企业库存现金、银行计算账户存款、外埠存款、银行汇票存款、银行本票存款、信用卡存款、信用证保证金存款等的合计数。本项目应根据"库存现金"、"银行存款"、"其他货币资金"三个账户的期末余额合计数填列。

（2）"交易性金融资产"项目，反映企业持有的以公允价值计量且其变动计入当期损益的为交易目的所持有的债券投资、股票投资、基金投资、权证投资等金融资产。本项目应根据"交易性金融资产"账户的期末余额填列。

（3）"应收票据"项目，反映企业因销售商品、提供劳务等而收到的未到期收款、也未向银行贴现的应收票据，包括商业承兑汇票和银行承兑汇票。本项目应根据"应收票据"账户的期末余额减去"坏账准备"账户中有关应收票据计提的坏账准备期末余额填列。已向银行贴现和已背书转让的应收票据不包括在本项目内，其中已贴现的商业承兑汇票应在会计报表附注中单独披露。

（4）"应收账款"项目，反映企业因销售商品、提供劳务等经营活动而向购买单位收取的各种款项。本项目应根据"应收账款"账户所属各明细账户的期末借方余额合计，加上"预收账款"账户所属各明细账户的期末借方余额合计，减去"坏账准备"账户中有关应收账款计提的坏账准备期末余额后的金额填列。

如"应收账款"账户所属明细账户期末有贷方余额，应在本表"预收款项"项目中填列。

（5）"预付款项"项目，反映企业按照购货合同预付给供应单位的款项。本项目应根据"预付账款"账户所属各明细账户的期末借方余额合计，加上"应付账款"账户所属各明细账户的期末借方余额合计，减去"坏账准备"账户中有关预付账款计提的坏账准备期末余额后的金额填列。

如"预付账款"账户所属有关明细账户期末有贷方余额，应在本表"应付账款"项目内填列。

（6）"应收利息"项目，反映企业因债券投资而应收取的利息。企业购入到期还本付息债券应收的利息，不包括在本项目内。本项目应根据"应收利息"账户的期末余额，减去"坏账准备"账户中有关应收利息计提的坏账准备期末余额后的金额填列。

（7）"应收股利"项目，反映企业因股权投资而应收取的现金股利，企业应收其他单位的利润，也包括在本项目内。本项目应根据"应收股利"账户的期末余额，减去"坏账准备"账户中有关应收股利计提的坏账准备期末余额后的金额填列。

（8）"其他应收款"项目，反映企业对其他单位和个人的应收、暂付的款项。本项目应根据"其他应收款"账户的期末余额，减去"坏账准备"账户中有关其他应收款计提的坏账准备期末余额后的金额填列。

（9）"存货"项目，反映企业期末在库、在途和在加工中的各项存货的成本与可变现净值的孰低值。本项目应根据"材料采购"、"在途物资"、"原材料"、"生产成本"、"库存商品"、"委托加工物资"、"周转材料"、"委托代销商品"、"受托代销商品"等账户的期末余额合计数，减去"受托代销商品款"、"存货跌价准备"账户的期末余额后的金额填列。材料采用计划成本核算，以及库存商品采用计划成本核算或售价金额核算的企业，还应按加上或减去材料成本差异、商品进销差价后的金额填列。

（10）"一年内到期的非流动资产"项目，反映企业将于 1 年内到期的非流动资产项目金额。本项目应根据下一年要到期的"长期应收款"减去相应的"未实现融资收益"，加上下一年到期的"持有至到期投资"减去相应的"持有至到期投资减值准备"，再加上下年到期的"长期待摊费用"后的金额填列。

（11）"其他流动资产"项目，反映企业除以上流动资产项目外的其他流动资产。本项目应根据有关账户的期末余额填列。如其他流动资产价值较大，应在会计报表附注中披露其内容和金额。

（12）"长期股权投资"项目，反映企业持有的对子公司、联营企业和合营企业的长期股权投资。本项目应根据"长期股权投资"账户的期末余额，减去"长期股权投资减值准备"账户期末余额后的金额填列。

（13）"固定资产"项目，反映企业各种固定资产原价减去累计折旧和累计减值准备后的净额。本项目应根据"固定资产"账户的期末余额，减去"累计折旧"和"固定资产减值准备"账户的期末余额后的金额填列。

（14）"在建工程"项目，反映企业期末各项未完工程的实际支出，包括交付安装的设备价值、未完建筑安装工程已经耗用的材料、工资和费用支出、预付出包工程的价款等的可收回金额。本项目应根据"在建工程"账户的期末余额，减去"在建工程减值准备"账户期末余额后的金额填列。

（15）"工程物资"项目，反映企业各项工程尚未使用的工程物资的实际成本。本项目应根据"工程物资"账户的期末余额填列。

（16）"固定资产清理"项目，反映企业因出售、毁损、报废等原因转入清理但尚未清理完毕的固定资产的账面价值，以及固定资产清理过程中所发生的清理费用和变价收入等各项金额的差额。本项目应根据"固定资产清理"账户的期末借方余额填列，如"固定资产清理"账户期末为贷方余额，以"–"号填列。

（17）"无形资产"项目，反映企业各项无形资产的期末可收回金额。本项目应根据"无形资产"账户的期末余额，减去"无形资产减值准备"账户期末余额后的金额填列。

（18）"开发支出"项目，反映企业开发无形资产过程中能够资本化形成无形资产成本的支出部分。本项目应根据"研发支出"账户中所属"资本化支出"明细账户余额填列。

（19）"长期待摊费用"项目，反映企业已经发生但应由本期及以后各期负担的摊销期限在 1 年以上（不含 1 年）的各种费用，长期待摊费用中在 1 年内（含 1 年）摊销的部分，应在本资产负债表"一年内到期的非流动资产"项目填列。本项目应根据"长期待摊费用"账户的期末余额减去 1 年内（含 1 年）摊销的数额后的金额填列。

（20）"其他非流动资产"项目，反映企业除长期股权投资、固定资产、在建工程、工程物资、无形资产等以外的其他非流动资产。本项目应根据有关账户的期末余额填列。

2）负债项目的填列方法

（1）"短期借款"项目，反映企业借入尚未归还的 1 年期以下（含 1 年）的借款。本项目应根据"短期借款"账户的期末余额填列。

（2）"应付票据"项目，反映企业为了抵付货款等而开出、承兑的尚未到期付款的应付票据，包括银行承兑汇票和商业承兑汇票。本项目应根据"应付票据"账户的期末余额填列。

（3）"应付账款"项目，反映企业购买原材料、商品和接受劳务供应等而应付给供应单位的款项。本项目应根据"应付账款"账户所属各有关明细账户的期末贷方余额合计，加上"预付账款"所属明细账户的贷方余额合计填列。如"应付账款"账户所属各明细账户期末有借方余额，应在本表"预付账款"项目内填列。

（4）"预收账款"项目，反映企业预收购买单位的账款。本项目应根据"预收账款"账户所属各有关明细账户的期末贷方余额合计，加上"应收账款"账户所属明细账户的贷方余额合计填列。如"预收账款"账户所属有关明细账户有借方余额，应在本表"应收账款"项目内填列。

（5）"应付职工薪酬"项目，反映企业根据有关规定应付给职工的工资、职工福利费、社会保险费、住房公积金、工会经费、职工教育经费、非货币性福利、辞退福利等各种薪酬。外商投资企业按规定从净利润中提取的职工奖励及福利基金，也在本项目中列示。

（6）"应交税费"项目，反映企业按照税法规定计算应缴纳的各种税费，包括增值税、消费税、营业税、所得税、资源税、土地增值税、城市维护建设税、房产税、土地使用税、车船税、教育费附加、矿产资源补偿费等。企业代扣代交的个人所得税，也通过本项目列示。企业所缴纳的不需要预计应交数的，如印花税、耕地占用税等，不在本项目内列示。本项目根据"应交税费"账户的期末贷方余额填列，如"应交税费"账户期末为借方余额，应以"－"号填列。

（7）"应付利息"项目，反映企业按照规定应当支付的利息，包括分期付息到期还本的长期借款应支付的利息、企业发行债券应支付的利息等。本项目应根据"应付利息"账户的期末余额填列。

（8）"应付股利"项目，反映企业分配的现金股利或利润，企业分配的股票股利，不通过本项目列示。本项目应根据"应付股利"账户的期末余额填列。

（9）"其他应付款"项目，反映除应付票据、应付账款、预收款项、应付职工薪酬、应付股利、应付利息、应交税费等经营活动以外的其他各项应付、暂收的款项。本项目应根据"其他应付款"账户的期末余额填列。

（10）"一年内到期的非流动负债"项目，反映企业非流动负债中将于资产负债表日后1年内到期部分的金额，如将于1年内偿还的长期借款。本项目应根据有关账户的期末余额填列。

（11）"长期借款"项目，反映企业向银行或其他金融机构借入的期限在1年期以上（不含1年）的各项借款。本项目应根据"长期借款"总账账户的期末余额，减去将于1年内到期的长期借款金额后的金额填列。

（12）"应付债券"项目，反映企业为筹集长期资金而发行的债券本金和利息。本项目应根据"应付债券"总账账户的期末余额，减去将于1年内到期的债券金额后的金额填列。

（13）"其他非流动负债"项目，反映企业除长期借款、应付债券等项目以外的其他非流动负债。本项目应根据有关账户的期末余额，减去将于1年内（含1年）到期偿还数后的余额填列。

3）所有者权益项目的填列方法

（1）"实收资本（或股本）"项目，反映企业各投资者实际投入的资本（或股本）总额。本项目应根据"实收资本"（或"股本"）账户的期末余额填列。

（2）"资本公积"项目，反映企业资本公积的期末余额。本项目应根据"资本公积"账户的期末余额填列。

（3）"盈余公积"项目，反映企业盈余公积的期末余额。本项目应根据"盈余公积"账户的期末余额填列。

（4）"未分配利润"项目，反映企业尚未分配的利润。本项目应根据"本年利润"账户和"利润分配"账户的余额计算填列。未弥补的亏损，在本项目内以"－"号填列。

三、利润表

（一）利润表的概念和意义

1. 利润表的概念

利润表又称损益表，是反映企业在一定会计期间经营成果的报表。利润表把一定时期的收入与同一会计期间的相关费用进行相互配比，计算出企业在一定时期内的净利润或净亏损。

2. 利润表的意义

通过利润表可以从总体上了解企业收入、成本和费用、净利润（或亏损）的实现及构成情况；同时，通过利润表提供的不同时期的比较数字（本月数、本年累计数、上年数），可以分析企业的获利能力及利润的未来发展趋势，了解投资者投入资本的保值增值情况。

（二）利润表的格式

利润表的格式主要有多步式利润表和单步式利润表两种。按照我国《企业会计制度》的规定，我国企业的利润表采用多步式。多步式利润表的格式和内容如表 15－2 所示。

表 15－2　利　润　表

会企 02 表

编制单位：　　　　　　　　年　　月　　　　　　　　　　　　单位：元

项　目	本期金额	上期金额
一、营业收入		
减：营业成本		
营业税金及附加		
销售费用		
管理费用		
财务费用		
资产减值损失		
加：公允价值变动收益（损失以"－"号填列）		
投资收益（损失以"－"号填列）		
其中：对联营企业和合营企业的投资收益		

项目	本期金额	上期金额
二、营业利润（亏损以"－"号填列）		
加：营业外收入		
减：营业外支出		
其中：非流动资产处置损失		
三、利润总额（亏损总额以"－"号填列）		
减：所得税费用		
四、净利润（净亏损以"－"号填列）		
五、每股收益		
（一）基本每股收益		
（二）稀释每股收益		

（三）利润表的编制

利润表各项目均需填列"本期金额"和"上期金额"两栏。利润表"本期金额"、"上期金额"栏内数字除"基本每股收益"和"稀释每股收益"项目外，应当按照相关账户的发生额分析计算填列。

【我也能做】投资收益为什么列入营业利润的计算范围？

1. "上期金额"的填列方法

"上期金额"栏内各项目数字，应根据上年该期利润表的"本期金额"栏内所列数字填列。如果上年度利润表中的项目名称与本年度不一致，应对上年利润表各项目名称和数字按照本年度的规定进行调整，填入本表"上期金额"栏。

2. "本期金额"的填列方法

"本期金额"栏内各项数字，除"基本每股收益"和"稀释每股收益"项目外，应当按照相关科目的发生额分析填列。如"营业收入"项目，根据"主营业务收入"、"其他业务收入"科目的发生额分析计算填列；"营业成本"项目，根据"主营业务成本"、"其他业务成本"科目的发生额分析计算填列。其他项目均按照各科目的发生额分析填列。

3. 利润表的编制步骤

企业的利润表按以下三个步骤编制：

第一步，以营业收入为基础，减去营业成本、营业税金及附加、销售费用、管理费用、财务费用、资产减值损失，加上公允价值变动收益（减去公允价值变动损失）和投资收益（减去投资损失），计算出营业利润；

第二步，以营业利润为基础，加上营业外收入，减去营业外支出，计算出利润总额；

第三步，以利润总额为基础，减去所得税费用，计算出净利润（或净亏损）。

4. 利润表具体项目的填列说明

（1）"营业收入"项目，应根据"主营业务收入"和"其他业务收入"科目的发生额分析填列。

（2）"营业成本"项目，应根据"主营业务成本"和"其他业务成本"科目的发生额分析填列。

（3）"营业税金及附加"项目，反映企业经营业务应负担的消费税、营业税、城市维护建设税、资源税、土地增值税和教育费附加等。本项目应根据"营业税金及附加"科目的发生额分析填列。

（4）"销售费用"项目，反映企业在销售商品过程中发生的包装费、广告费等费用和为销售本企业商品而专设的销售机构的职工薪酬、业务费等经营费用。本项目应根据"销售费用"科目的发生额分析填列。

（5）"管理费用"项目，应根据"管理费用"科目的发生额分析填列。

（6）"财务费用"项目，应根据"财务费用"科目的发生额分析填列。

（7）"资产减值损失"项目，应根据"资产减值损失"科目的发生额分析填列。

（8）"公允价值变动收益"项目，应根据"公允价值变动损益"科目的发生额分析填列，如为净损失，本项目以"－"号填列。

（9）"投资收益"项目，应根据"投资收益"科目的发生额分析填列。如为投资损失，本项目以"－"号填列。

（10）"营业利润"项目，反映企业实现的营业利润。如为亏损，本项目以"－"号填列。

（11）"营业外收入"项目，应根据"营业外收入"科目的发生额分析填列。

（12）"营业外支出"项目，应根据"营业外支出"科目的发生额分析填列。

（13）"利润总额"项目，反映企业实现的利润。如为亏损，本项目以"－"号填列。

（14）"所得税费用"项目，应根据"所得税费用"科目的发生额分析填列。

（15）"净利润"项目，反映企业实现的净利润。如为亏损，本项目以"－"号填列。

四、现金流量表

（一）现金流量表概述

现金流量表是反映企业在一定会计期间现金和现金等价物（以下简称为现金）流入和流出的报表。通过现金流量表能够反映企业一定会计期间内现金流入和流出的信息，有助于评价企业支付能力、偿债能力和周转能力，有助于预测企业未来现金流量，有助于分析企业收益质量及影响现金净流量的因素。现金流量表中的有关定义如下。

1. 现金

现金是指企业库存现金以及可以随时用于支付的存款，包括库存现金、银行存款和其他货币资金（如外埠存款、银行汇票存款、银行本票存款等）等。不能随时用于支付的存款不属于现金。

2. 现金等价物

现金等价物是指企业持有的期限短、流动性强、易于转换为已知金额现金、价值变动风险很小的投资。期限短，一般是指从购买之日起三个月内到期。现金等价物通常包括三个月内到期的债券投资等。权益性投资变现的金额通常不确定，因而不属于现金等价物。企业应当根据具体情况，确定现金等价物的范围，一经确定不得随意变更。

【小心地雷】企业于 2010 年 11 月 1 日购入 2008 年 1 月 1 日发行的期限为 3 年的国债，

购买时还有两个月到期，这项投资能作为现金等价物吗？企业 2010 年 11 月 1 日购入期限为 12 个月的企业债券，是否能作为现金等价物？

3. 现金流量

现金流量是指一定会计期间内企业现金和现金等价物的流入和流出。企业从银行提取现金、用现金购买短期到期的国库券等现金和现金等价物之间的转换不属于现金流量。

（二）现金流量表的内容

根据企业经营业务发生性质的不同，现金流量表通常将一定期间内产生的现金流量分为经营活动产生的现金流量、投资活动产生的现金流量和筹资活动产生的现金流量三类。

1. 经营活动产生的现金流量

经营活动是指企业投资活动和筹资活动以外的所有交易事项。经营活动产生的现金流量主要包括销售商品或提供劳务、购买商品、接受劳务、支付工资和交纳税款等流入和流出的现金和现金等价物。

2. 投资活动产生的现金流量

投资活动是指企业长期资产的构建和不包括在现金等价物范围内的投资及其处置活动。投资活动产生的现金流量主要包括构建固定资产、处置子公司及其他营业单位等流入和流出的现金和现金等价物。

3. 筹资活动产生的现金流量

筹资活动是指导致企业资本及负债规模或构成发生变化的活动。筹资活动产生的现金流量主要包括吸收投资、发行股票、分配利润、发行债券、偿还债务等流入和流出的现金和现金等价物。偿还应付账款、应付票据等应付款项属于经营活动，不属于筹资活动。

（三）现金流量表的结构

我国企业现金流量表采用报告式结构，分类反映经营活动产生的现金流量、投资活动产生的现金流量和筹资活动产生的现金流量，最后汇总反映企业某一期间现金及现金等价物的净增加额。

我国企业现金流量表的格式如表 15-3 所示。

表 15-3　现金流量表

会企 03 表

编制单位：　　　　　　　　　　　　年　月　　　　　　　　　　　　单位：元

项目	本期金额	上期金额
一、经营活动产生的现金流量		
销售商品、提供劳务收到的现金		
收到的税费返还		
收到其他与经营活动有关的现金		
经营活动现金流入小计		
购买商品、接受劳务支付的现金		
支付给职工以及为职工支付的现金		

项　目	本期金额	上期金额
支付的各项税费		
支付其他与经营活动有关的现金		
经营活动现金流出小计		
经营活动产生的现金流量净额		
二、投资活动产生的现金流量		
收回投资收到的现金		
取得投资收益收到的现金		
处置固定资产、无形资产和其他长期资产收回的现金净额		
处置子公司及其他营业单位收到的现金净额		
收到其他与投资活动有关的现金		
投资活动现金流入小计		
购建固定资产、无形资产和其他长期资产支付的现金		
投资支付的现金		
取得子公司及其他营业单位支付的现金净额		
支付其他与投资活动有关的现金		
投资活动现金流出小计		
投资活动产生的现金流量净额		
三、筹资活动产生的现金流量		
吸收投资收到的现金		
取得借款收到的现金		
收到其他与筹资活动有关的现金		
筹资活动现金流入小计		
偿还债务支付的现金		
分配股利、利润或偿付利息支付的现金		
支付其他与筹资活动有关的现金		
筹资活动现金流出小计		
筹资活动产生的现金流量净额		
四、汇率变动对现金及现金等价物的影响		
五、现金及现金等价物净增加额		
加：期初现金及现金等价物余额		
六、期末现金及现金等价物余额		

（四）现金流量表的编制

企业应当采用直接法列示经营活动产生的现金流量。直接法是指通过现金收入和现金支出的主要类别列示经营活动的现金流量的方法。采用直接法编制经营活动产生的现金流量时，一般以利润表中的营业收入为起算点，调整与经营活动有关的项目的增减变动，然后计算出经营活动的现金流量。采用直接法具体编制现金流量表时，可以采用工作底稿法或 T 形账户法，也可以根据有关科目的记录分析填列。

【相关链接】关于现金流量表的具体编制方法，在《企业日常业务核算》课程中将会详细介绍，本书不做讲解。

五、所有者权益变动表

（一）所有者权益变动表的内容及结构

所谓所有者权益变动表，是指反映构成所有者权益各组成部分当期增减变动情况的报表。当期损益、直接计入所有者权益的利得和损失，以及与所有者的资本交易导致的所有者权益的变动，应当分别列示。

在所有者权益变动表中，企业至少应当单独列示反映下列信息的项目：

（1）净利润；

（2）直接计入所有者权益的利得和损失项目及其总额；

（3）会计政策变更和前期差错更正的累积影响金额；

（4）所有者投入资本和向所有者分配利润等；

（5）提取的盈余公积；

（6）实收资本或股本、资本公积、盈余公积、未分配利润的期初和期末余额及其调节情况。

所有者权益变动表的格式如表 15 - 4 所示。

表 15 - 4 所有者权益变动表

会企 04 表

编制单位： _____ 年度 单位：元

项目	本年金额						上年金额					
	实收资本（或股本）	资本公积	减：库存股	盈余公积	未分配利润	所有者权益合计	实收资本（或股本）	资本公积	减：库存股	盈余公积	未分配利润	所有者权益合计
一、上年年末余额												
加：会计政策变更												
前期差错更正												
二、本年年初余额												
三、本年增减变动金额（减少以"-"号填列）												
（一）净利润												
（二）直接计入所有者权益的利得和损失												
1. 可供出售金融资产公允价值变动净额												

续表

项目	本年金额						上年金额					
	实收资本(或股本)	资本公积	减:库存股	盈余公积	未分配利润	所有者权益合计	实收资本(或股本)	资本公积	减:库存股	盈余公积	未分配利润	所有者权益合计
2. 权益法下被投资单位其他所有者权益变动的影响												
3. 与计入所有者权益项目相关的所得税影响												
4. 其他												
上述（一）和（二）小计												
（三）所有者投入和减少资本												
1. 所有者投入资本												
2. 股份支付计入所有者权益的金额												
3. 其他												
（四）利润分配												
1. 提取盈余公积												
2. 对所有者（或股东）的分配												
3. 其他												
（五）所有者权益内部结转												
1. 资本公积转增资本（或股本）												
2. 盈余公积转增资本（或股本）												
3. 盈余公积弥补亏损												
4. 其他												
四、本年年末余额												

（二）所有者权益变动表的填列方法

1. "上年年末余额"项目

"上年年末余额"项目，反映企业上年资产负债表中实收资本（或股本）、资本公积、库存股、盈余公积、未分配利润的年末余额。

2. "会计政策变更"、"前期差错更正"项目

"会计政策变更"、"前期差错更正"项目，分别反映企业采用追溯调整法处理的会计政策变更的累积影响金额和采用追溯重述法处理的前期差错更正的累积影响金额。

3. "本年增减变动金额"项目

（1）"净利润"项目，反映企业当年实现的净利润（或净亏损）金额。

（2）"直接计入所有者权益的利得和损失"项目，反映企业当年直接计入所有者权益的利得和损失金额。

● "可供出售金融资产公允价值变动净额"项目，反映企业持有的可供出售金融资产当年公允价值变动的金额。

● "权益法下被投资单位其他所有者权益变动的影响"项目，反映企业对按照权益法核算的长期股权投资，在被投资单位除当年实现的净损益以外其他所有者权益当年变动中应享有的份额。

● "与计入所有者权益项目相关的所得税影响"项目，反映企业根据《企业会计准则第18号——所得税》的规定应计入所有者权益项目的当年所得税影响金额。

（3）"所有者投入和减少资本"项目，反映企业当年所有者投入的资本和减少的资本。

● "所有者投入的资本"项目，反映企业接受投资者投入形成的实收资本（或股本）和资本溢价或股本溢价。

● "股份支付计入所有者权益的金额"项目，反映企业处于等待期中的权益结算的股份支付当年计入资本公积的金额。

（4）"利润分配"项目，反映企业当年的利润分配金额。

● "提取盈余公积"项目，反映企业按照规定提取的盈余公积。

● "对所有者（或股东）的分配"项目，反映对所有者（或股东）分配的利润（或股利）金额。

（5）"所有者权益内部结转"项目，反映企业构成所有者权益的组成部分之间的增减变动情况。

● "资本公积转增资本（或股本）"项目，反映企业以资本公积转增资本（或股本）的金额。

● "盈余公积转增资本（或股本）"项目，反映企业以盈余公积转增资本（或股本）的金额。

● "盈余公积弥补亏损"项目，反映企业以盈余公积弥补亏损的金额。

六、附注

（一）附注的含义及作用

会计报表附注是为了便于会计报表使用者理解会计报表的内容而对会计报表的编制基础、编制依据、编制原则和方法及主要项目等所作的解释。

附注是财务报告不可或缺的组成部分。编制和披露会计报表附注，有助于财务报告使用者全面和仔细地了解企业的财务状况、经营成果和现金流量情况，也是充分披露原则的体现。

（二）我国会计报表附注披露的主要内容

企业应当按照规定披露附注信息，主要包括以下内容。

1. 企业的基本情况

（1）企业注册地、组织形式和总部地址。

（2）企业的业务性质和主要经营活动。

（3）母公司以及集团最终母公司的名称。

（4）财务报告的批准报出者和财务报告的批准报出日。按照有关法律、行政法规等的规定，企业所有者或其他方面有权对报出的财务报告进行修改，修改事实应披露。

2. 财务报告的编制基础

说明企业的持续经营情况。

3. 遵循《企业会计准则》的声明

企业应当明确说明编制的财务报告符合《企业会计准则》体系的要求，真实、完整地反映企业的财务状况、经营成果和现金流量。

4. 重要会计政策和会计估计的说明

企业应当披露重要的会计政策和会计估计，不重要的会计政策和会计估计可以不披露。在披露重要会计政策和会计估计时，应当披露重要会计政策的确定依据和财务报表项目的计量基础，以及会计估计中所采用的关键假设和不确定因素。

5. 会计政策和会计估计变更以及差错更正的说明

企业应当按照《企业会计准则第 28 号——会计政策、会计估计变更和差错更正》及其应用指南的规定进行披露。

6. 重要报表项目的说明

企业应当尽可能以列表的形式披露重要报表项的构成或当期的增减变动情况。对重要报表项目的明细说明，应当按照资产负债表、利润表、现金流量表、所有者权益变动表的顺序以及报表项目列示的顺序进行披露，采用文字和数字描述相结合的方式进行披露，并与报表项目相互参照。

报表中重大项目主要有：①交易性金融资产；②应收款项；③存货；④可供出售金融资产；⑤持有至到期投资；⑥长期股权投资；⑦投资性房地产；⑧固定资产；⑨无形资产；⑩交易性金融负债；⑪职工薪酬；⑫应交税费；⑬短期借款和长期借款；⑭应付债券；⑮长期应付款；⑯营业收入；⑰公允价值变动收益；⑱投资收益；⑲资产减值损失；⑳营业外收入；㉑营业外支出；㉒所得税费用等。

7. 分布报告

企业应披露分部信息，应当区分业务分部和地区分部。

8. 关联方披露

企业财务报表中应当披露所有关联方关系及其交易的相关信息。

【知识小结】

财务会计报告是会计核算工作的结果，是指企业对外提供的反映企业某一特定日期财务状况和某一会计期间经营成果、现金流量的文件。一套完整的财务会计报告至少应当包括资产负债表、利润表、现金流量表、所有者权益变动表以及附注。在编制会计报表时，应满足真实可靠、内容完整、相关可比、编报及时、便于理解等要求。资产负债表是反映企业在某一特定日期财务状况的报表。它根据"资产＝负债＋所有者权益"这一基本公式，依照一定的分类标准和一定的次序，把企业在某一特定日期的资产、负债和所有者权益项目予以适当排列编制而成。利润表又称损益、收益表，是反映企业在一定会计期间的经营成果的会计报表。一定会计期间可以是一个月，一个季度，半年，也可以是一年，因此将利润表称为动态报表；经营成果是指企业进行经营活动产生的结果，主要由利润及其构成表示。利润表根据"收入－费用＝利润"这一平衡公式，依照一定的标准和次序，把企业一定时期内的收入、费用和利润项目予以适当排列编制而成。现金流量表是反映企业在一定会计期间现金和现金等价物流入和流出情况的报表。现金流量表是以现金为基础编制的，我国企业的现金流量表包括正表和补充资料两部分。所有者权益变动表是指反映构成所有者权益的各组成部分当期增减变动情况的报表。当期损益直接计入所有者权益的利得和损失以及与所有者股东的资本交易导致的所有者权益的变动，应当分别列示。附注是对资产负债表、利润表、现金流量表和所有者权益变动表等报表中列示项目的补充说明，或者未能在这些报表项目中列示内容的说明，它起到帮助会计报表使用者更好地理解报表的作用，是财务会计报告不可或缺的重要组成部分。

【专业术语】

财务会计报告　　资产负债表　　利润表　　现金流量表　　现金流量

现金等价物　　所有者权益变动表　　附注

【复习思考】

1. 资产负债表采用什么样的结构？其中有哪些内容？

2. 资产负债表编制的依据是什么？

3. 资产负债表项目的具体填列方法有哪些？

4. 利润表采用什么样的结构？其中有哪些内容？

5. 现金流量表的结构是怎样的？

知识点十六 账务处理程序

一、账务处理程序的意义和种类

(一) 账务处理程序的意义

为了科学地组织会计工作,必须综合地运用会计核算的各种专门方法,确定一个合理的账务处理程序。账务处理程序也称会计核算组织程序或会计核算形式,是指会计凭证、会计账簿、会计报表相结合的方式,包括会计凭证和账簿的种类、格式,会计凭证与账簿之间的联系方法,由原始凭证到编制记账凭证、登记明细账和总分类账、编制会计报表的工作程序和方法等。

科学合理地选择适用于本企业的账务处理程序对于有效地组织会计核算具有重要意义。

(1) 有利于会计工作程序的规范化,确定合理的凭证、账簿与报表之间的联系方式,保证会计信息加工过程的严密性,提高会计信息的质量。

(2) 有利于保证会计记录的完整性、正确性,通过凭证、账簿及报表之间的牵制作用,增强会计信息的可靠性。

(3) 有利于减少不必要的会计核算环节,通过井然有序的账务处理程序,提高会计工作效率,保证会计信息的及时性。

(二) 账务处理程序的种类

在长期的会计工作实践中形成了多种不同的会计核算形式,我国企业目前采用的主要有记账凭证账务处理程序、科目汇总表账务处理程序和汇总记账凭证账务处理程序。这三种会计核算形式有许多共同点,但也有一些不同之处,其主要区别在于登记总分类账的依据和方法不同。

【相关链接】账务处理程序的设计或选择，应结合国家有关法律、法规、制度的规定，结合本单位的实际情况和管理要求，正确设计凭证和账簿的种类、格式，规定它们之间的联系及登记程序。除上面介绍的三种账务处理程序之外，还包括多栏式日记账账务处理程序和日记总账账务处理程序。在这五种账务处理程序中，记账凭证账务处理程序是其他账务处理程序的基础。

（三）选用会计处理程序的基本要求

由于企业规模有大有小，业务有繁有简，其经营特点也不尽相同，为了正确地组织会计工作，发挥会计在经济管理中的作用，应该结合本单位的业务特点，从实际出发，正确设计会计凭证以及账簿的种类、格式，规定它们之间的联系以及登记程序和方法，从而形成科学合理的账务处理程序。

账务处理程序的确定，一般应符合以下要求：

第一，要与本单位的经济性质、经营规模、业务的繁简和管理要求相适应，有利于加强会计核算，有利于组织分工协作，有利于建立岗位责任制；

第二，要能正确、及时、完整地提供会计核算资料，全面、系统地反映企业经济活动情况，以满足企业内部和外部各有关方面对会计信息的需要；

第三，在保证会计核算质量的前提下，力求简化核算手续，节约人力、物力，提高工作效率。

二、记账凭证账务处理程序

（一）记账凭证账务处理程序及特点

记账凭证账务处理程序是指对发生的经济业务事项，都要根据原始凭证或汇总原始凭证编制记账凭证，然后直接根据记账凭证逐笔登记总分类账的一种账务处理程序。它是基本的账务处理程序。

在记账凭证账务处理程序中，记账凭证一般采用收款凭证、付款凭证和转账凭证三种格式，也可采用通用记账凭证格式。账簿的设置一般包括总分类账、日记账和明细分类账。日记账包括现金日记账和银行存款日记账。总分类账和日记账一般采用三栏式，明细分类账可根据管理上的需要，采用三栏式、多栏式或数量金额式。

记账凭证账务处理程序的一般步骤如下：

（1）根据原始凭证编制汇总原始凭证；

（2）根据原始凭证或汇总原始凭证，编制记账凭证；

（3）根据收款凭证、付款凭证及其所附的原始凭证逐笔登记库存现金日记账和银行存款日记账；

（4）根据原始凭证、汇总原始凭证和记账凭证登记明细分类账；

（5）根据记账凭证逐笔登记总分类账；

（6）期末，库存现金日记账、银行存款日记账和明细分类账的余额同有关总分类账的余额核对相符；

（7）期末，根据总分类账和明细分类账的记录，编制会计报表。

记账凭证账务处理程序如图16－1所示。

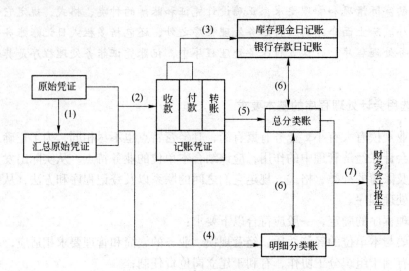

图16－1　记账凭证账务处理程序

（二）优缺点及适用范围

记账凭证账务处理程序的优点是：账务处理程序简单明了，易于理解，总分类账可以较详细地反映经济业务的发生情况。其缺点是：登记总分类账的工作量较大。因此，这种账务处理程序适用于规模小、经济业务量较少的单位。

三、汇总记账凭证账务处理程序

（一）汇总记账凭证账务处理程序及特点

汇总记账凭证账务处理程序是根据原始凭证或汇总原始凭证编制记账凭证，定期根据记账凭证分类编制汇总收款凭证、汇总付款凭证和汇总转账凭证，再根据汇总记账凭证登记总分类账的一种账务处理程序。定期编制汇总记账凭证，并以此为依据登记总分类账，是其主要特点。

在汇总记账凭证账务处理程序下，除了设置记账凭证外，还要定期根据记账凭证编制汇总记账凭证。记账凭证通常分为收款凭证、付款凭证和转账凭证，相应地，汇总记账凭证也分为汇总收款凭证、汇总付款凭证与汇总转账凭证。

（二）汇总记账凭证的编制方法

应根据现金收款凭证和银行存款收款凭证，分别按"库存现金"、"银行存款"账户的借方设置。根据需要，通常是定期五天或十天汇总填列一次，每月编制一张。月末，根据每个贷方科目发生额的合计数，登记到对应总账的贷方；同时，逐笔过账到"库存现金"、"银行存款"总账的借方。汇总收款凭证的格式如表16－1所示。

表16-1 汇总收款凭证

借方科目：库存现金   20××年×月   编号：汇收 号

贷方科目	金额				过账	
	1日至10日 现收凭证 共 张	11日至20日 现收凭证 共 张	21日至31日 现收凭证 共 张	合计	借方	贷方

会计主管：   记账：   审核：   填制：

汇总付款凭证根据现金付款凭证和银行存款付款凭证，分别按"库存现金"、"银行存款"账户的贷方设置。根据需要，通常是五天或十天定期汇总填列一次，每月编制一张。月末，根据每个借方科目发生额的合计数，登记到对应总账的借方；同时，逐笔过记到"库存现金"、"银行存款"总账的贷方。汇总付款凭证的格式如表16-2所示。

表16-2 汇总付款凭证

贷方科目：银行存款   20××年×月   编号：汇收 号

借方科目	金额				过账	
	1日至10日 银付凭证 共 张	11日至20日 银付凭证 共 张	21日至31日 银付凭证 共 张	合计	借方	贷方

会计主管：   记账：   审核：   填制：

汇总转账凭证，习惯上按转账凭证的贷方科目分别设置，根据转账凭证按其借方账户（对应账户）定期归类汇总。同样地，通常五天或十天汇总填列一次，每月编制一张。月末，根据汇总转账凭证中的汇总合计数，分别过记到总分类账的应贷账户的贷方，以及各个应借账户的借方。由于通常是按转账凭证的贷方科目设置汇总转账凭证，为了便于汇总，平时编制记账凭证时应编制一借一贷或多借一贷式的转账凭证，而不宜编制一借多贷或多借多贷的转账凭证。汇总转账凭证的格式如表16-3所示。

表16-3 汇总转账凭证

贷方科目：   20××年×月   编号：汇转 号

借方科目	金额				过账	
	1日至10日 转账凭证 共 张	11日至20日 转账凭证 共 张	21日至31日 转账凭证 共 张	合计	借方	贷方

会计主管：   记账：   审核：   填制：

汇总记账凭证账务处理程序采用的账簿种类和格式与记账凭证账务处理程序采用的基本相同。所不同的是，在汇总记账凭证账务处理程序下，总分类账通常要求设置成具有"对方科目"专栏的借、贷、余三栏式，以便清楚地反映科目之间的对应关系。

（三）汇总记账凭证账务处理程序

（1）根据原始凭证编制汇总原始凭证；

（2）根据原始凭证或汇总原始凭证，编制记账凭证；

（3）根据收款凭证、付款凭证及其所附原始凭证逐笔登记库存现金日记账和银行存款日记账；

（4）根据原始凭证、汇总原始凭证和记账凭证，登记各种明细分类账；

（5）根据各种记账凭证编制有关汇总记账凭证；

（6）根据各种汇总记账凭证登记总分类账；

（7）期末，库存现金日记账、银行存款日记账和明细分类账的余额同有关总分类账的余额核对相符；

（8）期末，根据总分类账和明细分类账的记录，编制会计报表。

汇总记账凭证账务处理程序如图 16 – 2 所示。

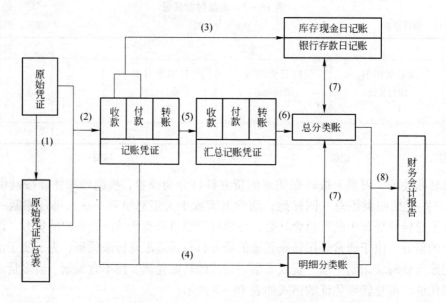

图 16 – 2　汇总记账凭证账务处理程序

（四）优缺点及适用范围

汇总记账凭证账务处理程序的优点是：减轻了登记总分类账的工作量，便于了解账户之间的对应关系。其缺点是：按每一贷方科目编制汇总转账凭证，不利于会计核算的日常分工，当转账凭证较多时，编制汇总转账凭证的工作量较大。该账务处理程序适用于规模较大、经济业务较多的单位。

四、科目汇总表账务处理程序

（一）科目汇总表账务处理程序及特点

科目汇总表账务处理程序又称记账凭证汇总表账务处理程序，它是根据记账凭证定期编制科目汇总表，再根据科目汇总表登记总分类账的一种账务处理程序。定期编制科目汇总表，并以此为依据登记总分类账，是其主要特点。

在科目汇总表账务处理程序下，记账凭证可以采用收款凭证、付款凭证和转账凭证三种形式，也可以采用通用格式。此外，还要设置科目汇总表。为了便于编制科目汇总表，一般要求编制单式记账凭证或对记账凭证加以复写，以便于按借贷方账户分别汇总。若采用"T"字形账户作为编制科目汇总表的工作底稿，则记账凭证可以编制复合分录。

科目汇总表账务处理程序下的总分类账也采用三栏式，但不设"对方科目"专栏，因为科目汇总表中不能反映各个账户之间的对应关系。其日记账和明细分类账的种类、格式与记账凭证账务处理程序相同。

（二）科目汇总表的编制方法

科目汇总表一般按旬（10 天）汇总一次，每月编制一张或几张，具体编制方法如下：

（1）将 10 天内的全部记账凭证，按照相同科目归类汇总（可借助于"T"字形账户作为工作底稿）；

（2）计算出每一会计科目的借方本期发生额和贷方本期发生额；

（3）将计算结果填入科目汇总表相应科目的"本期发生额"栏内。

科目汇总表的格式如表 16 - 4 所示。

表 16 - 4　科目汇总表

20 × ×年×月

会计科目	1 日至 10 日发生额	11 日至 20 日发生额	21 日至 31 日发生额	发生额合计	总账页数
合计					

科目汇总表账务处理的一般程序如下：

（1）根据原始凭证编制汇总原始凭证；

（2）根据原始凭证或汇总原始凭证，编制记账凭证；

（3）根据收款凭证、付款凭证及其所附的原始凭证逐笔登记库存现金日记账和银行存款日记账；

（4）根据原始凭证、汇总原始凭证和记账凭证，登记各种明细分类账；

（5）根据各种记账凭证编制科目汇总表；

（6）根据科目汇总表登记总分类账；

（7）期末，现金日记账、银行存款日记账和明细分类账的余额同有关总分类账的余额核对相符；

（8）期末，根据总分类账和明细分类账的记录，编制会计报表。

科目汇总表账务处理程序如图16-3所示。

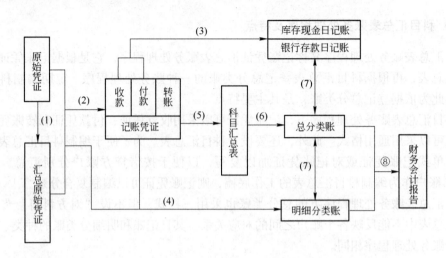

图16-3 科目汇总表账务处理程序

（三）优缺点及适用范围

科目汇总表账务处理程序的优点是：减轻了登记总分类账的工作量，并可做到试算平衡，简明易懂，方便易学。其缺点是：科目汇总表不能反映账户对应关系，不便于查对账目。它适用于经营业务较多的单位。

【我也能做】如果有一天你应聘到一家规模不大的私营企业担任会计工作，那么你能运用所学的账务处理程序相关知识，单独设计出适合本单位需要的账务处理程序吗？

【小心地雷】假定你毕业后去一家民营企业从事会计工作，该单位一开始规模较小，经济业务量不多，采用的是最基本的账务处理程序，即记账凭证账务处理程序。随着经营管理水平的不断提高，单位的规模越来越大，经济业务量较以往翻了几番，每月登账的工作量比较大，使你觉得苦不堪言。请问你是继续忍受，还是运用所学的知识改变现状？

【知识小结】账务处理程序也称会计核算组织程序或会计核算形式，是指会计凭证、会计账簿、会计报表相结合的方式，包括会计凭证和账簿的种类、格式，会计凭证与账簿之间的联系方法，由原始凭证到编制记账凭证、登记明细账和总分类账、编制会计报表的工作程序和方法等。我国企业目前采用的主要有记账凭证账务处理程序、科目汇总表账务处理程序和汇总记账凭证账务处理程序。其主要区别在于登记总分类账的依据和方法不同，应根据单位具体情况设置科学的账务处理程序。

【专业术语】

账务处理程序　　科目汇总表　　汇总记账凭证　　记账凭证账务处理程序

汇总记账凭证账务处理程序　　科目汇总表账务处理程序

【复习思考】

1. 什么是账务处理程序？常用账务处理程序有哪些？

2. 简述科目汇总表账务处理程序的特点、业务流程、凭证及账簿组织、优缺点及适用范围。

3. 什么是汇总记账凭证核算程序？它是怎样进行操作的？

4. 汇总记账凭证的编制与科目汇总表的编制有何不同？

5. 简述设置科学、合理的账务处理程序的意义。

知识点十七　会计机构和会计人员

【教学目标】

1. 掌握设置会计机构和配备会计人员的基本要求；
2. 熟悉会计工作岗位及相应的职责；
3. 了解会计工作的组织形式。

【重点难点】

教学重点：

1. 设置会计机构应考虑的因素；
2. 配备会计人员的基本要求。

教学难点：

1. 如何根据需要合理设置会计机构；
2. 如何设计科学的会计岗位责任制。

一、会计机构

会计机构是各单位办理会计事务的职能机构。建立健全会计机构，配备与工作要求相适应的、具有一定素质和数量的会计人员，是做好会计工作、充分发挥会计职能作用的重要保证。

（一）会计工作的组织形式

会计工作的组织形式一般有集中核算和非集中核算两种。

1. 集中核算

集中核算是指会计核算工作集中在单位财务（会计）部门统一进行，单位内部的下属部门不进行会计核算，只需定期提供原始资料。在实际工作中，经济业务发生时，各生产车间、职能部门等只进行原始记录，办理原始凭证手续，对有关的原始凭证进行汇总，并定期将原始凭证和汇总原始凭证送交财务（会计）部门，由财务（会计）部门进行总分类核算和明细分类核算。

集中核算的主要优点是可以减少核算环节，简化核算手续，有利于及时反映企业全面的生产经营情况，还有利于合理配置和精减会计人员。

2. 非集中核算

非集中核算也叫分散核算或分级核算，是指企业的会计核算工作同时分散在各生产车间、职能部门进行，单位财务（会计）部门主要进行总分类核算和编制财务会计报告。在这种组织形式下，会计机构需要设置分支机构，如生产加工企业，一般在总厂设财务处，分厂设财会科，车间设财会组，实行分组核算，各生产车间、职能部门定期将会计核算资料上报财会部门，最后由财会部门汇总，编制财务会计报告。

非集中核算的主要优点是会计工作与业务工作联系紧密，有利于业务部门负责人及时掌握业务活动情况，及时发现和解决工作中的问题，提高工作效率，也有利于开展责任会计核算。一个单位实行集中核算还是非集中核算，应视企业规模的大小和经营管理的要求来决定。

（二）会计机构的设置

1. 会计机构的设置形式

会计机构的设置包括国家会计管理部门、行政事业单位、企业会计机构的设置。我国会计事务管理的最高机构是国家财政部会计司，它是财政部的一个职能部门，主要任务是制定、修订与解释会计准则和会计制度等，地方各级财政部门相应设置会计处（科）等。下面重点介绍行政事业单位和企业会计机构的具体设置。

我国《会计法》第三十六条规定："各单位应当根据会计业务的需要，设置会计机构，或者在有关机构中设置会计人员并指定会计主管人员；不具备设置条件的，应当委托经批准设立从事会计代理记账业务的中介机构代理记账。"可见，为了科学、合理地组织会计工作，原则上各单位都需要设置专门从事会计工作的职能部门——会计机构。会计机构的设置形式有以下几种。

（1）设置单独会计机构。设置单独会计机构的意义在于：一是可以保证会计机构和会计人员依法行使职权，减少不必要的行政干预或外部干预；二是可以减少中间环节，便于会计机构和会计人员直接与单位负责人沟通，预防或减少违法会计事项的发生；三是有利于会计信息和会计资料的真实、完整、合法。这类会计机构的设置形式，《会计法》并没有作出明确的要求，允许各单位根据自身的需要加以决定。

（2）不设置单独的会计机构，而在有关机构中设置专门的会计岗位，配备专职的会计人员，并指定会计主管人员，负责办理具体会计事务。这种形式一般在行政事业单位和中小企业中比较多见。其意义在于：一是有利于减少单位内部工作机构，压缩人员编制，提高工作效率，防止人浮于事；二是有利于提高会计工作人员的事业心和责任心，保证会计信息和会计资料的质量；三是有利于不同工作岗位间的相互监督，防止违法乱纪甚至腐败现象的发生。

（3）可以实行代理记账。除以上两种形式外，一些规模较小的企业、事业单位、个体工商户等，不具备设置专门的会计机构或配备专职的会计人员条件的，其经济业务的会计处理可委托专门的中介机构代理进行。

【相关链接】代理记账是指从事代理记账业务的社会中介机构接受委托人的委托，代替独立核算单位办理记账、算账、报账业务。不具备设置会计机构和会计人员条件的单位，应当委托经批准设立从事会计代理记账业务的中介机构代理记账。代理记账机构是指从事代理记账业务的中介机构。《会计法》第三十六条第一款规定，不具备设置会计机构和会计人员条件的，应当委托经批准设立从事会计代理记账业务的中介机构代理记账。

2. 设置会计机构应考虑的因素

由于各单位的经营规模、会计业务的繁简等情况不同，各单位可以而且有权根据业务需要决定是否设置专门的会计机构。一般而言，一个单位是否单独设置会计机构，往往取决于以下因素。

（1）单位规模的大小。一个单位规模的大小，往往决定了这个单位内部职能部门的设置，也决定了会计机构的设置与否。一般来说，大中型企业和具有一定规模的行政、事业单位，以及财务收支数额较大、会计业务较多的社会团体和其他经济组织，都应单独设置会计机构。

（2）经济业务和财务收支的繁简。经济业务多、财务收支大的单位，有必要单独设置会计机构，以保证会计工作的效率和会计信息的质量。相反，则可以不设置专门的会计机构。

（3）经营管理的要求。有效的经营管理是以信息的及时准确和全面系统为前提的。一个单位在经营管理上的要求越高，对会计信息的需求也会相应增加，对会计信息系统的要求也越高，从而决定了该单位设置会计机构的必要性。

【相关链接】《会计法》规定，不单独设置会计机构的单位，应当在有关机构中设置会计人员并指定会计主管人员。应注意《会计法》所指的会计主管人员不同于通常所说的"会计主管"、"主管会计"、"主办会计"等，而是指负责组织管理会计事务、行使会计机构负责人职权的负责人。

（三）会计工作岗位责任制

会计工作岗位责任制是指会计机构内部，按照会计工作的内容和业务量以及会计人员的配备情况，将会计工作划分为若干相对独立的工作岗位，并规定每个岗位的职责与权限，建立相应的责任制度。建立健全岗位责任制，可以加强会计人员的责任感，提高会计人员的工作能力和效率，加强协作和监督，最终保证和提高会计工作的质量。

我国《会计基础工作规范》规定，各单位应当根据会计业务的需要设置会计工作岗位。由于每个企业所从事的业务、经营规模和配备的会计人员都不同，会计工作岗位和每人所负担的具体工作也有所差异。一般来讲，会计工作岗位可分为：会计机构负责人或会计主管、出纳、财产物资核算、工资核算、成本费用核算、财务成果核算、资金核算、往来核算、总账报表、稽核、档案管理等。具体由企业根据自身的特点进行分工，建立相应的责任制。

二、会计人员

（一）对会计人员的基本要求

1. 会计人员应具备的任职资格

（1）一般会计人员任职资格。一般会计人员是指从事财务会计核算的人员。由于会计工作的专业性、政策性很强，因此，从事会计工作的人员在专业素质方面要具备一定的条件，即首先要取得会计从业资格证书。我国《会计法》规定："从事会计工作的人员必须取得会计从业资格证书。"会计从业资格证书是进入会计岗位的"准入证"，并实行注册登记和年检制度。具备规定学历的，可直接取得会计从业资格；否则应通过考试取得该资格。不具备该条件的会计人员，不能从事会计工作。因有提供虚假财务会计报告，作假账，隐匿或故意销毁会计凭证、会计账簿、财务会计报告，贪污、挪用公款，职务侵占等与会计职务有关的违法行为被依法追究刑事责任的人员，不得取得和重新取得会计从业资格证书。除上述规定的人员外，自被吊销会计从业资格证书之日起 5 年内，不得重新取得会计从业资格证书。

【身边的事】会计李某在单位负责人的授意下私设会计账簿，且情节严重，被县人民政府部门吊销了会计从业资格证书。由于李某身体欠佳，又没有其他专长，生活困难，欲重新从事会计工作。李某若要重新从事会计工作，需要具备哪些条件？

（2）会计机构负责人任职资格。会计机构负责人工作水平的高低、质量的好坏，直接关系到整个单位会计工作的水平和质量。同时，对能否保证国家的财经政策等在一个单位正确得到贯彻执行，对能否有效地维护广大投资者、债权人的合法权益也关系重大。因此，对会计机构负责人的任职资格也有所规范。我国《会计法》规定："担任单位会计机构负责人的，除取得会计从业资格证书外，还应当具备会计师以上专业技术职务资格或者从事会计工作3年以上经历。"在上述规定的条件中，由各单位根据具体情况自行掌握。

【身边的事】张某已经取得注册会计师证书，但没有取得会计从业资格证书。现在张某想竞聘一家上市公司的财务总监，请问他能成功吗？

2. 会计人员应符合道德规范的要求

关于企业会计人员的道德要求，狭义地看，它只是若干条道德品质方面的要求。但是，对于一个具备良好的道德品质的会计人员来讲，如果没有较高的业务素质和较强的工作能力，就不能胜任该项工作，也很难做到对管理当局和外部信息使用者负责。因此，企业会计人员必须符合道德规范的要求，即应具备较高的业务素质、能力素质和道德素质。

（1）业务素质。为了认真履行职责，提高工作质量和效率，会计人员应当具备必要的专业知识和专业技能，熟悉国家有关的法律、法规、规章和统一的会计制度。同时，会计人员要注意更新知识，不断提高业务素质，增强法制观念，为此必须进行相应的培训和教育。

（2）能力素质。会计人员的主要任务是对企业发生的经济业务进行会计核算，应用会计知识解决现实问题，向信息使用者提供有用的会计信息。所以，会计人员应具备完成其工作任务的能力，这是对每个会计人员的最基本要求。除此之外，会计人员还应具备良好的人际交流技能，特别是会计主管人员，更应如此，这样有助于会计人员推行正确、合理的会计方法。

（3）道德品质。道德品质事关个人的道德修养，因而，任何与个人修养有关的品质要求，会计人员都应具备。从企业会计人员所处的特定地位考虑，以下两条品质应特别强调：一是诚实；二是正直。这两条品质将约束会计人员不隐瞒任何事实，以及不从事任何欺骗管理当局和股东的不道德行为。

【我也能做】假定你是某公司的业务员，公出购货，向财务科借款3 000元，出具借款收据。你在购买一笔自用物品时，示意营业员开具办公用品发票。你回到单位后，持该办公用品发票到财务科报销，会计人员在没有实物验收的情况下予以报销。请问：某公司向你收回借款时，应如何处理？你的行为和营业员的行为是否违反了《会计法》？如果是，各自应承担什么法律责任？

（二）会计人员的职权

1. 会计人员的职责

会计人员的主要职责是按照《会计法》的规定，对本会计主体的经济业务进行会计核算和会计监督。

（1）会计核算。概括地讲，会计核算这一职责，就是要按照国家统一的会计制度的规定认真办理会计核算工作，及时、准确、完整地记录、计算、反映财务收支和经济活动，为国家和本单位提供真实可靠的经济信息。其主要内容包括以下五个方面。

第一，对于会计制度规定需要进行会计核算的所有事项，如款项和有价证券的收付；财产物资的收发、增减和使用；债权债务的发生和结算；资本和资金的增减；收入、支出、费用、成本的计算；财务成果的计算和处理以及其他经济活动等，都必须完整无缺地办理规定的会计手续，进行会计核算。

第二，按照会计制度规定的方法和程序，取得、填制和审核会计凭证，设置会计科目和会计账簿，及时、准确地记账和算账，按期编送会计报表。

第三，建立财产清查制度，保证账簿记录与实物、款项相符。

第四，保证会计凭证、会计账簿、会计报表及其他会计资料的记录真实、准确、完整，并符合会计制度的规定。

第五，建立会计档案，妥善保管各种会计凭证、会计账簿、会计报表及其他会计资料。

（2）会计监督。概括地讲，这一职责是通过会计工作对财务收支和经济活动的合法性、合理性、有效性进行监督。其主要内容包括以下三个方面。

第一，审核原始凭证，对于不真实、不合法的原始凭证，有权不予受理，并向单位负责人报告；对记载不准确、不完整的原始凭证予以退回，并要求按照国家统一的会计制度的规定更正、补充。会计人员通过审核原始凭证，制止各种不法行为，严肃国家的财经纪律，增强经办人员的责任感，保证会计核算建立在真实的经济业务基础上。

第二，通过对财产的清查，保护国家财产的安全与完整，发现账簿记录与实物、款项不符，应按规定作出处理或报请领导处理。

第三，通过办理财务收支事项，制止或揭发违反法律、法规和规章制度的行为。

我国《会计法》第四条还规定了单位负责人的基本职责，单位负责人要对本单位的会计工作和会计资料的真实性、完整性负责。单位负责人是指单位法定代表或者法律、行政法规规定代表单位行使职权的主要负责人。其基本职责包括：一是单位负责人应根据本单位会计业务的需要，依法设置会计机构和配备会计人员。二是单位负责人依法从事会计行为，即单位负责人必须依法设置会计账簿；建立健全本单位的内部会计监督制度；保证会计机构和会计人员依法履行职责，不得授意、指使、强令会计机构和会计人员违法办理会计事项，伪造、变造或者隐匿、故意销毁会计凭证、会计账簿，编制、提供虚假财务会计报告；不得对依法履行职责、抵制违反会计法规行为的会计人员实行打击报复。三是单位负责人对单位发生的会计违法行为，除非能证明其表示反对或不知情，否则应当对会计的违法行为承担责任。

确定单位负责人的基本职责具有重要的意义：一是有助于维护社会主义市场经济秩序，创造公平竞争的市场环境；二是有利于贯彻会计法规，推动管理创新和制度创新，提高市场竞争能力；三是有助于提高单位负责人自身素质，造就适应市场经济需要的高素质经营管理队伍。

2. 会计人员的权限

为了保证会计人员切实履行其职责，《会计人员职权条例》同时规定了会计人员有以下工作权限。

（1）有权要求本单位有关部门、人员认真遵守国家的财经纪律和财务会计制度。如有违反情况，会计人员有权拒绝付款、拒绝报销或拒绝执行，并向单位负责人报告。对于弄虚作假、营私舞弊、欺骗上级等违法乱纪行为，会计人员必须坚决拒绝执行，并向单位负责人或上级机关、财政部门报告。

（2）有权参与本单位编制计划、制定定额、签订经济合同等工作，并参加有关生产经营管理的会议。有权提出有关财务收支和经济效益方面的问题和意见。

（3）有权监督、检查本单位有关部门的财务收支、资金使用和财产保管、收发、计量、检查等情况。

《会计人员职权条例》中还明确规定，各级领导和有关人员要支持会计人员行使工作权限。如果有人对会计人员坚持原则、反映情况进行刁难、阻挠或打击报复，上级机关要查明情况，严肃处理，情节严重的，还应给予一定的制裁。

【小心地雷】某船舶制造股份有限公司是国有资产占控股地位的大型企业，在设立的初期，经营状况较好。自 2010 年 1 月份以后，公司内部管理出现混乱，公司的总会计师将没有会计从业资格的两名会计调离会计工作岗位，其工作由该公司的出纳人员刘某兼任，具体负责稽核、保管会计档案的工作。请问该公司的出纳人员兼任会计工作，具体负责稽核、保管会计档案的工作是否合法？请说明理由。

（三）会计人员的专业职务

根据我国 1986 年 4 月 10 日颁布的《会计专业职务试行条例》规定，会计专业职务的名称，依次为会计员、助理会计师、会计师和高级会计师。1992 年 8 月 1 日开始执行的《会计专业技术资格考试暂行规定》中明确规定，对会计专业技术资格实行全国统一考试制度。这一制度按会计专业设置，分为会计员、助理会计师、会计师资格考试，高级会计师则仍采用考评相结合的办法。凡通过全国统一考试获得会计专业技术资格的会计人员，表明其已具备担任相应会计专业职务的水平和能力。各单位如有空缺岗位需要充实时，可根据有关规定，按照德才兼备的原则，从获得会计专业技术资格的会计人员中择优聘任。

从 1961 年开始，我国在规模较大的国有企业中，试行总会计师制度。1978 年国务院颁布施行的《会计人员职权条例》中规定，企业要建立总会计师经济责任制。大、中型企业要设置总会计师，主管本单位的经济核算和财务会计工作。小型企业要指定一名副厂长行使总会计师的职权。总会计师主管全厂的经济核算工作，并且直接对厂长负责。2000 年 7 月 1日实施的《会计法》中规定："大、中型企业、事业单位和企业主管部门可以设置总会计师。总会计师由会计师以上技术职称的人员担任。"总会计师是一个行政职位。实践证明，实行总会计师经济责任制，有利于协调企业的各项经济工作，改善经营管理，提高企业的经济效益。

（四）会计人员的回避制度

依据《会计法》规定，国家机关、国有企业、事业单位任用会计人员应当实行回避制度。单位负责人的直系亲属不得担任本单位的会计机构负责人、会计主管人员；会计机构负责人、会计主管人员的直系亲属不得在本单位会计机构中担任出纳工作。

【知识小结】会计机构是各单位内部直接从事和组织领导会计工作的职能部门，必须依据会计法律制度的要求，结合各个单位的具体情况科学合理地设置。会计人员应具备一定的条件，在会计法律制度赋予的职权范围内从事会计工作。会计工作岗位责任制就是在会计机构内部按照会计工作的内容和会计人员的配备情况，进行合理的分工，使每项会计工作都有专人负责，每位会计人员都能明确自己的职责的一种管理制度。

【专业术语】

会计机构　　　会计人员　　　集中核算　　　非集中核算　　　代理记账
会计岗位责任制

【复习思考】

1. 在我国《会计法》中对各单位会计机构的设置作了哪些具体的规定？
2. 会计人员有哪些职责和权限？
3. 什么是会计岗位责任制？哪些岗位属于会计岗位？
4. 我国会计人员应具备哪些基本素质？
5. 比较集中核算与非集中核算的优缺点。

知识点十八　会计档案

【教学目标】

1. 掌握会计档案的保管期限、销毁要求；
2. 熟悉会计档案的归档、查阅和复制要求；
3. 了解会计档案的概念和组成。

【重点难点】

教学重点：

1. 会计档案的归档、查阅和复制的有关规定；
2. 会计档案的保管期限、销毁要求。

教学难点：

1. 会计档案与其他档案的区分；
2. 会计档案期限标准的划分。

一、会计档案的内容和保管

（一）会计档案的内容

会计档案是指会计凭证、会计账簿和财务会计报告等会计核算专业材料，是记录和反映单位经济业务的重要史料和证据。具体包括：会计凭证、会计账簿、财务会计报告以及其他会计资料。其中"其他会计资料"包括银行存款余额调节表、银行对账单、其他应当保存的会计核算专业资料、会计档案移交清册、会计档案保管清册、会计档案销毁清册。

【相关链接】工业企业档案分类设置十个一级类目：党群工作类、行政管理类、经营管理类、生产技术管理类、产品类、科学技术研究类、基本建设类、设备仪器类、会计档案类、干部职工档案类。

（二）会计档案的保管

会计档案是国家档案的重要组成部分，也是各单位的重要档案之一。各单位必须加强对会计档案管理的领导，建立和健全会计档案的立卷、归档、保管、调阅和销毁等管理制度，切实把会计档案管好。

根据财政部、国家档案局联合发布的《会计档案管理办法》的规定，各单位每年形成的会计档案，都应由会计机构按照归档的要求，负责整理立卷，装订成册，编制会计档案保管清册。

会计凭证的保管是指会计凭证记账后的整理、装订、归档和存查工作。会计凭证是重要的经济档案和历史资料，必须采用科学的办法妥善保管。任何企业在完成经济业务手续和记账之后，必须按照规定建立立卷归档制度，形成会计档案资料，妥善保管。会计凭证的保管原则是：既要保护凭证的安全完整，又要便于日后查阅，实现科学管理。

会计账簿同会计凭证一样，也是重要的会计档案。各单位的会计人员在年度终了，应将已更换的各种活页账簿、卡片账簿以及必要的备查账簿连同账簿使用登记表装订成册，加上封面，统一编号，由有关人员签章后，与订本账簿一起归档保管。

会计报表同会计凭证及会计账簿一样，都是重要的会计档案。各单位的会计人员在年度终了，应将全年编制的会计报表按时间先后顺序整理，装订成册，并加上封面，归档保管。

每年的会计凭证、会计账簿、会计报表都应由财会部门按照归档的要求，负责整理立卷或装订成册。当年形成的会计档案，在会计年度终了后，可暂由本单位会计机构保管 1 年。期满后，应由会计机构编制移交清册，移交本单位的档案机构保管；未设立档案机构的，应当在会计机构内部指定专人保管。移交本单位档案机构保管的会计档案，原则上应当保持原卷册的封装。个别需要拆封重新整理的，档案机构应当会同会计机构和经办人员共同拆封整理，以分清责任。各单位对会计档案应当进行科学管理，做到妥善保管、存放有序、查找方便，同时，严格推行安全和保密制度，不得随意堆放，严防毁损、丢失和泄密。

（三）会计档案的保管期限

会计档案的重要程度不同，其保管期限也有所不同。各种会计档案的保管期限，根据其特点，分为永久和定期两类。定期保管期限分为 3 年、5 年、10 年、15 年、25 年等。会计档案的保管期限，从会计年度终了后的第一天算起，各类会计档案的具体保管期限按照《会计档案管理办法》的规定执行。我国企业和其他组织、预算单位等会计档案保管期限如表 18 - 1、表 18 - 2 所示。

表 18 - 1　企业会计档案保管期限表

序　号	档案名称	保管期限	备　注
一	会计凭证类		
1	原始凭证	15 年	
2	记账凭证	15 年	
3	汇总凭证	15 年	
二	会计账簿类		
4	总账	15 年	包括日记总账
5	明细账	15 年	
6	日记账	15 年	现金和银行存款日记账保管 25 年
7	固定资产		固定资产报废清理后保管 5 年
8	辅助账簿	15 年	
三	财务报告类		包括各级主管部门汇总财务报告
9	月、季度财务报告	3 年	包括文字分析
10	年度财务报告（决算）	永久	包括文字分析

续表

序　号	档案名称	保管期限	备　注
四	其他类		
11	会计移交清册	15 年	
12	会计档案保管清册	永久	
13	会计档案销毁清册	永久	
14	银行存款余额调节表	5 年	
15	银行对账单	5 年	

表 18 - 2　财政总预算、行政单位、事业单位和税收会计档案保管期限表

序号	档案名称	保管期限			备　注
		财政总预算	行政、事业单位	税收会计	
一、	会计凭证类				
1	国家金库编送的各种报表及缴库退库凭证	10 年		10 年	
2	各收入机关编送的报表	10 年			
3	行政单位和事业单位的各种会计凭证		15 年		包括：原始凭证、记账凭证和传票汇总表
4	各种完税凭证和缴库退库凭证			15 年	缴款书存银联，在销号后保管 2 年
5	财政总预算拨款凭证及其他会计凭证	15 年			包括：拨款凭证和其他会计凭证
6	农牧业税和结算凭证			15 年	
二、	会计账簿类				
7	日记账		15 年	15 年	
8	总账	15 年	15 年	15 年	
9	税收日记账（总账）和税收收票证分类出纳账			25 年	
10	明细分类、分户账或登记簿	15 年	15 年	15 年	
11	现金出纳账、银行存款账		25 年	25 年	
12	行政单位和事业单位固定资产明细账（卡片）				行政单位和事业单位固定资产报废清理后保管 5 年
三、	账务报告类				
13	财政总预算	永久			
14	行政单位和事业单位决算	10 年	永久		
15	税收年报（决算）	10 年		永久	
16	国家金库年报（决算）	10 年			

序号	档案名称	保管期限			备注
		财政总预算	行政、事业单位	税收会计	
17	基本建设拨、贷款年报（决算）	10 年			
18	财政总预算会计旬报	3 年			所属单位报送的保管 2 年
19	财政总预算会计月、季度报表	5 年			所属单位报送的保管 2 年
20	行政单位和事业单位会计月、季度报表		5 年		所属单位报送的保管 2 年
21	税收会计报表（包括票证报表）			10 年	电报保管 1 年，所属税务机关报送的保管 3 年
四、	其他类				
22	会计档案移交清册	15 年	15 年	15 年	
23	会计档案保管清册	永久	永久	永久	
24	会计档案销毁清册	永久	永久	永久	

备注：税务机关的税务经费会计档案保管期限，按行政单位会计档案保管期限规定办理。

【我也能做】某企业 2010 年 3 月 28 日开出的发票，如法律规定保管期限为 5 年，则保管期满为什么时间？

二、会计档案的查阅和销毁

（一）会计档案的查阅

各单位对会计档案必须进行科学管理，做到妥善保管，存放有序，查找方便，并积极为本单位提供利用。一般情况下，各单位保管的会计档案不得借出。如有特殊需要，经本单位负责人批准，可以提供查阅或者复制，并办理登记手续。查阅或者复制会计档案的人员，严禁在会计档案上涂画、拆封和抽换。但调阅会计档案，应有一定的手续，应设置"会计档案调阅登记簿"，详细登记调阅日期、调阅人、调阅理由、归还日期等。本单位人员调阅会计档案，需经会计主管人员同意。外单位人员调阅会计档案，要有正式介绍信，经单位领导批准。向外单位提供会计档案时，档案原件原则上不得借出。如有特殊需要，必须报经上级主管单位批准，并应限期归还。调阅人员未经批准不得擅自摘录有关数字，遇特殊情况需要复制会计档案的，必须经过本单位领导批准，并在"会计档案调阅登记簿"上详细记录会计档案复制的情况。

【身边的事】某日，B 企业人员到 A 公司要求调阅 A 公司有关会计档案资料。会计科长李某考虑到 B 企业是 A 公司的长期供货单位，有良好的合作关系，遂让会计科人员予以配合，并经会计科长李某签字同意后，将 A 公司部分会计档案资料借出。你认为 A 公司对外提供查阅和借出会计档案资料的做法是否符合规定？

（二）会计档案的销毁

会计档案保管期满需要销毁的，由本单位档案机构提出销毁意见，编制会计档案销毁清册。单位负责人应当在会计档案销毁清册上签署意见。会计档案销毁清册是销毁会计档案的记录和报批文件，一般应包括会计档案的名称、卷号、册数、起止年度和档案编号、应保管期限、已保管期限、销毁日期等内容。单位负责人应当在会计档案销毁清册上签署意见。

对于保管期满但未结清的债权债务原始凭证和涉及其他未了事项的原始凭证，不得销毁，应单独抽出，另行立卷，由档案部门保管到未了事项完结时为止。

销毁会计档案时，应由各单位档案机构和会计机构共同派员监销。国家机关销毁会计档案时，还应由同级财政部门、审计部门派员参加监销。各级财政部门销毁会计档案时，由同级审计机关派员参加监销。

监销人在销毁会计档案前，应当按照会计档案销毁清册所列内容清点核对所要销毁的会计档案；销毁后，应当在销毁清册上签名盖章，并将监销情况报告本单位负责人。

【小心地雷】某公司档案科会同会计科清理会计档案，编制了会计档案销毁清册，经公司总会计师批准，将保管期满的会计档案全部销毁。事后查明，在销毁的该批会计档案中，有若干张保管期满但尚未结清债权债务的原始凭证。你认为该公司销毁会计档案的做法是否符合规定？

三、电算化会计档案的管理

（一）电算化会计档案的内容

电算化会计档案主要包括三个方面的内容：一是由计算机打印输出的各种书面形式的会计凭证、会计账簿、会计报表及其他会计资料。这些打印输出的会计凭证、会计账簿、会计报表及其他会计资料应当符合国家统一的会计制度的规定，根据有关规定立卷归档保管，保存期限按《会计档案管理办法》的规定执行。二是以磁盘、光盘、微缩胶片等磁性介质存储的会计数据（会计凭证、会计账簿、会计报表等数据），这是会计电算化核算形式下新的会计档案内容。三是会计电算化系统开发和使用的全套文档资料及软件程序，也应视同会计档案保管。

（二）电算化会计核算管理的安全和保密措施

电算化会计档案管理除需执行一般的档案管理制度外，还应强调各种电算化会计档案的安全与保密。单位一般应建立以下安全和保密措施：

（1）对电算化会计档案管理要做到防磁、防火、防潮、防尘等工作。重要会计档案应用各双份，存放在两个以上内容不同的地点；

（2）采用磁性介质存储的会计档案要定期进行检查，定期进行复制，防止由于磁性介质损坏而使会计档案丢失；

（3）严格执行安全和保密制度，不得随意堆放会计档案，严防损毁、散失和泄密；

（4）各种会计资料包括打印出来的会计资料以及存储会计资料的软盘、光盘、微缩胶片等，未经单位负责人同意，不得外借和拿出单位；

（5）借阅会计资料，应该履行相应的借阅手续，经手人必须签字记录。存放在存储介质上的会计资料借阅归还时，还应该认真检查，防止感染病毒。

四、会计档案的交接

（1）单位因撤销、解散、破产或其他原因而终止的，在终止和办理注销登记手续之前形成的会计档案，除法律、法规另有规定外，应当由终止单位的业务主管部门或财产所有者代管或移交有关档案馆代管。

（2）单位分立后原单位存续的，其会计档案应当由分立后的存续方统一保管；单位分立后原单位解散的，其会计档案应当经协商后由其中一方代管或移交档案馆代管。

（3）单位合并后原各单位解散或一方存续其他方解散的，原各单位的会计档案应当由合并后的单位统一保管；单位合并后原各单位仍存续的，其会计档案仍应由原各单位保管。

（4）建设单位在项目建设期间形成的会计档案，应当在办理竣工决算后移交给建设项目的接受单位，并按规定办理交接手续。

单位之间交接会计档案的，交接双方应当办理会计档案交接手续。移交会计档案的单位，应当编制会计档案移交清册，列明应当移交的会计档案名称、卷号、册数、起止年度和档案编号、应保管期限、已保管期限等内容。交接会计档案时，交接双方应当按照会计档案移交清册所列内容逐项交接，并由交接双方单位负责人负责监交。交接完毕后，交接双方经办人员和监交人员应当在会计档案移交清册上签名或盖章。

【知识小结】会计档案是指会计凭证、会计账簿和财务报告等会计核算专业材料，是记录和反映单位经济业务的重要史料和证据。会计资料要按照规定及时整理归档，严格保管。需要复制和查阅会计档案的，必须履行法定的程序。对于达到保管期限的会计档案要按规定进行销毁。会计档案的交接要符合规定的程序。

【专业术语】

会计档案　　会计档案保管清册　　会计档案销毁清册　　会计档案交接

【复习思考】

1. 什么是会计档案？由哪些部分组成？

2. 如何对会计档案进行整理归档？

3. 会计档案的保管、复制、查阅和销毁有哪些具体规定？

4. 会计档案交接应注意哪些问题？

第二篇

基本技能篇

技能一　会计文字与数字书写

项目一：会计文字的书写

【训练目标】

通过训练，使学生能够规范书写汉字，并能够按照会计工作要求书写文字。

【训练内容】

汉字楷书体和行书体。

【训练要求】

每天规范书写一张以上汉字练习纸，坚持1学期。

【训练引导】

会计汉字的书写是指与会计主体经济业务活动相联系的文字书写，包括大写数字、企业名称、会计科目、费用项目、商品类别、计量单位、摘要以及相关会计文书，等等。

会计汉字在书写时要注意以下几点：

1. 字迹不要潦草，注意做到工整清晰。书写汉字时要注意：点与横、竖与撇、捺与钩、角与折要严格区分，不得草率马虎，龙飞凤舞，一笔到底，字字相连，使人难以分辨与理解。

会计汉字在书写时一般可使用楷书体或行书体，注意各个字形结构平衡、合理。

2. 字体不宜过大或过小，一般要做到大小整齐一致。汉字在书写时一般以占格距的1/2左右为宜，并将字体落笔到底线上。

3. 注意字形的美观。有的人在书写汉字时有一些不良习惯，如竖必丁头、撇必纵远、折而耸肩、平而脯肚、仰头伸尾、横冲直撞，这样势必会影响字形的美观，应注意纠正这些不良习惯。

4. 会计凭证与会计账簿中"摘要"栏的内容在书写时，应做到：含义完整、字数适当、字义明白、避免重复。

项目二：会计数字的书写

【训练目标】

通过训练，使学生能够规范书写阿拉伯数字，并能够按照会计手工核算要求书写数字。

【训练内容】

按照会计手工核算基本规范要求书写阿拉伯数字。

【训练要求】

每天规范书写一张以上阿拉伯数字练习纸，坚持1学期。

【训练引导】

（一）数码字书写的要求

数码字（阿拉伯数字，俗称小写数字）是世界各国通用的数字，数量有10个，即0、1、2、3、4、5、6、7、8、9，笔画简单、书写方便、应用广泛。按照会计基本工作规范要求，必须规范书写行为，数码字要符合手写体的要求。

1. 顺序书写。书写数码字时，应该从高位到低位、从左到右，按照顺序书写。

2. 倾斜书写。数码字笔画简单，笔势缺少变化，一般不要求像文字那样端正书写，否则字形会显得生硬呆板。书写时一般要求数码字上端向右（俗称向前）倾斜，以60°~70°的水平倾斜角为宜。一组数码字的书写，应保持各个数码字的倾斜度一致，自然美观。

3. 字位适当。会计核算中，数码字的书写范围通常被限制在格子中间，因此要选择适当的位置。

（1）高度适当。数码字高度一般要求占全格的1/2左右为宜，过大可能会产生数码字交叉模糊，也不便于错账更正，过小可能会因不清晰而影响阅读。数码字的书写要紧贴格子底线，不应悬在格子中间，除6、7、9外，其他数码字应高低一致。"6"的上端可以比其他数码字高出1/4，"7"和"9"的下端可以比其他数码字伸出1/4，但不得超过1/3。

（2）左右位置适当。要求每个数字的中部大体位于格距的1/2的两条对角线交点上，不宜过于靠左或者靠右。

（3）间距适当。每个数码字要大小一致，排列应保持相等距离，上下左右要对齐。在印有数位线（或称金额线）的凭证、账簿、报表上，每一格只写一个数码字，不得几个数码字挤在一个格子里，也不得在数码字中间留有空格。如果没有数位线，则数码字的整数部分可以从小数点向左按"三位一节"用撇节号","（或称千分撇、分位点）分开，以便于读数、分清大小和汇总计算。

4. 字迹工整。数码字规范书写，应工整流畅、匀称美观、一目了然，切忌潦草、连笔、模糊，以免似是而非，分辨不清，贻误工作。

5. 保持特色。数码字书写时要在符合书写规范的前提下，保持书写人的独特字体和特色习惯，使别人难以模仿或涂改。

（二）单个数码字的书写要领

"0"字书写，紧贴底线，圆要闭合，不宜过小，否则易被改为"9"字；几个"0"字连写时，不要写连接线。

"1"字书写时，要斜直，不能比其他数字短，否则易被改成"4"、"6"、"7"、"9"等数码字。

"2"字书写时，不能写"Z"，落笔应紧贴底线，否则易被改成"3"字。

"3"字书写时，拐弯处要光滑流畅，起笔处至拐弯处距离稍长，不宜过短，否则易改成"5"字。

"4"字书写时，"＜"角要死折，即竖要斜写，横要平直且长，折角不能圆滑，否则易被改成"6"字。

"5"字书写时，横、钩必须明显，不可拖泥带水，否则易被改成或混淆成"8"字。

"6"字书写时，起笔处在上半格的1/4处，下圆要明显，否则易被改成"4"、"8"字。

"7"字书写时，横要平直明显（即稍长），竖稍斜，拐弯处不能圆滑，否则易与"1"、"9"混淆。

"8"字书写时，上下两个圆要明显可见。

"9"字书写时，上部的小圆要闭合，不留间隙，并且一竖稍长，略微出底线，否则易与"4"字混淆。

项目三：大小写金额的正确书写

【训练目标】

通过训练，使学生能够规范进行大小写金额的书写。

【训练内容】

1. 将下列小写金额改写成大写金额。

（1）￥426.04。

（2）￥2 350.38。

（3）￥2 408.30。

（4）￥4 008.25。

（5）￥6 870.49。

（6）￥8 509.20。

（7）￥37 509.06。

（8）￥70 200.00。

（9）￥306 000.35。

（10）￥809 007.00。

2. 将下列大写金额改写成小写金额。

（1）壹佰玖拾元整。

（2）肆佰零伍元整。

（3）贰仟零捌拾伍元整。

（4）叁仟柒佰肆拾陆元伍角整。

（5）伍仟柒佰贰拾陆元玖角捌分。

（6）玖仟零柒拾贰元捌角陆分。

（7）伍万陆仟叁佰元整。

（8）玖万柒仟零捌元肆角陆分。

（9）叁拾陆万贰仟肆佰元整。

（10）柒拾叁万零伍拾陆元柒角壹分。

【训练要求】

每天训练 10 笔以上大小写金额的转换，坚持 1 个月。

【训练引导】

各种原始凭证的金额书写必须清晰、工整，并符合下列要求。

1. 阿拉伯数字应当一个一个地写，不得连笔写。阿拉伯金额数字前面应当书写货币币种符号或者货币名称简写和币种符号。币种符号与阿拉伯金额数字之间不得留有空白。凡阿拉伯数字前写有币种符号的，数字后面不再写货币单位。

2. 所有以元为单位（其他货币为货币基本单位，下同）的阿拉伯数字，除表示单价等情况外，一律填写到角分；无角分的角位和分位可写"00"；有角无分的，分位应当写"0"。

3. 汉字大写数字金额如零、壹、贰、叁、肆、伍、陆、柒、捌、玖、拾、佰、仟、万、亿等，一律用正楷或者行书体书写，不得用〇、一、二、三、四、五、六、七、八、九、十等简化字代替，不得任意自造简化字。大写金额数字到元或者角为止的，在"元"或者"角"字之后应当写"整"字或者"正"字；大写金额数字有分的，"分"字后面不写"整"或者"正"字。

4. 大写金额数字前未印有货币名称的，应当加填货币名称，货币名称与金额数字之间不得留有空白。

5. 阿拉伯金额数字中间有"0"时，汉字大写金额要写"零"字；阿拉伯数字金额中间连续有几个"0"时，汉字大写金额中可以只写一个"零"字；阿拉伯金额数字元位是"0"，或者数字中间连续有几个"0"、元位也是"0"但角位不是"0"时，汉字大写金额可以只写一个"零"字，也可以不写"零"字。

（1）阿拉伯金额数字中间有"0"时，中文大写金额要写"零"字。如 ¥1 409.50，应写成人民币壹仟肆佰零玖元伍角整。

（2）阿拉伯金额数字中间连续有几个"0"时，中文大写金额中间可以只写一个"零"字。如 ¥6 007.14，应写成人民币陆仟零柒元壹角肆分。

（3）阿拉伯金额数字万位或元位是"0"，或者数字中间连续有几个"0"，万位、元位也是"0"，但千位、角位不是"0"时，中文大写金额中可以只写一个零字，也可以不写"零"字。如 ¥1 680.32，应写成人民币壹仟陆佰捌拾元零叁角贰分，或者写成人民币壹仟陆佰捌拾元叁角贰分；又如 ¥107 000.53，应写成人民币壹拾万柒仟元零伍角叁分，或者写成人民币壹拾万零柒仟元伍角叁分。

（4）阿拉伯金额数字角位是"0"，而分位不是"0"时，中文大写金额"元"后面应写"零"字。如 ¥16 409.02，应写成人民币壹万陆仟肆佰零玖元零贰分；又如 ¥325.04，应写成人民币叁佰贰拾伍元零肆分。

（5）合计栏阿拉伯小写金额数字前面，均应填写人民币符号"¥"。阿拉伯小写金额数字要认真填写，不得连写，以免分辨不清。

项目四：票据出票日期的正确书写

【训练目标】

通过训练，使学生能够正确书写票据出票日期。

【训练内容】

将下列日期写成中文大写。

(1) 2007 年 1 月 8 日。

(2) 2007 年 2 月 19 日。

(3) 2006 年 6 月 10 日。

(4) 2006 年 10 月 18 日。

(5) 2005 年 7 月 3 日。

(6) 2005 年 5 月 27 日。

(7) 2004 年 3 月 25 日。

(8) 2004 年 4 月 30 日。

(9) 2003 年 8 月 7 日。

(10) 2003 年 12 月 20 日。

【训练要求】

每天训练 10 笔以上票据出票日期书写，坚持 1 个月。

【训练引导】

票据主要指银行票据，如支票、银行本票、银行汇票以及商业汇票。

1. 票据在出票时（即签发时），其日期必须使用中文汉字大写。为防止编造票据的出票日期，书写时必须注意以下几点。

(1) 在填写月、日时，凡月为壹、贰和壹拾时，日为壹至玖以及壹拾、贰拾和叁拾的，均应在前面加"零"。例如，1 月 5 日应写成：零壹月零伍日；10 月 20 日应写成：零壹拾月零贰拾日。

(2) 在填写月、日时，凡日为拾壹至拾玖的，应在前面加"壹"。例如，8 月 17 日应写成：捌月壹拾柒日。

2. 银行其他结算单据（如信汇委托书、托收承付凭证）以及企业使用的其他单据，其日期在书写时一律用阿拉伯数字 0、1、2、3、4、5、6、7、8、9，如 2005 年 1 月 9 日；2007 年 3 月 8 日；2009 年 12 月 18 日；2010 年 10 月 25 日。

技能二 原始凭证填制与审核

项目一：空白凭证领用书的填制与审核

【训练目标】

通过训练，使学生能正确填制并审核空白凭证领用书。

【训练内容】

安徽江南电器有限公司基本情况如下，以下各训练项目中涉及该公司的各种原始凭证均按以下内容填写。

单位名称：安徽江南电器有限公司。

厂址：芜湖市江城路182号。

电话：0553－2822558。

法定代表人姓名：杨杰。

企业登记注册类型：有限责任公司。

税务登记证号：340106088160766，增值税一般纳税人，增值税税率为17%。

开户银行：中国银行江城路支行。

账号：22003456789。

2010年1月3日，购空白凭证如下：

1. 现金支票20本，号码为001—400，每本5元，计100元；

2. 转账支票20本，号码为001—400，每本5元，计100元。

【训练要求】

填写并相互审核空白凭证领用书。

【训练引导】

1. 训练由1人独立完成，完成后同学相互交换审核。

2. 训练时间需3分钟。

3. 训练所需材料：空白凭证领用书3联单。

项目二：现金支票的填制与审核

【训练目标】

通过训练，使学生能正确填制并审核现金支票。

【训练内容】

安徽江南电器有限公司2010年2月10日提取备用金5 000元。

【训练要求】

填写并相互审核现金支票。

【训练引导】

1. 训练由1人独立完成，完成后同学相互交换审核。

2. 训练时间需3分钟。

3. 训练所需材料：空白现金支票。

项目三：信汇凭证的填写

【训练目标】

通过训练，使学生能正确填制信汇凭证。

【训练内容】

安徽江南电器有限公司 2010 年 3 月 12 日付合肥晚报社广告费 15 006 元，填写信汇凭证。

合肥晚报社基本情况如下：

地址、电话：合肥市合肥路 168 号、63583986；

开户行：中国工商银行合肥路支行；

账号：8678005668。

【训练要求】

填写并相互审核信汇凭证。

【训练引导】

1. 训练由 1 人独立完成，完成后同学相互交换审核。

2. 训练时间需 3 分钟。

3. 训练所需材料：空白信汇凭证 4 联单。

项目四：银行汇票申请书及银行汇票的填写

【训练目标】

通过训练，使学生能正确填制银行汇票申请书和银行汇票。

【训练内容】

2010 年 4 月 26 日，安徽江南电器有限公司采购员王强用银行汇票到黄山市电器有限公司购材料电机，出票金额 180 000 元，实际结算金额为 179 820 元，货款已结算，多余金额划回，填写汇票申请书和银行汇票。

黄山市电器有限公司基本情况如下：

地址、电话：黄山市二环路 283 号、5866285；

开户行：中国建设银行黄山支行；

账号：5812505677。

【训练要求】

填写并相互审核银行汇票申请书和银行汇票。

【训练引导】

1. 训练由 1 人独立完成，完成后同学相互交换审核。

2. 训练时间需 6 分钟。

3. 训练所需材料：空白汇票申请书 3 联单和银行汇票 4 联单。

项目五：银行承兑汇票的填写

【训练目标】

通过训练，使学生能正确填制并审核银行承兑汇票。

【训练内容】

安徽江南电器有限公司于 2010 年 5 月 18 日签发一份银行承兑汇票, 向北京宏胜商贸有限责任公司购买商品, 汇票金额为 200 000 元, 汇票期限为三个月。江南电器有限公司开户银行中国银行江城路支行经审核同意承兑。

北京宏胜商贸有限责任公司基本情况如下:

地址: 北京市海淀区太平路 15 号;

开户行及账号: 中国工商银行科园分理处、553322 - 66;

银行承兑协议编号: 5656312。

【训练要求】

填写并相互审核银行承兑汇票。

【训练引导】

1. 训练由 1 人独立完成, 完成后同学相互交换审核。

2. 训练时间需 3 分钟。

3. 训练所需材料: 空白银行承兑汇票 3 联单。

项目六: 托收凭证的填写

【训练目标】

通过训练, 使学生能正确填制并审核托收凭证。

【训练内容】

安徽江南电器有限公司于 2010 年 6 月 12 日填写一份托收凭证, 委托其开户银行向北京光大商贸有限公司收取到期的银行承兑汇票, 汇票金额为 150 000 元。

相关资料如下:

付款单位: 北京光大商贸有限公司

开户银行及账号: 工商银行北京市中街分理处、002355472312;

银行承兑汇票编号: $\dfrac{CA}{01}$ 00034672;

银行承兑汇票份数: 1 份。

【训练要求】

填写并相互审核托收凭证。

【训练引导】

1. 训练由 1 人独立完成, 完成后同学相互交换审核。

2. 训练时间需 3 分钟。

3. 训练所需材料: 空白托收凭证 5 联单。

项目七: 现金缴款单的填写

【训练目标】

通过训练, 使学生能正确填制并审核现金缴款单。

【训练内容】

安徽江南电器有限公司 2010 年 7 月 23 日将现金 2 583 元送存银行, 票面如下:

10 元票面 250 张、5 元票面 16 张、1 元票面 3 张。

【训练要求】

填写并相互审核现金缴款单。

【训练引导】

1. 训练由 1 人独立完成，完成后同学相互交换审核。

2. 训练时间需 3 分钟。

3. 训练所需材料：空白现金缴款单 3 联单。

项目八：普通发票的填写

【训练目标】

通过训练，使学生能正确填制并审核普通发票。

【训练内容】

2010 年 8 月 17 日个体户刘建成向安徽江南电器有限公司购买 1#电器柜 120 只，单价 350 元，合计金额为 42 000 元，填写普通发票。

【训练要求】

填写并相互审核普通发票。

【训练引导】

1. 训练由 1 人独立完成，完成后同学相互交换审核。

2. 训练时间需 3 分钟。

3. 训练所需材料：空白普通发票 4 联单。

项目九：借款单的填写

【训练目标】

通过训练，使学生能正确填制并审核借款单。

【训练内容】

采购部王强于 2010 年 9 月 20 日借款 2 000 元，去黄山市采购材料，填写借款单，经采购部负责人张昆、财务主管王雷、公司领导杨杰签批后办理借款。

【训练要求】

填写并相互审核借款单。

【训练引导】

1. 训练由 1 人独立完成，完成后同学相互交换审核。

2. 训练时间需 3 分钟。

3. 训练所需材料：空白借款单 2 联单。

项目十：费用报销单的填写

【训练目标】

通过训练，使学生能正确填制并审核费用报销单。

【训练内容】

办公室张兵于 2010 年 10 月 15 日用现金购办公用品，报销费用 1 750 元，填写费用报销审批单，经出纳李燕、办公室主任王刚、财务主管王雷、公司领导杨杰签批后办理报销。

【训练要求】

填写并相互审核费用报销单。

【训练引导】

1. 训练由 1 人独立完成，完成后同学相互交换审核。

2. 训练时间需 3 分钟。

3. 训练所需材料：空白费用报销单。

项目十一：收款收据的填写

【训练目标】

通过训练，使学生能正确填制并审核收款收据。

【训练内容】

采购部王强于 2010 年 11 月 22 日报销差旅费，退回多余现金 190 元，填写收款收据。

【训练要求】

填写并相互审核收款收据。

【训练引导】

1. 训练由 1 人独立完成，完成后同学相互交换审核。

2. 训练时间需 3 分钟。

3. 训练所需材料：空白收款收据 3 联单。

项目十二：收料单的填写

【训练目标】

通过训练，使学生能正确填制并审核收料单。

【训练内容】

采购员王强于 2010 年 12 月 22 日从黄山市电器有限公司购买 1#电机 140 只，单价 213 元，合计货款 29 820 元；2#电机 20 只，单价 7 500 元，合计货款 150 000 元，货已到，办理材料入库手续，填写收料单。

【训练要求】

填写并相互审核收料单。

【训练引导】

1. 训练由 1 人独立完成，完成后同学相互交换审核。

2. 训练时间需 3 分钟。

3. 训练所需材料：空白收料单 3 联单。

项目十三：产品入库单的填写

【训练目标】

通过训练，使学生能正确填制并审核产品入库单。

【训练内容】

2010 年 12 月 31 日，一车间本月完工入库产品情况如下：

1. 1#电器柜 140 只，成本价 280 元；

2. 1#变压器 18 台，成本价 8 500 元。

【训练要求】

填写并相互审核产品入库单。

【训练引导】

1. 训练由 1 人独立完成，完成后同学相互交换审核。

2. 训练时间需 3 分钟。

3. 训练所需材料：空白产品入库单 3 联单。

技能三 记账凭证填制与审核

项目一：专用记账凭证（收款凭证、付款凭证、转账凭证）填制练习

【训练目标】

通过训练，使学生能够正确选择专用记账凭证并规范填制。

【训练内容】

黄海公司 2010 年 11 月发生下列经济业务：

（1）2 日，接银行收款通知，收回永新公司前欠货款 100 000 元。（附件：1 张）

（2）4 日，购买办公用品 200 元，以现金支付。（附件：3 张）

（3）5 日，从江南公司购入甲材料 50 000 元，增值税 8 500 元，运费 300 元，货款和运费尚未支付。（附件：3 张）

（4）6 日，将当日多余现金 1 500 元存入银行。（附件：1 张）

【训练要求】

根据训练内容资料，确定应编制的记账凭证种类并填制凭证。

【训练引导】

（一）训练组织

1. 本次训练由 1 人独立完成。

2. 训练时间需 20 分钟。

3. 训练所需材料：专用记账凭证（收款凭证、付款凭证、转账凭证）若干张。

（二）训练关键点

1. 收款凭证的编制。收款凭证左上角的"借方科目"，按收款的性质填写"库存现金"或"银行存款"，即经济业务中属于库存现金增加应填写"库存现金"科目，属于银行存款增加应填写"银行存款"科目。日期填写的是编制本记账凭证的日期，不是按记账凭证后所附原始凭证日期填写。收款凭证右上角填写编制收款凭证的顺序号。"摘要"填写对所记录的经济业务的简要说明。贷方科目填写与"库存现金"或"银行存款"相对应的会计科目。"记账符号"是指该凭证已登记账簿的标记，防止经济业务事项重记或漏记。"金额"是指该项经济业务事项的发生额。收款凭证右边"附件　张"是指本记账凭证所附原始凭证的张数。凭证最下边分别由有关人员签章，以明确经济责任。收款凭证的编制可参考例 21 – 1 所述。

【例 21 – 1】2010 年 9 月 12 日，天佳公司销售甲产品 1 000 件，每件 10 元，增值税税额 1 700 元，收到购货单位开出金额为 11 700 元的转账支票一张。

由于该项经济业务导致银行存款增加，所以出纳根据审核无误的原始凭证填制银行存款收款凭证，其内容与格式如表 21 – 1 所示。

表 21-1　收　款　凭　证

借方科目：银行存款　　　　　　　　　2010 年 9 月 12 日　　　　　　　　　银收字 15 号

摘要	贷方科目		金额										记账符号
	总账科目	明细科目	千	百	十	万	千	百	十	元	角	分	
销售甲产品	主营业务收入	甲产品		1	0	0	0	0	0	0	0	√
	应交税费	应交增值税			1	7	0	0	0	0	0	√
合　计			¥	1	1	7	0	0	0	0	0	

附单据 3 张

会计主管：安红　　记账：胡江　　出纳：王芳　　审核：林丹　　制单：钱静

2. 付款凭证的编制。付款凭证的编制要求、付款凭证的编制方法与收款凭证基本相同，只是左上角由"借方科目"换为"贷方科目"。凭证中间的"贷方科目"换为"借方科目"。在借贷记账法下，付款凭证的设证科目是贷方科目。在付款凭证左上方所填列的是贷方科目，就是"库存现金"和"银行存款"科目，即经济业务涉及库存现金减少的，左上角填写的是"库存现金"科目，经济业务涉及银行存款减少的，左上角填写的是"银行存款"科目。在凭证内所反映的借方科目，应填列与"库存现金"和"银行存款"相对应的科目。金额栏填列经济业务实际发生的数额，在凭证的右侧填写所附原始凭证的张数，并在出纳及制单处签名或盖章。付款凭证的编制参考例 21-2 所述。

【例 21-2】2010 年 9 月 13 日，天佳公司以现金支付王华预借差旅费 1 000 元。

由于该项交易使得企业的库存现金减少 1 000 元，因此应当填制付款凭证。出纳人员根据审核无误的原始凭证填制现金付款凭证，其内容与格式如表 21-2 所示。

表 21-2　付　款　凭　证

贷方科目：库存现金　　　　　　　　　2010 年 9 月 13 日　　　　　　　　　现付字 23 号

摘要	借方科目		金额										记账符号
	总账科目	明细科目	千	百	十	万	千	百	十	元	角	分	
王华预借差旅费	其他应收款	王华				1	0	0	0	0	0	√
合　计					¥	1	0	0	0	0	0	

附单据 1 张

会计主管：安红　　记账：胡江　　出纳：王芳　　审核：林丹　　制单：钱静

由于收款凭证和付款凭证是出纳人员收入或付出款项的依据。因此，出纳人员在根据收、付凭证收款或付款时，要在凭证上加盖"收讫"或"付讫"的戳记，以免重收或重付。

值得注意的是，对于涉及现金和银行存款之间相互划转的经济业务，为避免重复，一般只编制付款凭证，不编制收款凭证。即发生从银行提取现金的业务时，只编制银行存款付款凭证，而不编制现金收款凭证；发生把现金存入银行的业务时，只编制现金付款凭证，而不编制银行收款凭证。具体编制方法参考例 21-3 所述。

【**例21－3**】2010年9月15日，天佳公司从银行提取现金35 000元备发工资。

根据上述经济业务应编制一张银行付款凭证，其内容与格式如表21－3所示。

表21－3 付 款 凭 证

贷方科目：银行存款　　　　　　2010 年 9 月 15 日　　　　　　银付字 35 号

摘要	借方科目		金额									记账符号
	总账科目	明细科目	千	百	十	万	千	百	十	元	角	分	
提取现金	库存现金					3	5	0	0	0	0	0	√
合　计					¥	3	5	0	0	0	0	0	

附单据1张

会计主管：安 红　　　记账：胡 江　　　出纳：王 芳　　　审核：林 丹　　　制单：钱 静

3. 转账凭证的编制。转账凭证将经济业务事项中所涉及的全部会计科目，按照先借后贷的顺序，记入"会计科目"栏中的"一级科目"和"明细科目"，并按借贷方向分别记入"借方金额"或"贷方金额"栏，其他项目的填列与收付款凭证相同。借、贷金额合计数应当相等。制单人应在填制凭证后签名盖章，并在凭证的右侧填写所附原始凭证张数。收款凭证的编制参考例21－4所述。

【**例21－4**】2010 年 9 月 20 日，天佳公司收到潼南公司投入厂房一栋，价值9 000 000元。

由于该项经济业务不涉及"库存现金"和"银行存款"科目的变化，因此应当填制转账凭证，其内容与格式如表21－4所示。

表21-4 转 账 凭 证

2010 年 9 月 20 日　　　　　　转字第 46 号

摘要	会计科目		借方										贷方										记账符号
	总账科目	明细科目	千	百	十	万	千	百	十	元	角	分	千	百	十	万	千	百	十	元	角	分	
收到潼南	固定资产	××厂房	9	0	0	0	0	0	0	0	0	0											√
公司投入	实收资本	潼南公司											9	0	0	0	0	0	0	0	0	0	√
厂房一栋																							
合　计			¥	9	0	0	0	0	0	0	0	0	¥	9	0	0	0	0	0	0	0	0	

附单据2张

会计主管：安 红　　　记账：胡 江　　　出纳：王 芳　　　审核：林 丹　　　制单：钱 静

值得注意的是，当一项经济业务，既涉及现金和银行存款收付的业务，又涉及转账业务时，需要分别编制记账凭证。具体编制方法参考例21－5所述。

【**例21－5**】2010 年 9 月 20 日，天佳公司王华出差归来，报销差旅费950 元，多余50元交还单位财务部（原预借 1 000 元差旅费）。

对于上述经济业务，在采用专用记账凭证时应分别编制一张转账凭证和一张现金收款凭证，其内容与格式如表 21 – 5、表 21 – 6 所示。

表 21 – 5 转 账 凭 证

2010 年 9 月 20 日　　　　　　　　　　　　　　　　转字第 46 号

摘要	会计科目		借方										贷方										记账符号
	总账科目	明细科目	千	百	十	万	千	百	十	元	角	分	千	百	十	万	千	百	十	元	角	分	
王华报销差旅费	管理费用	差旅费					9	5	0	0	0												√
	其他应收款	王华															9	5	0	0	0		√
合　计					¥	9	0	0	0	0					¥	9	0	0	0	0			

附单据 8 张

会计主管：安 红　　　记账：胡 江　　　出纳：王 芳　　　审核：林 丹　　　制单：钱 静

表 21 – 6 收 款 凭 证

借方科目：库存现金　　　　　　　2010 年 9 月 20 日　　　　　　　现收字 28 号

摘要	贷方科目		金额									记账符号
	总账科目	明细科目	千	百	十	万	千	百	十	元	角	分	
提取现金	库存现金							5	0	0	0		√
合　计							¥	5	0	0	0		

附单据 1 张

会计主管：安 红　　　记账：胡 江　　　出纳：王 芳　　　审核：林 丹　　　制单：钱 静

项目二：通用记账凭证填制练习

【训练目标】

通过训练，使学生能够规范填制通用记账凭证。

【训练内容】

同项目一。

【训练要求】

（1）根据训练内容资料，编制通用记账凭证。

（2）根据上述记账凭证编制科目汇总表。

【训练引导】

（一）训练组织

1. 本次训练由 1 人独立完成。

2. 训练时间需 20 分钟。

3. 训练所需材料：通用记账凭证若干张、科目汇总表 1 张。

（二）训练关键点

1. 通用记账凭的编制

通用记账凭证与转账凭证的格式相似，填制方法也相近。日期填写为编制本记账凭证的日期，不是按所附原始凭证日期填写，右上角的编号按记账凭证编号要求顺序编号。通用记账凭证将经济业务事项中所涉及的全部会计科目，按照先借后贷的顺序，记入"会计科目"栏中的"一级科目"和"明细科目"，并按借贷方向分别记入"借方金额"或"贷方金额"栏，借、贷金额合计数应当相等。金额栏与合计栏上方空行处应划斜线注销。制单人应在填制凭证后签名盖章，并在凭证的右侧填写所附原始凭证张数，其具体编制方法参考例 21 – 6 所述。

【例 21 – 6】根据例 21 – 1 至例 21 – 5 的经济业务编制通用记账凭证，其内容与格式如表 21 –7 至表 21 – 11 所示。

表 21 – 7 记 账 凭 证

2010 年 9 月 12 日　　　　　　　　　　　记字第 055 号

摘要	会计科目		借方									贷方									记账符号	
	总账科目	明细科目	百	十	万	千	百	十	元	角	分	百	十	万	千	百	十	元	角	分		
销售甲产品	银行存款				1	1	7	0	0	0	0										√	附单据3张
	主营业务收入	甲产品											1	0	0	0	0	0	0		√	
	应交税费	应交增值税												1	7	0	0	0	0		√	
合　计			¥	1	1	7	0	0	0	0	0	¥	1	1	7	0	0	0	0	0		

会计主管：安 红　　记账：胡 江　　出纳：王 芳　　审核：林 丹　　制单：钱 静

表 21 – 8 记 账 凭 证

2010 年 9 月 13 日　　　　　　　　　　　记字第 056 号

摘要	会计科目		借方									贷方									记账符号	
	总账科目	明细科目	百	十	万	千	百	十	元	角	分	百	十	万	千	百	十	元	角	分		
王华预借差旅费	其他应收款	王华				1	0	0	0	0	0										√	附单据1张
	库存现金														1	0	0	0	0	0	√	
合　计			¥	1	0	0	0	0	0	¥	1	0	0	0	0	0						

会计主管：安 红　　记账：胡 江　　出纳：王 芳　　审核：林 丹　　制单：钱 静

表 21 – 9　记　账　凭　证

2010 年 9 月 15 日　　　　　　　　　　　　记字第 057 号

摘要	总账科目	明细科目	借方 百	十	万	千	百	十	元	角	分	贷方 百	十	万	千	百	十	元	角	分	记账符号
提取现金	库存现金				3	5	0	0	0	0	0										√
	银行存款													3	5	0	0	0	0	0	√
合　计			¥	3	5	0	0	0	0	0		¥	3	5	0	0	0	0	0		

附单据 3 张

会计主管：安 红　　　记账：胡 江　　　出纳：王 芳　　　审核：林 丹　　　制单：钱 静

表 21 – 10　记　账　凭　证

2010 年 9 月 20 日　　　　　　　　　　　　记字第 058 号

摘要	总账科目	明细科目	借方 千	百	十	万	千	百	十	元	角	分	贷方 千	百	十	万	千	百	十	元	角	分	记账符号
收到潼南公司投入厂房一栋	固定资产	××厂房	9	0	0	0	0	0	0	0	0	0											√
	实收资本	潼南公司											9	0	0	0	0	0	0	0	0	0	√
合　计			¥	9	0	0	0	0	0	0	0	0	¥	9	0	0	0	0	0	0	0	0	

附单据 2 张

会计主管：安 红　　　记账：胡 江　　　出纳：王 芳　　　审核：林 丹　　　制单：钱 静

表 21 – 11　记　账　凭　证

2010 年 9 月 20 日　　　　　　　　　　　　记字第 059 号

摘要	总账科目	明细科目	借方 百	十	万	千	百	十	元	角	分	贷方 百	十	万	千	百	十	元	角	分	记账符号
王华报销差旅费	管理费用	差旅费					9	5	0	0	0											√
	库存现金							5	0	0	0											√
	其他应收款	王华														1	0	0	0	0	0	√
合　计						¥	1	0	0	0	0			¥	1	0	0	0	0	0	

附单据 8 张

会计主管：安 红　　　记账：胡 江　　　出纳：王 芳　　　审核：林 丹　　　制单：钱 静

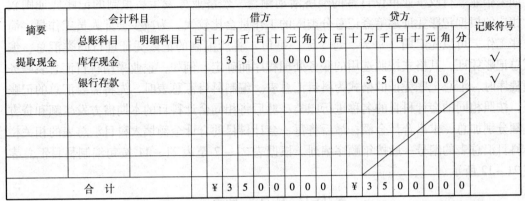

2. 科目汇总表的编制

如果企业、行政事业单位日常的经济活动频繁，经济业务发生后填制的记账凭证则较多，相应的根据记账凭证逐笔登记总分类账的工作量会比较大。为减少会计人员工作量，简化登账工作，可以先定期（每天、每5天、每旬）将所编制的记账凭证进行归类汇总，编制汇总记账凭证，其格式按照选用的账务处理程序而确定。例如，企业采用科目汇总表账务处理程序时，汇总记账凭证的格式为科目汇总表。编制科目汇总表时，先将需要汇总的记账凭证，按照相同的会计科目的名称进行归类；然后将相同会计科目的本期借方发生额和贷方发生额分别加总，求出合计金额；最后将每一会计科目的合计金额填入科目汇总表的相关栏目。科目汇总表的编号一般按年顺序编列。根据表21－7至表21－11按旬编制科目汇总表如表21－12所示。

表21－12 科目汇总表

2010年9月11日至2010年9月20日　　　　记汇第26号

借方金额										√	会计科目	贷方金额										√
千	百	十	万	千	百	十	元	角	分			千	百	十	万	千	百	十	元	角	分	
			3	5	0	5	0	0	0		库存现金					1	0	0	0	0	0	
			1	1	7	0	0	0	0		银行存款				3	5	0	0	0	0	0	
				1	0	0	0	0	0		其他应收款					1	0	0	0	0	0	
	9	0	0	0	0	0	0	0	0		固定资产									0	0	
					9	5	0	0	0		管理费用											
											主营业务收入				1	0	0	0	0	0	0	
											应交税费					1	7	0	0	0	0	
											实收资本		9	0	0	0	0	0	0	0	0	
	9	0	4	8	7	0	0	0	0		合计		9	0	4	8	7	0	0	0	0	

附件记账凭证5张

项目三：记账凭证审核练习

【训练目标】

通过训练，使学生能够识别错误的记账凭证。

【训练内容】

某企业编制的部分记账凭证如表21－13至表21－16所示。

表21－13 记 账 凭 证

2010年9月28日　　　　银收字第05号

摘要	会计科目		借方									贷方									记账符号
	总账科目	明细科目	百	十	万	千	百	十	元	角	分	百	十	万	千	百	十	元	角	分	
支付货款	银行存款				7	0	2	0	0	0	0										
合　计				¥	7	0	2	0	0	0	0		¥	7	0	2	0	0	0	0	

附单据1张

会计主管：　　记账：　　审核：　　出纳：　　制单：王云

表 21-14　记　账　凭　证

2010 年 9 月 23 日　　　　　　　　　　　　　银付字第 056 号

摘要	总账科目	明细科目	百	十	万	千	百	十	元	角	分	百	十	万	千	百	十	元	角	分	记账符号
预借差旅费	其他应收款	陈香				5	0	0	0	0	0										
	银行存款														5	0	0	0	0	0	
合　计					¥	1	0	0	0	0	0			¥	1	0	0	0	0	0	

会计主管：　　记账：　　审核：　　出纳：　　制单：王云

表 21-15　记　账　凭　证

2010 年 9 月 25 日　　　　　　　　　　　　　付字第 058 号

摘要	总账科目	明细科目	百	十	万	千	百	十	元	角	分	百	十	万	千	百	十	元	角	分	记账符号
生产甲产品	制造费用	机物料消耗			1	2	0	0	0	0	0										√
领用材料	原材料													1	2	0	0	0	0	0	
合　计				¥	1	2	0	0	0	0	0		¥	1	2	0	0	0	0	0	

会计主管：　　记账：　　审核：　　出纳：　　制单：王云

表 21-16　收　款　凭　证

借方科目：库存现金　　　　2010 年 9 月 30 日　　　　　　现收字 29 号

摘要	总账科目	明细科目	千	百	十	万	千	百	十	元	角	分	记账符号
提取现金	银行存款						5	0	0	0	0	0	√
合　计								¥	5	0	0	0	

会计主管：安红　　记账：胡江　　出纳：王芳　　审核：林丹　　制单：王云

【训练要求】

请审核上述记账凭证，并请指出存在的错误。

【训练引导】

记账凭证审核的内容有以下几项：

（1）审核是否附有原始凭证；

（2）原始凭证的内容是否与记账凭证一致；

（3）审核会计科目使用是否规范；

（4）金额是否与原始凭证一致；

（5）对应关系是否清晰，书写是否工整；

（6）审核记账凭证编号是否正确；

（7）审核项目是否齐全，包括签章是否齐全等。

技能四　账簿设置与登记

项目一：库存现金日记账和银行存款日记账的登记练习

【训练目标】

通过训练，使学生能够正确设置与登记库存现金日记账和银行存款日记账。

【训练内容】

中天公司2010年10月31日银行存款日记账余额为300 000元，库存现金日记账的余额为3 000元。11月份上旬发生下列银行存款和现金收付业务（代原始凭证）：

（1）1日，投资者投入现金25 000元，存入银行（银收101号）。

（2）1日，以银行存款10 000元归还短期借款（银付101号）。

（3）2日，以银行存款20 000元偿还应付账款（银付102号）。

（4）2日，以现金1 000元存入银行（现付101号）。

（5）3日，用现金支付职工差旅费100元（现付102号）。

（6）3日，从银行提取现金2 000元备用（银付103号）。

（7）4日，收到应收账款50 000元存入银行（银收102号）。

（8）5日，以银行存款46 800元支付购买材料款40 000元，增值税6 800元，材料已验收入库（银付104号）。

（9）5日，以银行存款1 000元支付购入材料运费（银付105号）。

（10）6日，从银行提取现金18 000元，准备发放工资（银付106号）。

（11）6日，用现金18 000元发放职工工资（现付103号）。

（12）7日，以银行存款支付本月电费1 100元（银付107号）。

（13）8日，销售产品一批，价款50 000元，增值税8 500元，价税款均存入银行（银收103号）。

（14）9日，用银行存款支付销售费用410元（银付108号）。

（15）10日，用银行存款上交税金3 500元（银付109号）。

【训练要求】

（1）根据上述经济业务（代原始凭证）分别编制记账凭证。

（2）根据编制的记账凭证登记库存现金日记账和银行存款日记账，如表22 - 1和表22 - 2所示，并结出10日的累计余额。

表22 - 1　库存现金日记账

年		凭证号数	摘要	对方科目	收入	支出	余额
月	日						

续表

年		凭证 号数	摘要	对方科目	收入	支出	余额
月	日						

表 22-2　银行存款日记账

年		凭证		结算凭证		摘要	对方科目	收入	支出	余额
月	日	字	号	种类	编号					

【训练引导】

（一）训练组织

1. 本次训练由 1 人独立完成。

2. 训练时间需 40 分钟。

（二）训练关键点

1. 三栏式现金日记账登记要领如下。

（1）日期栏：按照所依据的记账凭证（现金收款凭证、现金付款凭证、银行存款付款凭证）日期填写。

（2）凭证号数栏：按照所依据的记账凭证（现金收款凭证、现金付款凭证、银行存款付款凭证）的编号填写。

（3）摘要栏：简要说明经济业务的内容，言简意赅，可以直接根据所依据的记账凭证中的摘要填写。

（4）对方科目栏：是指现金收入的来源以及支出的用途科目，也即所依据记账凭证中与库存现金科目存在对应关系的会计科目，其作用在于了解经济业务的来龙去脉。

（5）收入、支出栏：收入栏登记库存现金的增加额，支出栏登记库存现金的减少额。

（6）余额栏：为库存现金的实际余额，应根据上栏余额加本栏收入金额（或减去本栏支出金额）计算而得。

每日终了，应分别计算现金收入和现金付出的合计数，结出余额，同时将余额与出纳员的库存现金核对，以检查每日现金收付是否有误。月份终了，要结出当期"收入"栏和"支出"栏的发生额和期末余额，并与"库存现金"总分类账进行核对，做到"日清月结、账实相符"，如果账实不符，应及时查明原因。

2. 三栏式银行存款日记账登记要领如下。

（1）结算凭证种类为银行各种票据结算方式的种类和编号，可以参照所依据的记账凭证（银行收款凭证、银行付款凭证、现金付款凭证）后所附的原始凭证或原始单据进行填写；

（2）其余项目与现金日记账登记基本相同。

现金日记账和银行存款日记账登记参考例 22 - 1 所述。

【例 22 - 1】 2010 年 10 月 1 日，红光公司的库存现金期初余额是 2 000 元，公司 2010 年 10 月份发生了下列与库存现金相关的经济业务（代原始凭证）。

（1）10 月 3 日，公司员工张红出差借支差旅费 500 元，以现金支付。

（现付 001）　　借：其他应收款——张红　　　　　　　　　　500

　　　　　　　　　　贷：库存现金　　　　　　　　　　　　　　　500

（2）10 月 5 日，以现金支付市内零星材料采购款 150 元，材料已验收入库。

（现付 002）　　借：原材料　　　　　　　　　　　　　　　150

　　　　　　　　　　贷：库存现金　　　　　　　　　　　　　　　150

（3）10 月 9 日，公司从银行提取现金 100 000 元，以备发放工资。

（银付 003）　　借：库存现金　　　　　　　　　　　　　100 000

　　　　　　　　　　贷：银行存款　　　　　　　　　　　　　100 000

（4）10 月 9 日，以现金 100 000 元发放本月职工工资。

（现付 003）　　借：应付职工薪酬　　　　　　　　　　　100 000

　　　　　　　　　　贷：库存现金　　　　　　　　　　　　　100 000

（5）10 月 15 日，张红出差归来，报销差旅费 400 元，并退回现金 100 元。

（现收 001）　　借：管理费用　　　　　　　　　　　　　　400

　　　　　　　　　　　库存现金　　　　　　　　　　　　　　　100

　　　　　　　　　　　　贷：其他应收款——张红　　　　　　　500

（6）10 月 20 日，公司购买办公用品支付现金 200 元。

（现付 004）　　借：管理费用　　　　　　　　　　　　　　200

　　　　　　　　　　贷：库存现金　　　　　　　　　　　　　　　200

（7）10月27日，公司处置废旧物资，出售废旧报纸等收到现金120元。

（现收002）　借：库存现金　　　　　　　　　　　　　120

　　　　　　　　贷：营业外收入　　　　　　　　　　　　　　120

根据上述业务编制的记账凭证，登记现金日记账如表22-3所示。

表22-3　现金日记账

单位：元

2010年		凭证号	摘要	对方科目	收入	支出	结余
月	日						
10	1		期初余额				2 000
	3	现付001	张红出差借支差旅费	管理费用		500	1 500
	5	现付002	支付零星材料款	原材料		150	1 350
	9	银付003	提取现金	银行存款	100 000		
	9	现付003	发放工资	应付职工薪酬		100 000	
	9		本日合计		100 000	100 000	1 350
	15	现收001	报销差旅费，退回多余现金	其他应收款	100		1 450
	20	现付004	购买办公用品	管理费用		200	1 250
	27	现收002	出售废旧报纸	营业外收入	120		1 370

项目二：总分类账户和明细分类账户平行登记

【训练目标】

通过训练，使学生能够按照平行登记要求和登账规范正确登记总分类账户和明细分类账户。

【训练内容】

1. 天马公司2010年10月31日有关总分类账户和明细分类账户余额如下。

（1）总分类账户："原材料"账户借方余额200 000元；"应付账款"账户贷方余额50 000元。

（2）明细分类账户："原材料——甲材料"账户800千克，单价150元，借方余额120 000元；"原材料——乙材料"账户200千克，单价100元，借方余额20 000元；"原材料——丙材料"账户500千克，单价120元，借方余额60 000元；"应付账款——A公司"账户贷方余额30 000元；"应付账款——B公司"账户贷方余额20 000元。

2. 该企业2010年11月份发生部分经济业务如下。

（1）以银行存款偿还前欠A公司货款15 000元。

（2）购进甲材料100千克，单价150元，价款15 000元，增值税合计2 550元，款项以银行存款支付，材料已验收入库。

（3）生产车间向仓库领用材料一批，计甲材料200千克，单价150元，乙材料100千克，单价100元，丙材料250千克，单价120元，共计领料金额70 000元。

（4）以银行存款偿还前欠B公司货款10 000元。

（5）向 A 公司购入乙材料 100 千克，单价 100 元，材料入库，价款 10 000 元，增值税 1 170 元，货款合计 11 700 元（含增值税，税率为 17%），以银行存款支付。

【训练要求】

（1）根据训练内容 1 用借贷记账法编制记账凭证。

（2）开设"原材料"、"应付账款"总分类账户和明细分类账户并登记期初余额。

（3）根据记账凭证平行登记总分类账和明细分类账。

【训练引导】

（一）训练组织

1．本次训练由 1 人独立完成。

2．训练时间需 20 分钟。

3．训练所需材料：通用记账凭证若干张；总账账页 2 张；三栏式明细账账页 2 张；数量金额式明细账账页 3 张。

（二）训练关键点

总账一般应采用三栏式格式账页进行登记；总账登记依据要看企业采用的账务处理程序，这里按记账凭证账务处理程序进行登记，即根据记账凭证逐笔登记入账；往来款项明细账采用三栏式账页格式进行登记；明细账根据记账凭证及其后面所附原始凭证或汇总原始凭证进行登记；财产物资明细账一般采用数量金额式进行登记，明细账根据记账凭证及其后面所附原始凭证或汇总原始凭证进行登记。总分类账户和明细分类账户的登记参考例 22 - 2 所述。

【例 22 - 2】 经济业务资料参见知识点十三中【例 13 - 1】。根据相关经济业务登记部分总账、明细账，如表 22 - 4 至表 22 - 8 所示。

表 22 - 4　总分类账

账户名称：原材料　　　　　　　　　　　　　　　　　　　　　　　　　　　　　　　第 2 页

| 2010 年 | | 凭证号数 | 摘要 | 借方 | 贷方 | 借或贷 | 余额 |
月	日						
10	1		期初余额			借	20 000
	4	银付 01	购入材料	50 000		借	70 000
	8	转 08	生产甲产品领用材料		15 000	借	55 000

表 22 - 5　应付账款明细分类账

明细科目名称：明光公司　　　　　　　　　　　　　　　　　　　　　　　　　　　　第 15 页

| 2010 年 | | 凭证号数 | | 摘要 | 借方 | 贷方 | 借或贷 | 余额 |
月	日	字	号					
10	1			期初余额			贷	80 000
	10	银付	5	偿还前欠货款	80 000		平	0
	18	转	10	购料欠款		10 000	贷	10 000

表 22 - 6 原材料明细分类账

类别：A 材料   计划单价：

品名或规格：   储备定额：

存放地点：2#仓库   计量单位：吨

| 2010年 | | 凭证号数 | 摘要 | 收 入 | | | 发 出 | | | 结 存 | | |
月	日			数量	单价	金额	数量	单价	金额	数量	单价	金额
6	1		期初余额							100	200	20 000
	5	转06	购进	100	200	20 000				200	200	40 000
	6	转15	购进	200	200	40 000				400	200	80 000
	15	转35	领用				300	200	60 000	100	200	20 000

表 22 - 7 管理费用明细账

| 2010年 | | 凭证号数 | 摘要 | 借 方 | | | | | | | |
月	日			工资及福利费	办公费	差旅费	折旧费	修理费	工会经费	……	合计
6	2	现付005	购买办公用品		200						200
	5	转016	差旅费			1 500					1 700
	10	银付032	设备维修					300			2 000
	30	转056	工资	250 000							252 000
	30	转057	折旧				2 000				254 000
	30		本月合计	250 000	200	1 500	2 000	300			254 000

表 22 - 8 主营业务收入明细账

| 2010年 | | 凭证号数 | 摘要 | 贷 方 | | | | 借方 | 余额 |
月	日			产品销售收入	提供劳务收入	……	合计		
10	2	银收01	销售产品	30 000					30 000
	8	转10	销售产品并安装	80 000	2 000				112 000
	20	转25	销售产品	50 000					162 000
	30	转45	结转本年利润					162 000	0

技能五 成本计算与核算

项目一：材料采购成本计算

【训练目标】

通过训练，使学生能够按照要求正确分配企业材料采购费用。

【训练内容】

新华工厂于 2010 年 2 月购入 A、B 两种材料，A 材料 2 500 千克，每千克 30 元；B 材料 1 500 千克，每千克 40 元。采购过程中共发生运输费 4 050 元，装卸费 800 元。货款及运杂费均以银行存款支付，材料已验收入库。

【训练要求】

根据训练内容的资料，按 A、B 材料的买价比例分配运输费，按 A、B 材料的重量比例分配装卸费，计算本期 A、B 材料的采购成本并填列表 23 - 1。

表 23 - 1 材料采购成本计算表

成本项目	A 材料（ 千克）		B 材料（ 千克）		合计
	总成本	单位成本	总成本	单位成本	
买价					
运杂费					
采购成本					

【训练引导】

（一）训练组织

1. 本次训练由 1 人独立完成。

2. 训练时间需 15 分钟。

（二）训练关键点

运输费用分配参考例 23 - 1 所述。

【例 23 - 1】 从中兴公司购进甲材料 200 吨，单价 150 元，计 30 000 元；乙材料 100 吨，单价 200 元，计 20 000 元。以银行存款支付上述甲、乙材料的运杂费 1 500 元，要求按照重量比例分配材料运费，则分配计算步骤如下。

1. 按照重量比例计算材料的运费的分配率，计算公式为：

材料运费分配率 = 待分配运费总额/材料重量总数

则中兴公司材料运费分配率计算如下：

$$费用分配率 = \frac{1\ 500}{200 + 100} = 5$$

2. 按照费用分配率与分配标准分配计算运费，计算公式为：

某种材料应分配的费用 = 该材料所采用重量分配标准 × 费用分配率

则 甲材料应分配的运费 = 200 × 5 = 1 000（元）

乙材料应分配的运费 $=100 \times 5 = 500$ （元）

3. 根据计算结果填列如表 23 – 2 所示的材料采购成本计算表。

表 23 – 2　材料采购成本计算表

成本项目	甲材料（200 吨）		乙材料（100 吨）		合计
	总成本		单位成本		
买价	30 000	150	20 000	200	50 000
运杂费	1 000	5	500	5	1 500
采购成本	31 000	155	20 500	205	51 500

项目二：分配人工费用

【训练目标】

通过训练，使学生能够按照要求正确分配企业人工费用。

【训练内容】

永昌公司 8 月份职工工资共计 1 200 000 元，其中：生产工人工资 600 000 元、车间管理人员工资 180 000 元、行政管理人员工资 420 000 元。8 月份根据考勤记录和产量记录计算生产工时为：甲产品生产工时 365 000 小时，乙产品生产工时 235 000 小时。

【训练要求】

根据训练内容的资料，按照生产工时比例法对永昌公司 8 月份的应付职工薪酬进行分配，并填制表 23 – 3 所示的职工工资费用分配表。

表 23 – 3　职工工资费用分配表

分配对象	分配标准	分配率	分配金额
基本生产车间——甲产品生产工人			
基本生产车间——乙产品生产工人			
小计			
基本生产车间——管理人员	—	—	
管理部门	—	—	
合　计	—	—	

【训练引导】

（一）训练组织

1. 本次训练由 1 人独立完成。

2. 训练时间需 15 分钟。

（二）训练关键点

生产工时比例法是指以各种产品的生产工时数作为分配标准来分配人工费用的一种方法，其分配计算步骤参考例 23 – 2 所述。

【例 23 – 2】永昌公司 2010 年 6 月生产甲、乙两种产品，生产工人生产甲、乙产品计时工资共计 17 600 元，甲、乙产品生产工时分别为 5 600 小时和 3 200 小时，则人工费用分配计算如下。

1. 明确分配对象、分配标准和分配费用额，并填制如表 23 - 4 所示的永昌公司人工费用分配表的相关项目。

表 23 - 4 永昌公司人工费用分配表

分配对象	分配标准	分配率	分配额
甲产品 乙产品	5 600 小时 3 200 小时		
合计	8 800 小时		17 600.00

2. 按照生产工时比例法计算人工费用的分配率，其计算公式为：

$$工资费用分配率 = \frac{某车间生产工人计时工资总额}{该车间各种产品生产工时总数}$$

则永昌公司 2010 年 6 月人工费用分配率计算如下：

$$工资费用分配率 = \frac{17\ 600}{8\ 800} = 2$$

根据计算结果继续填制人工费用分配计算表，如表 23 - 5 所示。

表 23 - 5 永昌公司人工费用分配表

分配对象	分配标准	分配率	分配额
甲产品 乙产品	5 600 小时 3 200 小时	2	
合计	8 800 小时	2	17 600.00

3. 根据分配率和分配标准在各分配对象之间进行费用分配，其计算公式为：

某分配对象应分配费用额 = 该分配对象生产工时 × 人工费用分配率

则永昌公司 2010 年 6 月人工费用分配计算如下：

甲产品分配工资费用 = 5 600 × 2 = 11 200（元）
乙产品分配工资费用 = 3 200 × 2 = 6 400（元）

根据计算结果继续填制人工费用分配计算表，如表 23 - 6 所示。

表 23 - 6 永昌公司人工费用分配表

分配对象	分配标准	分配率	分配额
甲产品 乙产品	5 600 小时 3 200 小时	2	11 200.00 6 400.00
合计	8 800 小时	2	17 600.00

项目三：分配制造费用

【训练目标】

通过训练，使学生能够按照要求正确分配企业制造费用。

【训练内容】

（1）中兴公司 2010 年 7 月 31 日制造费用——生产车间明细账如表 23 - 7 所示。

表 23 – 7 制 造 费 用

二级科目名称：生产车间

2010 年		凭证字号	摘　要	机物料消耗	职工薪酬	办公费	折旧费	其他	合计
月	日								
7	5	略	领料	1 000.00					1 000.00
7	16	略	购买办公用品			200.00			200.00
7	31	略	分配工资		6 900.00				6 900.00
7	31	略	计提折旧				3 000.00		3 000.00

（2）中兴公司生产车间生产甲、乙两种产品，7 月份甲产品生产工时为 3 260 小时，乙产品生产工时为 1 180 小时。

【训练要求】

根据训练内容的资料，按照生产工时比例法对中兴公司 7 月份的制造费用进行分配，并填制如表 23 – 8 所示的制造费用分配表。

表 23 – 8 中兴公司制造费用分配表

分配对象	分配标准	分配率	分配额
合计			

【训练引导】

（一）训练组织

1. 本次训练由 1 人独立完成。

2. 训练时间需 15 分钟。

（二）训练关键点

生产工时比例法是指以各种产品的生产工时数作为分配标准来分配制造费用的一种方法，其分配计算步骤参考例 23 – 3 所述。

【例 23 – 3】永昌公司 2010 年 6 月生产车间发生的制造费用共为 278 000 元，该企业生产车间生产 A、B 两种产品，6 月份 A 产品生产工时为 3 000 小时，B 产品生产工时为 2 000 小时。根据资料填制制造费用分配计算表如下。

1. 明确分配对象、分配标准和分配费用额，并填制如表 23 – 9 所示的制造费用分配计算表的相关项目。

表 23 – 9 永昌公司制造费用分配表

分配对象	分配标准	分配率	分配额
A 产品	3 000 小时		
B 产品	2 000 小时		
合计	5 000 小时		278 000.00

2. 按照生产工时比例法计算制造费用分配率，其计算公式为：

制造费用分配率 = 制造费用总额/各分配对象生产工时总和

则永昌公司 2010 年 6 月制造费用分配率计算如下：

$$制造费用分配率 = \frac{278\ 000}{3\ 000 + 2\ 000} = 55.6$$

根据计算结果继续填制制造费用分配计算表，如表 23 – 10 所示。

表 23 – 10　永昌公司制造费用分配表

分配对象	分配标准	分配率	分配额
A 产品	3 000 小时		
B 产品	2 000 小时		
合计	5 000 小时	55.6	278 000.00

3. 根据分配率和分配标准在各分配对象之间进行费用分配，其计算公式为：

某分配对象应分配费用额 = 该分配对象生产工时 × 制造费用分配率

则永昌公司 2010 年 6 月制造费用分配计算如下：

甲产品应分配额 = 55.6 × 3 000 = 166 800（元）

乙产品应分配额 = 55.6 × 2 000 = 111 200（元）

根据计算结果继续填制制造费用分配计算表，如表 23 – 11 所示。

表 23 – 11　永昌公司制造费用分配表

分配对象	分配标准	分配率	分配额
A 产品	3 000 小时		166 800.00
B 产品	2 000 小时		111 200.00
合计	5 000 小时	55.6	278 000.00

技能六 对账与结账处理

【训练目标】

通过训练，使学生能够按照规范办理结账手续。

【训练内容】

甲公司 2010 年有关账簿在结账之前的资料如表 24－1 至表 24－4 所示。

表 24－1 原材料明细账

材料编号：1001   计量单位：千克

材料类别：主要材料   最高存量：

品名及规格：甲材料   最低存量：

2010年		凭证编号	摘要	收入			发出			结存		
月	日			数量	单价	金额	数量	单价	金额	数量	单价	金额
5	06		承前页							890	100.00	89 000.00
	10	略	略	500	100.00	50 000.00				1 390	100.00	139 000.00
	20	略	略				200	100.00	20 000.00	1 190	100.00	119 000.00
	27	略	略				350	100.00	35 000.00	840	100.00	84 000.00

表 24－2 银行存款日记账

2010年		凭证编号	摘要	对方科目	收入	支出	结余
月	日						
5	20		承前页		173 260.00	197 310.00	102 790.00
	23	略	略	略		28 500.00	74 290.00
	26	略	略	略		20 000.00	54 290.00
	30	略	略	略	11 700.00		65 990.00

表 24－3 主营业务收入明细账

账户名称：A 产品

2010年		凭证编号	摘要	借方金额	贷方金额	借或贷	余额
月	日						
5	20		承前页		30 410.00	贷	30 410.00
	22	略	略		16 200.00	贷	46 610.00
	28	略	略		29 150.00	贷	75 760.00
	31	略	略	75 760.00		平	0

表 24-4　应付账款总分类账

2010年		凭证编号	摘要	借方金额	贷方金额	借或贷	余额
月	日						
11	20		承前页			贷	19 040.00
	30	略	略		1 000.00	贷	20 040.00
12	10	略	略	8 500.00		贷	11 540.00
	17	略	略		10 000.00	贷	21 540.00
	28	略	略		10 000.00	贷	31 540.00
	31	略	略	15 130.00		贷	16 410.00

该企业 1—11 月份应付账款借方发生额累计为 133 400 元，贷方发生额累计为 122 300元。

【训练要求】

（1）根据训练内容分别按照规范办理原材料明细账、银行存款日记账、主营业务收入明细账的月结手续。

（2）根据训练内容按照规范办理应付账款总分类账的月结手续和年结手续。

【训练引导】

（一）训练组织

1. 本次训练由 1 人独立完成。

2. 训练时间需 20 分钟。

（二）训练关键点

结账是一项将账簿记录定期结算清楚的账务工作。结账时间可以是月末、季末或者年末，现行的结账方法是划线结账法，具体方法如下。

1. 对于不需要按月结计本期发生额的账户，如应收应付款项等结算类明细账、财产物资明细账等，在每次记账以后，都要随时结出余额，每月最后一笔余额即为月末余额。也就是说，月末余额就是本月最后一笔经济业务记录的同一行内的余额。月末结账时，只需要在本月最后一笔经济业务记录之下划一通栏单红线即可，不需要再结计一次余额。例如，某企业 2010 年 9 月应付账款明细账办理月结手续如表 24-5 所示。

表 24-5　应付账款明细账

2010年		凭证号数	摘　要	借方	贷方	借或贷	余额
月	日						
9	1		期初余额			贷	38 000.00
	5	略	购入材料		34 000.00	贷	72 000.00
	16	略	购入材料		12 000.00	贷	84 000.00
	25	略	偿还材料款	34 000.00		贷	50 000.00

"- - -"表示单红线（下同）

2. 对于现金日记账、银行存款日记账和需要按月结计发生额的收入、费用等明细账，每月结账时，要在最后一笔经济业务记录下面划一通栏单红线，结出本月发生额和余额，在"摘要"栏内注明"本月合计"字样，在下面划一条通栏单红线。例如，某企业 2010 年 9 月现金日记账办理月结手续如表 24 - 6 所示。

表 24 - 6　现金日记账

2010 年		凭证号数	摘要	对方科目	收入	支出	结余
月	日						
9	20		承前页		5 000.00	3 500.00	7 500.00
	23	略	略	略		500.00	7 000.00
	26	略	略	略		1 500.00	5 500.00
	30	略	略	略	850.00		6 350.00
	30		本月合计		5 850.00	5 500.00	6 350.00

3. 对于需要结计本年累计发生额的某些明细账户，如主营业务收入、成本明细账等，每月结账时，应在"本月合计"行下结计自年初起至本月末止的累计发生额，登记在月份发生额下面，在"摘要"栏内注明"本年累计"字样，并在下面再划一通栏单红线。12 月末的"本年累计"就是全年累计发生额，全年累计发生额下划双红线。例如，某企业 2010 年 9 月主营业务成本明细账办理月结手续如表 24 - 7 所示。

表 24 - 7　主营业务成本明细账

账户名称：A 产品

2010 年		凭证号数	摘要	借方金额	贷方金额	借或贷	余额
月	日						
9	20		承前页	50 000.00		借	50 000.00
	22	略	略	15 000.00		借	65 000.00
	28	略	略	25 000.00		借	90 000.00
	30	略	略		90 000.00	平	0
	30		本月合计	90 000.00	90 000.00	平	0
	30		本年累计	650 000.00	650 000.00		

4. 总账账户平时只需结计月末余额。年终结账时，为了反映全年各项资产、负债及所有者权益增减变动的全貌，便于核对账目，要将所有总账账户结计全年发生额和年末余额，在"摘要"栏内注明"本年合计"字样，并在合计数下划双红线。例如，某企业 2010 年 12 月应收账款总账办理月结和年结手续如表 24 - 8 所示。

表 24 - 8 应收账款总账

2010 年 月	日	凭证号数	摘要	借方金额	贷方金额	借或贷	余额
11	27		承前页			借	90 000.00
	29	略	略	10 000.00		借	100 000.00
12	7	略	略	8 000.00		借	108 000.00
	19	略	略		15 000.00		93 000.00
	28	略	略		5 000.00	借	88 000.00
	31	略	略	22 000.00		借	110 000.00
	31		本年合计	986 000.00	970 000.00	借	110 000.00
	31		结转下年				

"===" 表示双红线

技能七　账务处理程序综合运用

项目一：记账凭证账务处理程序综合运用

【训练目标】

通过训练，学生能够运用记账凭证账务处理程序对企业经济业务进行会计核算。

【训练内容】

1. 模拟企业有关资料如下。

(1) 公司名称：芜江市思达有限责任公司（简称思达公司）。

(2) 性质：有限责任公司，增值税一般纳税人。

(3) 生产组织与工艺流程：公司下设一个生产车间，单步骤大量生产甲产品和乙产品。

(4) 原材料收发按实际成本计价核算，发出材料的实际单位成本按移动加权平均法计算。

(5) 产成品的收发按实际成本计价核算，发出产成品的实际单位成本按全月一次加权平均法计算。

(6) 计算中要求精确到小数点后 2 位，尾差按业务需要进行调整。

(7) 公司执行中华人民共和国财政部制定的《企业会计准则（2006）》。

2. 思达公司 2010 年 1 月份期初余额资料如下。

该公司总账账户期初余额资料如表 25 - 1 所示。

表 25 - 1　思达公司总账账户期初余额资料

账户名称	借方余额	账户名称	贷方余额
库存现金	3 281.00	短期借款	50 000.00
银行存款	897 205.00	应付账款	3 800.00
交易性金融资产	90 000.00	应交税费	3 600.00
应收账款	12 000.00	累计折旧	47 400.00
原材料	38 800.00	实收资本	3 026 000.00
库存商品	168 400.00	盈余公积	170 540.00
周转材料	4 000.00	利润分配	40 928.00
固定资产	2 096 800.00		
生产成本	31 782.00		
合　计	3 342 268.00	合　计	3 342 268.00

该公司部分明细账户期初余额如下：

(1) "应收账款"账户：大鑫公司 12 000 元；

(2) "原材料——A 材料"账户：数量 220 千克，单价 140 元，成本 30 800 元；

　　"原材料——B 材料"账户：数量 80 千克，单价 100 元，成本 8 000 元；

(3) "应付账款"账户：东兴工厂 2 000 元，鸿达工厂 1 800 元；

（4）"生产成本——甲产品"账户：直接材料 18 260 元，直接人工 11 940 元，制造费用 1 582 元；

（5）"库存商品——甲产品"账户：数量 300 件，金额 138 000 元；"库存商品——乙产品"账户：数量 100 件，金额 30 400 元。

3. 思达公司 2010 年 1 月份发生的经济业务内容如下（代原始凭证）。

（1）2 日，办公室王宁出差预借差旅费 1 000 元，以现金付讫。

（2）3 日，向华亿公司销售甲产品 280 件，单价 790 元，增值税税率为 17%，收到转账支票 1 张，送存银行。

（3）3 日，从鸿达工厂购入一批材料，增值税专用发票所列：A 材料 500 千克，单价 140 元；B 材料 120 千克，单价 110 元，增值税税率为 17%。款项未付，材料已验收入库。

（4）5 日，开出转账支票偿付前欠货款东兴工厂 2 000 元，鸿达工厂 90 000 元。

（5）7 日，生产车间领用 A 材料 260 千克、B 材料 120 千克，用于甲产品生产；领用 B 材料 10 千克为车间一般耗用。

（6）8 日，收到大鑫公司转账支票 1 张，偿付所欠账款 12 000 元，存入银行。（提示：填写银行进账单）

（7）10 日，从东兴工厂购入材料一批，增值税专用发票所列 A 材料 580 千克，单价 140 元；B 材料 330 千克，单价 110 元，增值税税率为 17%。款项已支付，材料尚未到达入库。

（8）11 日，向芜江市红十字会捐款 10 000 元。

（9）12 日，办公室王宁报销差旅费 860 元，并退回剩余现金。

（10）13 日，上述从东兴工厂所购材料验收入库。

（11）15 日，领用 B 材料 200 千克，用于乙产品生产。

（12）17 日，支付业务招待费 4 260 元。

（13）17 日，企业因雪灾损失 A 材料 60 千克，A 材料购入时的增值税税率为 17%。

（14）18 日，向大鑫公司销售甲产品 150 件，单价 780 元，增值税税率为 17%，款项暂未收到。

（15）21 日，支付本月电费 2 750 元。电费按电表分配：车间用电 1 620 度，行政部门用电 580 度。

（16）25 日，从银行提取现金 90 715 元，备发工资等。（提示：填制现金支票，存根入账）

（17）25 日，发放职工薪酬，应发薪酬 90 930 元，代扣职工个人所得税 215 元，实发薪酬 90 715 元。

（18）25 日，收恒通公司本月设备租金 1 500 元，将转账支票 1 张送存银行。

（19）26 日，收到大鑫公司转账支票 1 张，偿付所欠货款 136 890 元，存入银行。

（20）28 日，支付广告费 2 000 元。

（21）31 日，分配本月应付职工薪酬 90 930 元，其中：生产工人工资 61 200 元（按照产品生产工时进行分配，本月甲产品生产工时为 2 350 小时，乙产品生产工时为 1 175 小时），车间管理人员工资 11 750 元，企业管理人员工资 17 980 元。（提示：将工资费用分配表填制完全）

（22）31 日，企业因雪灾导致的 A 材料损失清理处置完毕。

（23）31 日，计提本月生产车间固定资产折旧 2 720 元，行政部门固定资产折旧 2 040

元，出租设备折旧 600 元。

（24）31 日，按照产品生产工时进行分配结转本月制造费用。（提示：填制费用分配表）

（25）31 日，本月完工入库甲产品 200 件，结转其成本 97 080 元（其中：直接材料 44 840 元、直接人工 41 600 元、制造费用 10640 元）。乙产品月末全部完工入库共计 150 件，结转其成本。

（26）31 日，结转已销产品成本。

（27）31 日，计提本月短期借款利息，年利率 5.76%。

（28）31 日，计算本月应交营业税，适用税率 5%。

（29）31 日，结转本期损益。

【训练要求】

（1）开设各有关总分类账、明细分类账和日记账，登记期初余额。

（2）运用记账凭证账务处理程序对企业经济业务进行会计核算，包括填制凭证、登记账簿、编制会计报表。

【训练引导】

（一）训练组织

1. 本次训练由 1 人独立完成。

2. 训练时间需 120 分钟。

3. 训练所需材料：通用记账凭证 30 张，总账账簿 1 本，现金日记账账簿 1 本，银行存款日记账账簿 1 本，三栏式账页 3 张，多栏式账页 3 张，数量金额式账页 4 张，资产负债表 1 张，利润表 1 张。

（二）训练关键点

按照记账凭证账务处理程序，结合相关经济业务，本训练按照如下步骤进行：

1. 根据提供的期初资料建账并登记期初余额。所需开设的账户包括：总账、现金日记账、银行存款日记账、应收账款明细账、应付账款明细账、原材料明细账、库存商品明细账、制造费用明细账和生产成本明细账。

2. 根据训练内容所示的经济业务（代原始凭证）编制记账凭证。

3. 根据训练内容所示的经济业务（代原始凭证）和记账凭证登记日记账及相关明细分类账。

4. 根据记账凭证逐笔登记总分类账。

5. 期末，进行对账、结账。

6. 期末，根据账簿记录编制资产负债表和利润表。

项目二：科目汇总表账务处理程序综合运用

【训练目标】

通过训练，使学生能够运用科目汇总表证账务处理程序对企业经济业务进行会计核算。

【训练内容】

同上述项目一。

【训练要求】

（1）开设各有关总分类账、明细分类账和日记账，登记期初余额。

（2）运用科目汇总表账务处理程序对企业经济业务进行会计核算，包括填制凭证、登记账簿、编制会计报表。

【训练引导】

（一）训练组织

1. 本次训练由 1 人独立完成。

2. 训练时间需 90 分钟。

3. 训练所需材料：科目汇总表 2 张，总账账簿 1 本，现金日记账账簿 1 本，银行存款日记账账簿 1 本，三栏式账页 3 张，多栏式账页 3 张，数量金额式账页 4 张，资产负债表 1 张，利润表 1 张。

（二）训练关键点

按照科目汇总表账务处理程序，结合相关经济业务，本训练按照如下步骤进行：

1. 根据提供的期初资料建账并登记期初余额。所需开设的账户包括：总账、现金日记账、银行存款日记账、应收账款明细账、应付账款明细账、原材料明细账、库存商品明细账、制造费用明细账和生产成本明细账。

2. 根据训练内容所示的经济业务（代原始凭证）编制记账凭证。（同技能九的项目一，本步可省略）

3. 根据训练内容所示的经济业务（代原始凭证）和记账凭证登记日记账及相关明细分类账。

4. 根据记账凭证编制科目汇总表。（半月汇总 1 次）

5. 根据科目汇总表登记总分类账。

6. 期末，进行对账、结账。

7. 期末，根据账簿记录编制资产负债表和利润表。

技能八　编制财务会计报告

项目一：计算填列资产负债表的有关项目

【训练目标】

通过训练，使学生能够正确计算资产负债表中相关项目的填列金额。

【训练内容】

启迪有限责任公司 2010 年年末部分账户的余额如表 26 - 1 所示。

表 26 - 1　启迪有限责任公司 2010 年年末部分账户余额表

账户名称	借或贷	期末余额	账户名称	借或贷	期末余额
库存现金	借	2 000	库存商品	借	245 000
银行存款	借	800 000	生产成本	借	200 000
其他货币资金	借	60 000	材料成本差异	贷	3 000
应收账款	借	80 000	长期待摊费用	借	120 000
——甲公司	借	85 000	其中：一年内到期的长期待摊费用	借	15 000
——乙公司	贷	5 000	应付账款	贷	70 000
预付账款	借	40 000	——丙公司	贷	74 000
——A 公司	借	42 000	——丁公司	借	4 000
——B 公司	贷	2 000	预收账款	贷	15 000
材料采购	借	70 000	——C 公司	贷	20 000
原材料	借	500 000	——D 公司	借	5 000
周转材料	借	6 000	长期借款	贷	160 000
坏账准备——应收账款	贷	800	其中：一年内到期的长期借款	贷	40 000
固定资产	借	2 000 000			
累计折旧	贷	800 000			

【训练要求】

根据上述训练内容的资料计算启迪有限公司 2010 年 12 月 31 日资产负债表中货币资金、应收账款、预付款项、存货、长期待摊费用、应付账款、预收款项、长期借款、固定资产等项目的金额。

【训练引导】

（一）训练组织

1. 本次训练由 1 人独立完成。

2. 训练时间需 20 分钟。

（二）训练关键点

上述训练要求计算填列的特殊项目金额计算如例26-1至例26-8所述。

【例26-1】 启明公司2010年12月31日结账后的"库存现金"账户余额为10 000元，"银行存款"账户余额为4 000 000元，"其他货币资金"账户余额为1 000 000元。

本例中，企业应按照"库存现金"、"银行存款"和"其他货币资金"三个总账账户余额加总后的金额，作为资产负债表中"货币资金"项目的金额，则该企业2010年12月31日资产负债表中的"货币资金"项目金额为：

$$10\ 000+4\ 000\ 000+1\ 000\ 000=5\ 010\ 000（元）$$

【例26-2】 启明公司2010年12月31日结账后有关账户所属明细账户借贷方余额如表26-2所示。

表26-2 启明公司2010年12月31日有关账户余额

单位：元

账户名称	明细账户借方余额合计	明细账户贷方余额合计
应收账款	1 600 000	100 000
预付账款	800 000	60 000
应付账款	400 000	1 800 000
预收账款	600 000	1 400 000

本例中，根据"应收账款"账户所属明细账户借方余额1 600 000元和"预收账款"账户所属明细账户借方余额600 000元加总，作为资产负债表中"应收账款"的项目金额，即2 200 000元；根据"预付账款"账户所属明细账户借方余额800 000元和"应付账款"账户所属明细账户借方余额400 000元加总，作为资产负债表中"预付款项"的项目金额，即1 200 000元；根据"应付账款"账户所属明细账户贷方余额1 800 000元和"预付账款"账户所属明细账户贷方余额60 000元加总，作为资产负债表中"应付账款"的项目金额，即1 860 000元；根据"预收账款"账户所属明细账户贷方余额1 400 000元和"应收账款"账户所属明细账户贷方余额100 000元加总，作为资产负债表中"预收款项"的项目金额，即1 500 000元。

【例26-3】 启明公司2010年12月31日结账后的"其他应收款"账户余额为63 000元，"坏账准备"账户中有关其他应收款计提的坏账准备为2 000元。

本例中，企业应当以"其他应收款"总账账户余额，减去"坏账准备"账户中为其他应收款计提的坏账准备金额后的净额，作为资产负债表中"其他应收款"的项目金额，则该企业2010年12月31日资产负债表中的"其他应收款"项目金额为：

$$63\ 000-2\ 000=61\ 000（元）$$

【例26-4】 启明公司采用计划成本核算材料，2010年12月31日结账后有关账户余额为："材料采购"账户余额为140 000元（借方），"原材料"账户余额为2 400 000元（借方），"周转材料"账户余额为1 800 000元（借方），"库存商品"账户余额为1 600 000元（借方），"生产成本"账户余额为600 000元（借方），"材料成本差异"账户余额为120 000元（贷方），"存货跌价准备"账户余额为210 000元。

本例中，企业应当以"材料采购"（表示在途材料采购成本）、"原材料"、"周转材料"

（比如包装物和低值易耗品等）、"库存商品"、"生产成本"（表示期末在产品金额）各总账账户余额加总后，加上或减去"材料成本差异"总账账户的余额（若为贷方余额，应减去；若为借方余额，应加上），再减去"存货跌价准备"总账账户余额后的净额，作为资产负债表中"存货"项目的金额，则该企业 2010 年 12 月 31 日资产负债表中的"存货"项目金额为：

$$140\ 000 + 2\ 400\ 000 + 1\ 800\ 000 + 1\ 600\ 000 + 600\ 000 - 120\ 000 - 210\ 000 = 6\ 210\ 000\ （元）$$

【例 26 - 5】启明公司 2010 年 12 月 31 日结账后的"长期股权投资"账户余额为 100 000 元，"长期股权投资减值准备"账户余额为 6 000 元。

本例中，企业应当以"长期股权投资"总账账户余额 100 000 元，减去其备抵账户"长期股权投资减值准备"账户余额后的净额，作为资产负债表中"长期股权投资"的项目金额，则该企业 2010 年 12 月 31 日资产负债表中的"长期股权投资"项目金额为：

$$100\ 000 - 6\ 000 = 94\ 000\ （元）$$

【例 26 - 6】启明公司 2010 年 12 月 31 日结账后的"固定资产"账户余额为 1 000 000 元，"累计折旧"账户余额为 90 000 元，"固定资产减值准备"账户余额为 200 000 元。

本例中，企业应当以"固定资产"总账账户余额，减去"累计折旧"和"固定资产减值准备"两个备抵类总账账户余额后的净额，作为资产负债表中"固定资产"的项目金额，则该企业 2010 年 12 月 31 日资产负债表中的"固定资产"项目金额为：

$$1\ 000\ 000 - 90\ 000 - 200\ 000 = 710\ 000\ （元）$$

【例 26 - 7】启明公司 2010 年"长期待摊费用"账户的期末余额为 375 000 元，将于一年内摊销的数额为 204 000 元。

本例中，企业应当根据"长期待摊费用"总账账户余额 375 000 元，减去将于一年内摊销的金额 204 000 元，作为资产负债表中"长期待摊费用"项目的金额，即 171 000 元。将于一年内摊销完毕的 204 000 元，应当填列在流动资产下"一年内到期的非流动资产"项目中，则该企业 2010 年 12 月 31 日资产负债表中的"长期待摊费用"项目金额为：

$$375\ 000 - 204\ 000 = 171\ 000\ （元）$$

【例 26 - 8】启明公司长期借款情况如表 26 - 3 所示。

表 26 - 3　启明公司长期借款情况

借款起始日期	借款期限/年	金额/元
2010 年 1 月 1 日	3	1 000 000
2008 年 1 月 1 日	5	2 000 000
2007 年 6 月 1 日	4	1 500 000

本例中，企业应当根据"长期借款"总账账户余额 4 500 000（1 000 000 + 2 000 000 + 1 500 000）元，减去一年内到期的长期借款 1 500 000 元，作为资产负债表中"长期借款"项目的金额，即 3 000 000 元。将在一年内到期的长期借款 1 500 000 元，应当填列在流动负债下"一年内到期的非流动负债"项目中，则该企业 2010 年 12 月 31 日资产负债表中"长期借款"项目金额为：

$$1\ 000\ 000 + 2\ 000\ 000 = 3\ 000\ 000\ （元）$$

项目二：编制资产负债表

【训练目标】

通过训练，使学生能正确编制资产负债表。

【训练内容】

天龙有限公司 2009 年 11 月 30 日有关总账和明细账户的余额如表 7 - 4 所示。

【训练要求】

根据上述资料编制天龙有限公司 2010 年 11 月 30 日的资产负债表（年初余额略）。

【训练引导】

（一）训练组织

1. 本次训练由 1 人独立完成。

2. 训练时间需 30 分钟。

（二）训练关键点

注意资产负债表特殊项目的计算填列（可参考例 26 - 1 至例 26 - 8 所示）。

表 26 - 4　天龙有限公司总账和明细账户的余额

资产账户	借或贷	余额	负债和所有者权益账户	借或贷	余额
库存现金	借	2 100	短期借款	贷	249 800
银行存款	借	803 770	应付票据	贷	19 600
其他货币资金	借	91 560	应付账款	贷	71 400
交易性金融资产	借	114 140	——丙企业	贷	73 000
应收票据	借	20 000	——丁企业	借	1 600
应收账款	借	77 000	预收账款	贷	14 700
——甲公司	借	80 000	——C 公司	贷	14 700
——乙公司	贷	3 000	其他应付款	贷	5 000
坏账准备	贷	2 000	应付职工薪酬	贷	7 000
预付账款	借	36 160	应交税费	贷	6 580
——A 公司	借	36 000	应付股利	贷	22 434
——B 公司	借	160	长期借款	贷	340 000
其他应收款	借	5 510	应付债券	贷	63 700
应收股利	借	3 000	其中一年内到期的应付债券	贷	23 000
材料采购	借	3 500	长期应付款	贷	165 900
原材料	借	813 127	实收资本	贷	3 518 830
周转材料	借	117 600	资本公积	贷	110 000
材料成本差异	贷	32 277	盈余公积	贷	48 100
生产成本	借	265 485	利润分配	贷	2 961
库存商品	借	75 600	其中：未分配利润	贷	2 961
存货跌价准备	贷	10 000	本年利润	贷	30 000
持有至到期投资	借	174 200			
固定资产	借	2 887 800			
累计折旧	贷	1 034 920			
在建工程	借	256 760			
固定资产清理	贷	6 875			
无形资产	借	37 765			
资产合计		4 699 005	负债和所有者权益合计		4 699 005

表 26 – 5　资产负债表

会企 01 表

编制单位：　　　　　　　　　　　　年　　月　　日　　　　　　　　　　单位：元

资　产	期末余额	年初余额	负债和所有者权益（或股东权益）	期末余额	年初余额
流动资产：			流动负债：		
货币资金			短期借款		
交易性金融资产			交易性金融负债		
应收票据			应付票据		
应收账款			应付账款		
预付款项			预收款项		
应收利息			应付职工薪酬		
应收股利			应交税费		
其他应收款			应付利息		
存货			应付股利		
一年内到期的非流动资产			其他应付款		
其他流动资产			一年内到期的非流动负债		
流动资产合计			其他流动负债		
非流动资产：			流动负债合计		
可供出售金融资产			非流动负债：		
持有至到期投资			长期借款		
长期应收款			应付债券		
长期股权投资			长期应付款		
投资性房地产			专项应付款		
固定资产			预计负债		
在建工程			递延所得税负债		
工程物资			其他非流动负债		
固定资产清理			非流动负债合计		
生产性生物资产			负债合计		
油气资产			所有者权益（或股东权益）：		
无形资产			实收资本（或股本）		
开发支出			资本公积		
商誉			减：库存股		
长期待摊费用			盈余公积		
递延所得税资产			未分配利润		
其他非流动资产			所有者权益（或股东权益）合计		
非流动资产合计					
资产总计			负债和所有者权益（或股东权益）总计		

项目三：编制利润表

【训练目标】

通过训练，使学生能正确编制利润表。

【训练内容】

永新公司所得税税率为25%。该公司2010年1月至11月各损益类账户的累计发生额和12月底转账前各损益类账户的发生额如表26-6所示。

表26-6　永新公司2010年各损益类账户发生额

账户名称	12月份发生数		1月至11月累计发生数	
	借方	贷方	借方	贷方
主营业务收入		208 000		4 000 000
主营业务成本	132 000		2 600 000	
销售费用	2 000		10 000	
营业税金及附加	1 000		24 000	
其他业务成本	7 500		30 000	
营业外支出	2 000		12 000	
财务费用	3 000		30 000	
管理费用	3 400		50 000	
其他业务收入		9 000		45 000
营业外收入		1 000		
投资收益		10 000		
所得税费用			386 700	

【训练要求】

根据上述资料编制永新公司2010年的利润表，如表26-7所示（上期金额略）。

表26-7　利　润　表

会企02表

编制单位：　　　　　　　　　　　年　月　　　　　　　　　　　单位：元

项目	本期金额	上期金额
一、营业收入		
减：营业成本		
营业税金及附加		
销售费用		
管理费用		
财务费用		
资产减值损失		
加：公允价值变动收益（损失以"-"号填列）		
投资收益（损失以"-"号填列）		

续表

项 目	本期金额	上期金额
其中：对联营企业和合营企业的投资收益		
二、营业利润（亏损以"－"号填列）		
加：营业外收入		
减：营业外支出		
其中：非流动资产处置损失		
三、利润总额（亏损总额以"－"号填列）		
减：所得税费用		
四、净利润（净亏损以"－"号填列）		
五、每股收益		
（一）基本每股收益		
（二）稀释每股收益		

【训练引导】

（一）训练组织

1. 本次训练由1人独立完成。

2. 训练时间需15分钟。

（二）训练关键点

利润表的编制参考例26－9所述。

【例26－9】启明公司2010年度损益类账户本年累计发生额如表26－8所示。

表26－8 启明公司2010年度损益类账户本年累计发生额

单位：元

账户名称	借方发生额	贷方发生额
主营业务收入		12 500 000
主营业务成本	7 500 000	
营业税金及附加	20 000	
销售费用	200 000	
管理费用	971 000	
财务费用	300 000	
资产减值损失	309 000	
投资收益		15 000
营业外收入		500 000
营业外支出	197 000	
所得税费用	879 500	

根据上表2010年度相关损益类账户发生额编制启明公司2010年度利润表，如表26－9

所示。

表 26-9 利 润 表

会企 02 表

编制单位：启明公司　　　　　2010 年 12 月　　　　　单位：元

项目	本期金额	上期金额
一、营业收入	12 500 000	略
减：营业成本	7 500 000	
营业税金及附加	20 000	
销售费用	200 000	
管理费用	971 000	
财务费用	300 000	
资产减值损失	309 000	
加：公允价值变动收益（损失以"-"号填列）	0	
投资收益（损失以"-"号填列）	15 000	
其中：对联营企业和合营企业的投资收益	0	
二、营业利润（亏损以"-"号填列）	3 215 000	
加：营业外收入	500 000	
减：营业外支出	197 000	
其中：非流动资产处置损失		
三、利润总额（亏损总额以"-"号填列）	3 518 000	
减：所得税费用	879 500	
四、净利润（净亏损以"-"号填列）	2 638 500	
五、每股收益		
（一）基本每股收益		
（二）稀释每股收益		

技能九　会计档案整理归档

项目一：会计凭证的整理装订

【训练目标】

通过训练，使学生能够正确地整理、装订会计凭证。

【训练内容】

《会计职业基础训练》技能八项目一中填制和取得的原始凭证、记账凭证。

【训练要求】

（1）按要求整理会计凭证。

（2）按要求装订会计凭证。

【训练引导】

（一）训练组织

1. 本次训练由 1 人独立完成。

2. 训练时间需 30 分钟。

3. 训练所需材料：铁锥或装订机、线绳、铁夹、胶水、凭证封皮、包角纸等。

（二）训练关键点

1. 整理会计凭证。会计凭证装订前首先应将原始凭证、记账凭证、科目汇总表等凭证进行整理。会计凭证的整理工作，主要是对凭证进行排序、粘贴和折叠。

（1）排序对会计凭证要进行分类整理，按顺序排列，并检查日数、编号是否齐全。

（2）粘贴。对于纸张面积过小的原始凭证，一般无法直接装订，可先按一定次序和类别排列，再粘在一张比记账凭证略小的白纸上。粘贴时小票应分张排列，同类同金额的单据应粘贴在一起，同时，在一旁注明张数和合计金额。

（3）折叠。对于纸张面积大于记账凭证的原始凭证，可按略小于记账凭证的面积尺寸，先自右向后，再自下向后两次折叠。注意应把凭证的左上角或左侧面让出来，以便装订后，还可以展开查阅。

2. 装订成册。装订前，要准备好铁锥、装订机或小手电钻，还有线绳、铁夹、胶水、凭证封皮、包角纸等，具体装订步骤如下。

（1）将凭证封面和封底裁开，分别附在凭证前面和后面，将全部凭证以左上角为准对齐，再拿一张质地相同的纸放在封面左上角，做包角纸。

（2）在凭证的左上角画一边长为 6 厘米的等腰三角形，用夹子夹住，用装订机在该等腰三角形处打三个针眼，再用大针引线绳实行三眼一线装订，在凭证的背面打结。如图 27 - 1 所示，图中虚线为折叠线，圆圈为装订针眼，阴影部分为包角纸中需要裁剪的部分。

（3）将包角纸向左上侧面折，并将一侧剪开至凭证的左上角。如图 27 - 2 所示，图中虚线为折叠线，阴影部分为包角纸中需要裁剪的部分。

（4）将包角纸右上角和左下角两小块反折到凭证封底，粘在打好的结上，将结压在里面然后抹上胶水。

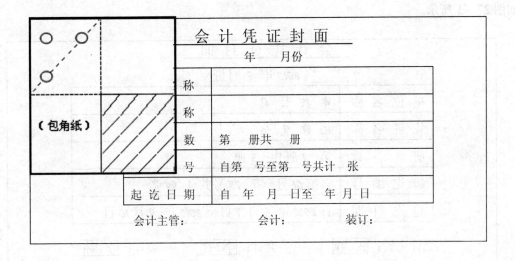

图 27 – 1 会计凭证装订（一）

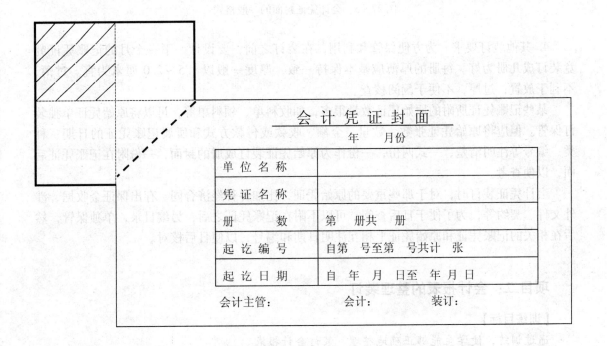

图 27 – 2 会计凭证装订（二）

（5）待晾干后，在凭证本的侧脊上面写上"某年某月第几册共几册"的字样。装订人在装订线封签处签名或者盖章。

3. 填写封面。

会计凭证装订成册后，应当填写封面。会计凭证的封面在填写时，应当包括以下内容：

单位名称、所属的年度和月份、起讫日期、凭证种类、起讫号码等。会计凭证封面的一般格式如图 27 – 3 所示。

<table>
<tr><td colspan="2" style="text-align:center">会 计 凭 证 封 面</td></tr>
<tr><td colspan="2" style="text-align:center">2010 年 9 月份</td></tr>
<tr><td>单 位 名 称</td><td>中 兴 公 司</td></tr>
<tr><td>凭 证 名 称</td><td>记 账 凭 证</td></tr>
<tr><td>册 数</td><td>第 1 册共 3 册</td></tr>
<tr><td>起 讫 编 号</td><td>自第 01 号至第 78 号共计 94 张</td></tr>
<tr><td>起 讫 日 期</td><td>自 2010 年 9 月 1 日至 2010 年 9 月 10 日</td></tr>
<tr><td colspan="2">会计主管：张 峰　　会计：李 财　　装订：李 财</td></tr>
</table>

图 27 – 3　会计凭证封面的一般格式

4. 其他装订要求。为方便保管和利用，在装订之前，要设计一下一个月的记账凭证究竟装订成几册为好。每册的厚薄应基本保持一致，厚度一般以 1. 5 ~ 2. 0 厘米为宜。过薄，不利于放置；过厚，不便于翻阅核查。

某些记账凭证所附的原始凭证数量很多，如收料单、领料单等，可以将原始凭证单独装订保管。但应将原始凭证张数、数量、金额、收款或付款方式和所属记账凭证的日期、种类、编号等注明清楚，一式两份，一份作为原始凭证装订成册的封面，一份附在记账凭证后面，以便查考。

会计凭证装订时，对于那些重要的原始凭证，比如各种经济合同、存出保证金收据、涉外文件、契约等，为了便于日后查阅，可以不附在记账凭证之后，另编目录，单独保管，然后在相关的记账凭证和原始凭证上相互注明日期和编号，以便日后核对。

项目二：会计报表的整理装订

【训练目标】

通过训练，使学生能够正确地整理、装订会计报表。

【训练内容】

《会计职业基础训练》技能八项目一中编制的会计报表。

【训练要求】

（1）按要求整理会计报表。

（2）按要求装订会计报表。

【训练引导】

（一）训练组织

1. 本次训练由 1 人独立完成。

2. 训练时间需 30 分钟。

3. 训练所需材料：铁锥或装订机、线绳、铁夹、胶水、报表封皮等。

（二）训练关键点

1. 整理会计报表。会计报表装订前要按编报目录核对是否齐全，整理报表页数，上边和左边对齐压平，防止折角，如有损坏部位修补后，完整无缺地装订。

2. 装订会计报表。会计报表装订顺序为：会计报表封面、会计报表编制说明、各种会计报表按会计报表的编号顺序排列、会计报表的封底。

3. 填写封面。会计报表的封面在填写时，应当包括以下内容：单位名称、所属的年度和月份、企业负责人、财务主管、制表人等。会计报表封面的一般格式如图 27-4 所示。

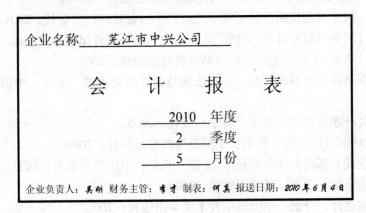

图 27-4　会计报表封面一般格式

参考文献

[1] 财政部. 中华人民共和国会计法. 北京：中国财政经济出版社，1999.

[2] 财政部. 会计法讲话. 北京：中国财政经济出版社，1999.

[3] 财政部. 企业会计准则：基本准则. 北京：中国经济科学出版社，2006.

[4] 财政部. 企业会计准则：具体准则. 北京：中国经济科学出版社，2006.

[5] 国务院. 企业财务会计报告条例. 北京：中国财政经济出版社，2001.

[6] 财政部. 企业会计制度. 北京：中国财政经济出版社，2001.

[7] 财政部. 会计基础工作规范. 北京：中国财政经济出版社，1996.

[8] 财政部，国家档案局. 会计档案管理办法. 北京：中国财政经济出版社，1998.

[9] 财政部. 小企业会计制度. 北京：中国财政经济出版社，2004.

[10] 财政部. 民间非营利组织会计制度. 北京：中国财政经济出版社，2004.

[11] 杨欣. 会计法规与职业道德. 3 版. 北京：中国高等教育出版社，2010.

[12] 杨欣. 会计法规. 2 版. 北京：中国高等教育出版社，2006.

[13] 会计从业资格考试教材编写组. 财经法规与会计职业道德. 北京：中国财政经济出版社，2011.

[14] 王学宝. 会计职业道德. 北京：科学出版社，2005.

[15] 金跃武. 基础会计. 2 版. 北京：中国高等教育出版社，2007.

[16] 王炜，金跃武. 基础会计学习指导. 2 版. 北京：中国高等教育出版社，2009.

[17] 侯颖. 基础会计. 北京：科学出版社，2006.

[18] 彭云. 基础会计. 合肥：中国科学技术大学出版社，2006.

[19] 吴健. 会计学基础实训. 上海：上海交通大学出版社，2006.

[20] 禹阿平. 新编基础会计实训. 大连：大连理工大学出版社，2008.

[21] 财政部会计资格评价中心. 初级会计实务. 北京：中国财政经济出版社，2010.

[22] 吴健. 会计学基础实训. 上海：上海交通大学出版社，2006.

[23] 郑永佩. 基础会计学习指导与模拟实训. 北京：科学出版社，2005.

[24] 张艳萍. 会计学原理及实务. 上海：上海交通大学出版社，2004.

[25] 吴健. 会计学基础. 上海：上海交通大学出版社，2006.

[26] 郭武燕，王惠清. 会计基础项目化教程. 天津：南开大学出版社，2010.

[27] 赵丽娟，张民. 会计基础项目化教程. 天津：南开大学出版社，2010.

[28] 李雷. 会计学原理. 沈阳：辽宁教育出版社，2009.

[29] 曾姝. 基础会计. 北京：电子工业出版社，2009.

[30] 张岐，赵建群. 基础会计实训. 北京：电子工业出版社，2009.

[31] 王碧秀. 基础会计. 北京：电子工业出版社，2007.

[32] 程淮中. 会计职业基础. 上海：立信出版社，2010.

[33] 李春友. 高等职业教育财会专业会计基本技能模拟考核与判断. 北京：中国商业出版社，2008.